VIE

DE

Madame la Marquise

DE LA ROCHEJACQUELEIN

LE MANS, IMP. ÉTIEMBRE & BEAUVAIS
Place des Halles, 19.

VIE

DE

MADAME LA MARQUISE

DE LA ROCHEJACQUELEIN

PAR

M. Alfred NETTEMENT

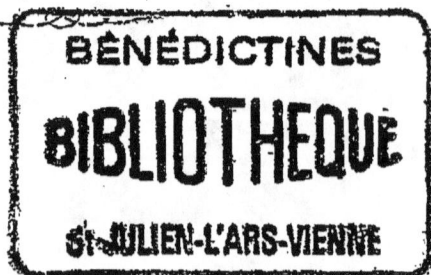

PARIS

J. VERMOT, LIBRAIRE-ÉDITEUR
Successeur de M. HIVERT
QUAI DES AUGUSTINS, 33

1858

3890

CHAPITRE PREMIER

NAISSANCE ET PREMIÈRES ANNÉES

Il y a des vies qui, comme de larges cadres, contiennent l'histoire d'une époque ; tout y est pour ainsi dire public. Il en est d'autres qui côtoient les évènements généraux, tantôt en s'y mêlant, tantôt en en restant séparés. Elles ont à la fois l'intérêt de l'histoire et le charme de la biographie. Le personnage n'y efface pas complètement l'homme ; tour à tour sur le premier plan de la scène, et sur l'arrière plan, il se mêle assez à la vie publique pour qu'on puisse suivre le mouvement général de l'époque dans sa destinée particulière, et il rentre assez souvent dans la vie privée pour que le lecteur n'éprouve pas, à son égard, cette indifférence que nous ressentons involontairement pour ceux qui sont placés trop haut, et que nous regardons de trop bas. La vie de Madame de La Rochejacquelin présente ces caractères, et c'est une des raisons qui nous ont porté à l'écrire.

Si elle était née un siècle plutôt, elle n'eût été qu'une grande dame. Sa vie se fût écoulée dans les pompes de la cour et les splendeurs de Versailles. Comme elle était née dans une famille chrétienne, elle eût montré ces vertus de bienfaisance dont elle avait reçu de bonne heure l'exemple. Mais si l'on excepte ces épreuves dont le rang et la fortune ne peuvent garantir personne, son existence eût présenté cette heureuse monotonie qui laisse peu de chose à dire au biographe et à l'historien. Dieu ne voulut pas qu'il en fût ainsi. Il fit naître Madame de La Rochejacquelin avec une génération qui devait assister à toutes les vicissitudes humaines. L'immuable fixité de sa conduite toujours droite, toujours pure, toujours semblable à elle-même, au milieu de la mobilité perpétuelle des évènements, donne la valeur d'une leçon et l'autorité d'un exemple à la vie de celle qui eut l'insigne honneur de porter dignement deux des plus grands noms de l'histoire contemporaine, ceux de Lescure et de La Rochejacquelin. Son existence est au nombre de celles qui apportent d'utiles enseignements à tout le monde dans quelque situation que l'on se trouve. Tour à tour au faîte des prospérités, et en butte aux épreuves les plus cruelles, on apprend d'elle à user de la fortune et à supporter le malheur.

Marie-Louise-Victorine de Donnissan, naquit à

Versailles le 25 octobre 1772. Son père était le marquis de Donnissan et de Citran, maréchal des camps et armées du Roi, grand sénéchal de Guienne et de Libourne, gentilhomme ordinaire de *Monsieur*, dont la maison d'ancienne chevalerie de Guienne, avait possédé, de toute ancienneté, le château de Citran dans le Médoc ; sa mère, Marie-Françoise de Durfort de Civrac, de la grande maison de Durfort-Civrac. Elle était fille unique. Ce fut son grand-père maternel le duc de Durfort-Civrac, ancien ambassadeur de France à Venise et à Naples, qui fut chargé d'aller négocier et conclure à Vienne le mariage du Dauphin avec Marie-Antoinette. Sa famille se trouvait ainsi admise à la confiance et l'on peut dire à l'intimité de la famille royale. Son grand-père le duc de Civrac, était cordon-bleu et chevalier d'honneur de Madame Victoire fille de Louis XV et tante du prince infortuné qui devait régner sous le nom de Louis XVI. Sa grand'mère était dame d'honneur de cette princesse dont la marquise de Donnissan sa mère était la dame d'atour. Madame Victoire qui traitait la marquise de Donnissan comme une fidèle amie, avait voulu tenir sa fille unique sur les fonts ; le comte de Provence qui devait régner, bien des années plus tard, sous le nom de Louis XVIII, avait été son parrain. La jeune héritière du noble nom de Donnissan se trouvait alliée, par une étroite parenté, aux familles les plus illustres et les plus en faveur à la cour. Son aïeul le duc de Civrac, avait eu en effet quatre enfants, la marquise de Donnissan

sa mère, la marquise de Lescure, la comtesse de
Chatelux, et enfin le duc de Lorges. Marie-Louise-
Victoire de Donnissan était l'idole de sa famille. Élevée au château de Versailles, au milieu des grandeurs,
elle n'en était pas étonnée, parce qu'elle les regardait de niveau. Étroitement liée aux filles du duc de
Sérent, gouverneur des enfants du comte d'Artois,
et intime ami de sa famille, elle allait souvent à la
campagne partager les jeux des jeunes ducs d'Angoulême et de Berry. Tout ce que la cour de France
avait de plus illustre venait au cercle de sa grand-
mère, qui soutenait par l'élévation de son esprit et
les grâces de sa conversation, la distinction de son
rang. Les nobles étrangers qui voyageaient en
France ne manquaient pas de s'y faire présenter
et lemardi de chaque semaine, jour de réception du
corps diplomatique au château, son salon était rempli d'ambassadeurs. Madame Victoire qui l'honorait, comme on l'a vu, d'une affection particulière,
venait y finir toutes ses soirées, après avoir soupé
dans son intérieur. Mademoiselle de Donnissan vit
ainsi passer dans le salon de sa grand'mère, toutes
les grandeurs de la cour de France et une partie de
celles des cours de l'Europe, princes, ministres,
ambassadeurs; le roi de Suède lui-même y parut à
l'époque du voyage qu'il fit en France. C'était comme
un brillant panorama dans lequel se pressaient tant
de personnes, dont les destinées devaient être si diverses, quelques-unes si fatales. Elle vivait dans
cette atmosphère splendide comme dans son milieu

naturel, sans s'étonner de ce spectacle mouvant qui se déroulait sous ses yeux; on ne s'étonne point de ce qu'on voit tous les jours.

Il n'y avait point à cette époque que les jeunes filles qui se livrassent aux joies du présent, sans prévoir les catastrophes de l'avenir; cette génération n'apercevait point les précipices creusés par les fautes accumulées pendant le dernier règne, l'impossibilité de faire durer une partie des institutions anciennes, en désaccord avec les mœurs nouvelles, et surtout le travail d'un siècle d'irréligion, qui avait miné les assises sociales. Comme les choses allaient depuis longtemps ainsi, on croyait qu'elles iraient toujours. Il n'y avait qu'un petit nombre d'oreilles attentives, qui entendissent un bruit de révolution retentir dans le lointain. La pente était douce, on la descendait facilement, sans beaucoup s'inquiéter de ce qu'on trouverait en arrivant au bas. Si quelque prophète de malheur s'était levé dans cette société brillante, pour annoncer à tel élégant seigneur, qu'il terminerait sa vie dans l'exil, après avoir gagné son pain de chaque jour à la sueur de son front; à telle jeune femme, dans tout l'éclat de la jeunesse, de la grandeur et de la fortune, qu'elle habiterait des cachots humides et n'en sortirait que pour monter sur l'échafaud; à cette jeune fille faible, modeste et craintive, qu'elle paraîtrait dans les camps, assisterait à des batailles et braverait mille fois la mort, un sourire d'incrédulité eût paru dans toutes les physionomies. Dieu, dans son ineffable bonté, a refusé la science de l'avenir à l'homme, pour que les joies si courtes du présent ne fussent point empoisonnées par l'attente des malheurs qui doivent les remplacer.

Mademoiselle de Donnissan se trouvait cependant armée pour cet avenir qu'elle ne connaissait pas, par une éducation chrétienne et forte. La sage sollicitude de sa mère lui conservait cette innocence d'esprit et de cœur qui prolonge pour les jeunes filles élevées avec soin l'heureuse ignorance du mal. Une surveillance assidue écartait de ses yeux toutes les images, de ses oreilles toutes les paroles qui auraient pu blesser la pureté qui est la plus belle parure des jeunes âmes. Au milieu de cette paisible uniformité de ses journées, deux faits seulement, sortant de la règle commune, la frappèrent vivement. Elle était dans sa neuvième année, quand le cardinal de Rohan fut arrêté à la suite d'une intrigue dans laquelle ce prélat, d'un esprit faible et vaniteux, se laissant entraîner et tromper par des aventuriers, compromit la dignité de son caractère et le nom auguste de la Reine qu'on lui avait jeté comme un appeau. En passant dans la galerie de la chapelle (c'était dans cette galerie que se trouvait l'appartement du cardinal comme celui de la duchesse de Civrac), la jeune fille vit venir M. de Rohan entre deux exempts des gardes-du-corps qui l'avaient arrêté par l'ordre du Roi. Elle était habituée à respecter le cardinal et elle l'aimait, parce qu'il lui donnait souvent des bonbons. Ce spectacle étrange l'émut et l'effraya, et sans qu'elle pût bien se rendre compte des sentiments qu'elle éprouvait, elle s'enfuit en pleurant. Elle avait raison de pleurer, et les esprits sagaces prévirent qu'il ne sortirait rien de bon du scandale de l'arrestation du cardinal, donnée en pâture à la malignité publique. Les ennemis de la Reine, car Marie-Antoinette, malgré les qualités de son esprit et de son cœur, avait des ennemis, allaient s'emparer de cette affaire. Cette jeune et belle Reine qui avait apporté en France la simplicité des princes d'Autriche aurait désiré rester étrangère aux affaires et vivre tranquillement dans le cercle intime d'une société choisie; mais ceux qu'elle honorait de sa confiance et de son affection, la poussaient malgré elle dans la politique, et ceux dont elle ne satisfaisait pas l'ambition, croyaient avoir le droit de la haïr, elle qui ne haïssait personne et qui ne trouvait de bonheur qu'à faire des heureux. Aussi disait-elle vers cette époque, en songeant aux calomnies dont elle était déjà l'objet : « Hélas, il n'y a plus de bonheur pour moi depuis qu'ils m'ont faite intrigante. Les reines ne peuvent être heureuses qu'en ne se mêlant de rien. Je cède à la nécessité et à ma mauvaise destinée. »

Cette arrestation du cardinal de Rohan fut donc le premier événement qui fit une impression un peu forte sur l'âme de mademoiselle de Donnissan. Le second, qui eut lieu un peu plus tard, fut une rencontre avec madame de Genlis. On lui avait fait lire une partie de ses ouvrages; elle avait même

joué des rôles dans les pièces que cette femme,
dès lors célèbre, composait à l'usage des enfants.
C'est un préjugé, répandu même parmi les personnes plus âgées que ne l'était alors mademoiselle de Donnissan, qu'un écrivain doit avoir une
autre physionomie, un autre langage que le commun des hommes. On se crée, à ce sujet, un idéal
bien souvent déçu par la réalité. Pour les écri-
vains, en effet, la conversation est un repos d'esprit, et les plus sages d'entre eux regardent comme
une fatigue l'obligation qu'on leur inflige de poser
sur un piédestal pendant qu'on épie leurs paroles
comme des oracles. Une circonstance ajoutait à la
curiosité de mademoiselle de Donnissan, c'est que
souvent, lorsqu'on parlait devant elle, on commençait sur madame de Genlis des phrases qu'on
n'achevait pas, ou qui se terminaient par des chu-
chotements. Les enfants remarquent tout, le silence
comme les paroles. Elle avait donc un grand désir
de connaître la femme qui écrivait les beaux livres
qu'on lui faisait lire, qui composait les belles pièces
qu'elle représentait avec ses jeunes amies, mesde-
moiselles de Sérent, filles du duc de Sérent, gouverneur des enfants du comte d'Artois, et sur
laquelle on pensait des choses qu'on n'osait pas
dire devant les enfants. Un jour, mademoiselle de
Donnissan, elle avait alors de dix à onze ans, fut
conduite par sa grand'mère dans la grande galerie
du Louvre, où l'on exposait tous les deux ans les
tableaux nouveaux. Madame la duchesse de Civrac

avait demandé à visiter la galerie à une heure où
le public n'y était pas admis. A peine y était-elle
entrée avec sa petite-fille, que les trois jeunes
princes d'Orléans y parurent avec leur sœur, conduits par madame de Genlis, que monseigneur le
duc d'Orléans, qui se faisait dès lors une espèce
de gloire de se mettre au-dessus, ou plutôt en
dehors des règles, avait donnée pour gouverneur à
ses enfants. Les jeunes princes, vêtus et coiffés à
l'anglaise, par suite de l'anglomanie dont leur père
faisait profession, attiraient les regards par la sin-
gularité de leur costume, si différent de celui qu'on
portait à la cour. Le duc d'Orléans ne négligeait
aucun moyen de se faire remarquer, et, ne pouvant
faire mieux que le Roi, il faisait autrement. Ses
actions comme ses paroles étaient une critique
continuelle de ce qui se faisait à Versailles; et,
dans un pays où l'on s'engoue facilement en prenant le mépris des convenances pour un symptôme
d'indépendance d'esprit, dans un temps où l'on
avait un goût très-vif pour les nouveautés, cette
affectation d'originalité et cette importation des
mœurs anglaises lui conciliaient les suffrages des
esprits qui aspiraient déjà à changer toute chose.
La duchesse de Civrac avait autrefois beaucoup
connu madame de Genlis; mais, depuis que celle-ci
était entrée au Palais-Royal, elle ne la voyait
plus. Elle fut très-aise cependant de la rencontrer
en pays neutre, et ces deux femmes si différentes,
allaient l'une au devant de l'autre avec un égal

empressement. Mademoiselle de Donnissan fut
très-frappée de sa physionomie spirituelle, de ses
grâces insinuantes et des séductions de son sourire à la fois aimable, fin et doux. Madame de
Genlis, après les premiers compliments, présenta
à la duchesse de Civrac sa fille, plus tard madame
de Valence, alors âgée de quatorze ans, ainsi qu'une
charmante enfant de sept ans qu'elle appelait
Paméla. Comme la duchesse de Civrac, sachant
qu'elle n'avait que deux filles, dont l'aînée était
mariée à M. de Lawœstine, lui demandait quelle
était cette délicieuse petite créature, madame de
Genlis mit un doigt sur ses lèvres : « Chut! dit-
elle, c'est toute une touchante histoire, mais je
ne puis vous la raconter en ce moment. » Puis
elle ajouta : « Vous la trouvez ravissante, n'est-ce
pas? Eh bien! vous n'avez encore rien vu. »
Alors, élevant la voix : « Paméla, s'écria-t-elle,
faites Héloïse. » Aussitôt Paméla, docile au commandement, ôta son peigne, laissa tomber ses
beaux cheveux sur ses épaules et, un genou en
terre, les yeux au ciel, un des bras levé, l'autre
arrondi, elle demeura comme en extase jusqu'à
ce que madame de Genlis, levant sa consigne, lui
eût permis de cesser d'être l'Héloïse pour rede-
venir Paméla. La duchesse de Civrac, qui avait
beaucoup d'empire sur elle-même, résista à la violente envie de rire dont elle fut saisie en voyant
cette comédie, et elle félicita avec une grave iro-
nie madame de Genlis de l'éducation tout-à-fait

exceptionnelle qu'elle donnait à ses élèves. Quant
à mademoiselle de Donnissan, habituée aux ma-
nières naturelles et vraies, elle demeura inter-
dite du spectacle si nouveau dont elle ne pouvait
détacher les yeux. Ces pantomimes sentimentales
entraient du reste tout à fait dans le système d'éducation de madame de Genlis. Le jour de la fête
de madame la duchesse d'Orléans, qu'elle n'aimait pas et qui l'estimait peu, elle arrangeait toujours un mimo-drame de piété filiale, dans lequel
elle avait soin de donner un rôle à ses élèves.
Ainsi, pour célébrer la convalescence de la duchesse, après une longue maladie qu'elle avait faite,
elle composa tout un scenario dans lequel l'aîné
de ses élèves, Louis-Philippe d'Orléans, semblait
bécher la terre autour d'un rosier planté devant la
statue de la Reconnaissance, tandis que ses frères
et sa sœur, placés aussi en attitude, paraissaient
arroser l'arbuste. Elle ne permit aux jeunes princes
d'embrasser leur mère que lorsque cette comédie
de piété filiale fût terminée. La duchesse de Civrac,
craignant de ne pas garder son sérieux jusqu'à la
fin, se hâta de quitter madame de Genlis et, pendant huit jours, l'histoire de Paméla défraya son
salon. Le mot de : « Paméla, faites Héloïse, » était
le sujet d'une intarissable gaîté, et chacun s'exta-
siait sur la manière dont madame de Genlis entendait l'éducation des jeunes filles.

Mademoiselle de Donnissan était encore enfant,

lorsqu'on parla de la marier à son cousin germain, M. le marquis de Lescure. C'est ici l'occasion d'esquisser le portrait de celui qui devait tenir plus tard une si grande place dans la destinée de Mademoiselle de Donnissan. Ces deux existences s'étaient rencontrées à leur début, puis elles s'étaient quittées comme il arrive souvent à deux ruisseaux qui, sortis de deux sources voisines, s'éloignent l'un de l'autre en suivant les pentes différentes qui les entraînent, et se retrouvent et se confondent un peu plus loin. Le jeune Lescure ne ressemblait en rien à la plupart des hommes de sa génération. Sa vertu soutenue par une piété sincère et profonde, avait résisté à la contagion de l'immoralité et de la corruption. Élevé par un pieux et savant jésuite, le père du Theil, qui avait armé cette jeune âme pour la lutte, il avait puisé dans cette précieuse éducation une fermeté d'esprit et de cœur que rien ne devait ébranler, ni le mauvais exemple de son père, livré à toutes les folles joies et à tous les vains plaisirs auxquels les hautes classes se laissaient trop fréquemment aller dans ce temps, ni le dangereux commerce du précepteur qui succéda au père du Theil, quand il s'agit de préparer le jeune Lescure à la carrière des armes et aux examens de l'école militaire, M. Thomassin, ancien officier, qui avait de l'esprit et de la science, mais qui, sans avoir l'âme méchante, était profondément vicieux. Le jeune Lescure était d'une instruction profonde : il savait le latin, parlait l'anglais, l'allemand, l'italien ;

excellant dans les mathématiques, il se livra plus
tard à l'étude approfondie de la tactique et de l'art
des fortifications. Il joignait aux dons de l'esprit
toutes les qualités du cœur et ces vertus surhu-
maines que le catholicisme peut seul donner. Il
mettait à cacher un mérite réel autant de soin que
bien d'autres jeunes gens de son âge en mettent à
se faire supposer le mérite qu'ils n'ont pas. Stu-
dieux, réservé, d'une dévotion austère, et cependant plein de respect pour son père dont il connaissait les désordres, mais dans lequel il respectait le
saint caractère de la paternité, il aimait mieux le
commerce des livres où l'on acquiert toujours que
le commerce des hommes du monde où l'on dépense
presque toujours sans rien gagner.

Les vertus elles-mêmes, quand elles sont poussées à l'excès entraînent quelques défauts; Lescure
avait donc les défauts de ses qualités. Sa réserve
dégénérait en timidité, sa modestie en défiance de
lui-même, son éloignement pour le monde, le rendait un peu sauvage, et lui donnait une certaine
gaucherie qui l'empêchait de profiter de ses avantages extérieurs que sans cela tout le monde eût
remarqués. Il craignait par-dessus tout d'attirer
l'attention sur lui, et il éprouvait une souffrance
morale, quand il devenait l'objet d'une louange
publique. Nous avons dit qu'il cachait ses talents,
comme d'autres cachent leur ignorance. Il donna
deux preuves de cette tendance de son caractère
qui méritent d'être rappelées.

Un jour il se trouvait dans le salon de sa grand'-mère, la duchesse de Civrac, en assez nombreuse compagnie. Fidèle à ses habitudes, au lieu de prendre part à la conversation, il s'était réfugié dans un coin du salon et tenait un livre à la main. La duchesse de Civrac lui dit que si le livre qui occupait son attention était intéressant, elle l'invitait à faire profiter la compagnie de sa lecture. Le jeune Lescure, plein de déférence pour sa grand'mère, continua aussitôt sa lecture à haute voix, et lut deux pages sans hésiter sur un seul mot, lorsque quelqu'un regardant par dessus son épaule, s'écria : « Mais c'est un livre anglais ! Le jeune lecteur visiblement contrarié, répliqua : « Eh ! sans doute, vous voyez bien qu'il faut que je lise en français, puisque ma grand'mère n'entend pas l'anglais. »

L'autre fait eut plus de retentissement à la cour. On sait que *Monsieur*, comte de Provence, était un prince lettré et disert qui recherchait la société des gens instruits et qui avait le goût des conversations littéraires. Il citait à propos Virgile et Horace dont il faisait ses délices. Un jour le comte de Montesquiou qui faisait partie de sa maison, et qui sortait de chez lui, entra dans le salon de la duchesse de Civrac, et raconta qu'on venait de lire, chez *Monsieur*, une des plus belles odes de son poëte favori ; chacun s'était efforcé de rendre en français les beautés poétiques de ce chef-d'œuvre ; mais il y avait un passage qui avait résisté à tous leurs efforts réunis. Sans doute ils en entendaient le sens,

mais ils n'avaient pu élever la traduction jusqu'à
la hauteur de l'original. « Voilà le volume, ajouta
M. de Montesquiou, et j'ai fait vœu de le porter
sur moi, jusqu'à ce que j'aie trouvé quelqu'un qui
me traduise le texte d'une manière satisfaisante. »
Personne ne répondait à cette provocation littéraire,
lorsque la duchesse de Civrac, s'écria : « N'allez
pas plus loin, je vais faire appeler mon petit fils qui
vous tirera d'embarras. » Tout le monde sourit;
M. de Lescure avait alors seize ans et venait de
sortir de l'école militaire. En entendant l'appel de
M. de Montesquiou, il s'était dirigé vers une croisée,
et, tournant le dos à tout le monde, il espérait
échapper ainsi à l'attention. Il fallut bien qu'il se
rendit au désir de sa grand'mère. Il s'avança hon-
teux et confus, comme s'il avait fait une mauvaise
action. Il objecta même, qu'ayant quitté depuis longtemps l'étude du latin, il se reconnaissait incapable de traduire Horace. » Essayez, je le veux, lui
dit sa grand'mère ; rien de plus naturel que vous
ne réussissiez pas. » M. de Lescure, docile comme
toujours quand sa grand'mère avait parlé, essaya.
Il traduisit d'un bout à l'autre l'ode d'Horace, saisit,
à première vue, le passage difficile, et le rendit avec
un grand bonheur d'expression. Le comte de Montesquiou enchanté, lui sauta au cou et courut chez
Monsieur, tout prêt à s'écrier comme ce géomètre
grec : « Je l'ai trouvé. » Pendant ce temps-là, M. de
Lescure, devenu le point de mire des regards de
toute la société, retournait, la tête basse, dans son

coin en murmurant : « C'est vraiment un pur hasard, je sais très-mal le latin. »

On voit que l'éducation chrétienne que ce jeune homme avait reçue, ressemblait très-peu à celle que Madame de Genlis donnait à ses élèves et notamment à Paméla. On n'avait point enseigné au jeune de Lescure à prendre des attitudes, à quêter les regards et les éloges et à briller dans les salons. La gloire elle-même, que Tacite a appelée la dernière passion du sage et qui était probablement celle de ce grand historien, n'avait point de prise sur l'âme de ce jeune homme de seize ans. Ses actions avaient un mobile plus élevé et plus austère, le devoir. Le sentiment du devoir était seul assez fort dans cette âme chrétienne, pour la décider à montrer ses qualités et à vaincre ses défauts. Timide et même un peu farouche, mais loyal et brave comme un vrai chevalier ; d'un cœur humble, mais grand et généreux, il cachait sous un abord froid et même chagrin, une âme de feu, une énergie à toute épreuve, et des trésors de bonté, de courage et d'intelligence qui n'attendaient qu'une grande occasion pour paraître. C'est ainsi qu'il grandissait dans la prière, l'étude et la pratique de toutes les vertus, le culte de tous les nobles sentiments pour cette mission encore cachée dans les ténèbres de l'avenir, plus profondes encore que celles du passé, mais pour laquelle Dieu, devant l'œil duquel l'avenir n'a pas plus de mystères que le passé, l'armait en secret.

Si jeune qu'il fût, il avait les qualités d'un homme supérieur et les vertus d'un saint, et son père et son précepteur, M. Thomassin, loin de l'entraîner dans leurs écarts, en rougissaient devant lui. Tant les rôles se trouvaient changés! tant cette vénérable jeunesse imposait à ce père et à ce maître qui, tout en abandonnant la vertu, ne pouvaient lui refuser leur admiration et leur respect! Tel était l'homme que la Providence préparait pour conduire les armées catholiques et royales de la Vendée.

Le père de M. de Lescure mourut subitement et bien jeune encore à Ermenonville, et les bruits les plus sinistres, autorisés par la mauvaise renommée de ces lieux, alors mal famés, coururent sur sa mort. Son fils, qui était venu le soigner, le regretta profondément et accepta sa succession, quoiqu'elle fût grevée de huit cent mille francs de dettes, résultat de tant de désordres. Il s'imposa, à dix-huit ans, la plus stricte économie et, aidé par sa noble grand'mère qui voulut honorer la mémoire de son fils comme il honorait la mémoire de son père, il parvint à satisfaire tous les créanciers. Au bout de sept ans, six cent mille francs étaient acquittés, et M. de Lescure, qui n'avait plus que deux cent mille francs à payer, jouissait, à vingt-cinq ans, de quatre-vingt mille livres de rentes. Le père et la mère de mademoiselle de Donnissan l'avaient cru ruiné à l'époque de la mort de son père, et avaient engagé leur fille à ne plus songer à ce mariage devenu impossible. Les deux jeunes gens cessèrent alors de se voir, et, peu de temps après, on pensa à donner pour mari à mademoiselle de Donnissan le fils de M. de Montmorin bientôt après nommé ministre des affaires étrangères, en remplacement de M. de Vergennes qui mourut en 1787. La faveur dont M. de Montmorin jouissait auprès du Roi rendait ce mariage extrêmement agréable à la famille de mademoiselle de Donnissan, et il était convenu qu'il aurait lieu quand elle aurait atteint sa quinzième année. Mais sur ces entrefaites, sa grand'mère, la duchesse de Civrac, atteinte depuis plusieurs années d'une maladie incurable, vint à mourir (1786), et la douleur du duc de Civrac fut si vive, qu'il ne lui survécut pas longtemps. Cette double perte plongea la marquise de Donnissan dans une affliction si profonde, que sa santé fut gravement altérée. Elle alla passer quelques mois avec sa famille à une maison de campagne appelée Brinborion, que *Mesdames* de France possédaient au pied de Bellevue. Puis les médecins lui prescrivirent un voyage qui, en la changeant de lieu, devait changer le cours de ses idées, et apporter quelques distractions à son profond chagrin. Mademoiselle de Donnissan, qui avait alors quatorze ans, partit naturellement avec sa famille qui se rendait en Suisse. Elle rapporta peu de souvenirs de ce voyage. Seulement une visite que son père fit à Cagliostro, dans la ville de Brientz, et à laquelle elle assista parce qu'elle l'avait supplié de l'emmener avec lui, lui laissa une assez vive impression, ainsi qu'une visite chez Lavater, qui habitait Zurich. Le goût de la génération pour les chimères éclatait déjà. Les esprits chimériques et les caractères aventureux exerçaient un attrait irrésistible sur cette époque, qui aspirait à l'extraordinaire et à l'inconnu.

Au retour de ce voyage de Suisse, la marquise de Donnissan reprit son service auprès de madame Victoire, et sa fille rentra dans sa vie accoutumée. Seulement, il était plus question que jamais de son mariage avec M. de Montmorin qui, conduit par son gouverneur, venait souvent prendre des leçons avec la jeune fille qu'on lui destinait pour femme. Presque aussi timide qu'elle, c'était à peine s'il lui parlait. L'époque du mariage était fixée, elle approchait; mademoiselle de Donnissan allait bientôt avoir quinze ans. Quand le moment arriva d'arrêter les articles du contrat du mariage, un incident imprévu vint à la traverse. Cet incident suffirait à prouver avec quel désordre et quelle légèreté les fortunes des familles de la noblesse de cour étaient conduites : il était de bon ton de se laisser piller par les coquins d'intendants et les gens d'affaires. M. de Montmorin, qui était homme de cœur, s'il en fût, dit aux parents de mademoiselle de Donnissan : « Je ne dois pas vous cacher que j'ai peut-être des dettes. Je me suis toujours plus occupé des affaires du Roi que des miennes. J'ai eu des places où tout le monde s'enrichit, et cependant mes gens d'affaires prétendent que je me ruine. Je vous les enverrai, vous causerez avec eux, vous saurez au juste ma situation, et par la même occasion, je la connaîtrai aussi. » Il était impossible d'agir avec plus d'honneur, de penser et de parler avec plus de légèreté. M. et Mme de Donnissan apprirent par les gens d'affaires, et M. de Montmorin apprit par le marquis et la marquise de Donnissan, que le désordre avait été poussé aussi loin qu'il pouvait aller. La fortune de M. de Montmorin avait été mise au pillage; ses dettes dépassaient ses biens. Au nombre de ces dettes figurait une créance de tailleur s'élevant à la somme fabuleuse de cent quatre-vingt mille francs, pour laquelle madame de Montmorin avait répondu, de sorte qu'elle ne pouvait avantager son fils avec sa dot ainsi engagée. M. de Montmorin, qui avait pour l'argent le mépris superbe de la noblesse française, et à qui les appointements des places qu'il remplissait permettaient d'ailleurs de faire toujours la même figure, s'inquiéta assez peu d'être ruiné; mais madame de Donnissan craignit de risquer l'avenir de sa fille sur le terrain glissant d'une fortune de cour, fondée tout entière sur la faveur qui pouvait diminuer ou disparaître. Les deux familles restèrent unies, mais le mariage fut rompu. C'était le second mariage projeté pour mademoiselle de Donnissan qui manquait à cause du dérangement de la fortune de la famille dans laquelle on avait songé à la faire entrer. Ce désordre et cette légèreté étaient une des plaies de la haute société de cette époque. Les fortunes des grandes familles ressemblaient un peu à celle de l'État : un grand nombre ne savaient guère ni ce qu'elles avaient ni ce qu'elles devaient.

La santé de la marquise de Donnissan, affaiblie par la douleur que lui avait fait éprouver la perte de son père et de sa mère, ne se remettant pas, elle demanda un congé, et toute sa famille la suivit dans ses terres de Gascogne. Mademoiselle de Donnissan y passa l'été de 1788, et ne revint à Versailles qu'à la fin de l'année, peu de temps avant la réunion des États-Généraux.

CHAPITRE DEUXIÈME

La vie de mademoiselle de Donnissan va entrer ici dans un nouveau milieu ; la Révolution commence. On avait hésité assez longtemps, dans le conseil, sur le choix du lieu où l'on réunirait les États-Généraux. M. Necker désirait qu'ils fussent convoqués à Paris, où il était alors populaire, comme si la popularité, cette fleur éphémère, durait longtemps dans l'atmosphère dévorante de cette grande ville. D'autres membres du Conseil rappelèrent la tradition de la monarchie et l'exemple des prédécesseurs du Roi, qui avaient toujours éloigné les États des mouvements tumultueux si fréquents dans la capitale. On désigna successivement Tours, Blois, Orléans, Cambrai. Le Roi, gardant le silence, on se rabattit sur Compiègne ; puis, enfin, M. de

Saint-Priest désigna Saint-Germain. Le Roi prit alors la parole et dit : « Ce ne peut être qu'à Versailles, à cause des chasses. » Malheureusement les princes étaient habitués à vivre dans un cercle d'habitudes qui devenaient pour eux des nécessités de premier ordre, et dans un monde factice qui leur cachait le monde réel. Personne, dans le Conseil, n'osa faire d'objections à la décision du Roi, en alléguant la gravité des circonstances. Il faut ajouter aussi que bien peu de personnes soupçonnaient les périls de la situation. Dans la plupart des salons, on salua l'arrivée des États-Généraux comme un événement qui allait donner plus de mouvement et d'éclat à Versailles. Ce fut, en effet, ce qui arriva au début. Mais bientôt les divisions qui éclatèrent dans l'assemblée se reflétèrent dans les cercles. On s'y divisa par opinion, comme dans les États-Généraux. Il y eut des salons de gauche et des salons de droite ; ceux qui ne pouvaient pas s'entendre renoncèrent à se voir. Le salon de madame la marquise de Donnissan devint un des rendez-vous des opinions de droite ; le duc de Luxembourg, président de la noblesse, et plusieurs députés de la même nuance, s'y rendaient journellement. Ceux qui s'étaient jetés dans les idées nouvelles cessèrent d'y paraître. Mademoiselle de Donnissan, bien jeune encore, entendit donc retentir un écho des discussions politiques qui remuaient les idées dans la France entière. Elle jugeait moins la Révolution avec son esprit, qu'elle ne la détestait avec son cœur. Elle était témoin des

alarmes et des tristesses des princes qu'elle aimait;
elle sentait par instinct qu'un grand péril les menaçait. Quel était ce péril? Elle ne s'en rendait pas
bien compte. Mais les personnes en qui elle avait
confiance, qu'elle chérissait, annonçaient des malheurs, appréhendaient des crimes. Comment n'au-
rait-elle pas partagé leurs alarmes et leurs tristes
pressentiments?

D'ailleurs ces pressentiments avaient déjà été jus-
tifiés par l'événement. Comme toutes les personnes
de la société qui fréquentaient le salon de sa mère,
Mademoiselle de Donnissan était allée avec sa famille dans la journée du 13 juillet 1789, se pro-
mener devant l'Orangerie où l'on avait logé les
régiments de Bouillon et de Nassau. L'appel de ces
troupes se combinait, dans l'esprit du Roi, avec la
pensée d'une politique plus ferme et moins résignée
aux concessions. Mais les promoteurs de cette politique n'avaient ni la clairvoyance, ni la fermeté nécessaire pour l'appliquer avec succès. C'étaient des
cœurs dévoués qui pouvaient braver le péril, mais
non des politiques habiles et résolus, capables de le
conjurer ou de le vaincre. Mademoiselle de Donnissan,
avec la naïve confiance de son âge, partagea la joie
générale de la cour quand la musique des régiments de
Nassau et de Bouillon joua des airs de circonstance
devant les promeneurs de l'Orangerie. Il semblait que
le roi allait reprendre son autorité, la cour retrouver
sa sécurité et ses fêtes. Le baron de Breteuil comme
les hommes qui ne voient que la surface des choses,

ne doutait de rien et répondait de tout. Le lendemain
14 juillet, la joie des visiteurs habituels du salon
de la marquise de Donnissan faisait place au deuil.
Dès qu'on avait appris à Paris le renvoi de Necker,
l'agitation populaire s'était changée en insurrection.
D'heure en heure les nouvelles les plus sinistres
arrivaient à Versailles. La marquise de Donnissan
se promenait avec sa fille dans le jardin du château, lorsque M. de Bonssol officier des gardes-du-
corps, s'approcha d'elles et leur dit à voix basse :
« Rentrez vite, le peuple de Paris est soulevé, il a
pris la Bastille, on dit qu'il marche sur Versailles. »
Chose étrange, il semblait que ceux qui avaient conseillé au Roi cette espèce de coup-d'état, n'eussent
pas prévu la résistance. Dès qu'elle se montrait,
elle les déconcertait, et ils ne surent plus conseiller
au Roi que des concessions plus larges et plus
fâcheuses pour l'autorité royale, le lendemain du
jour où l'on avait essayé de résister. Le Roi, de
l'avis de ses frères, rappela M. Necker et MM. de
Montmorin, de Saint-Priest et de la Luzerne, qu'il
avait exclus la veille de ses conseils. Il fallut qu'il
fît plus et qu'il se rendît à Paris pour accepter tout
ce qui avait été fait par le peuple insurgé.

Dans la nuit qui précéda cette visite , dont le
résultat paraissait douteux, la plupart des personnes qui appartenaient à l'opinion royaliste, et surtout celles qui, par leurs fonctions, étaient attachées
à la cour, veillèrent dans les larmes et les appréhensions. Quelques-unes se préparaient à quitter la

France dès la pointe du jour. Elles étaient désignées aux colères populaires, par la couleur prononcée de leurs opinions, plusieurs par les attaques violentes des journaux. M. le comte d'Artois, les trois générations de la maison de Condé, la famille de Polignac, M. de Bezenval et, en général toutes les personnes de l'intimité de la Reine, étaient de ce nombre. La marquise de Donnissan et sa fille avaient passé la soirée chez le duc de Sérent, gouverneur des enfants du comte d'Artois, qui devait les emmener le lendemain hors de France. Il ne dit rien de son départ à ses amis, mais ses adieux furent plus longs, plus tristes et plus affectueux qu'à l'ordinaire. Les fenêtres de l'appartement qu'habitait la famille de Donnissan, donnaient sur la rue des Réservoirs. Pendant cette nuit que tout le monde passa dans le château sans sommeil, on put entendre par ces croisées le bruit des préparatifs qui se faisaient dans les écuries de M. de Sérent, de l'autre côté de la rue. Au premier rayon du jour, on le vit monter en voiture avec ses deux élèves, les ducs d'Angoulême et de Berry. C'était, qui l'eut pensé alors? un exil de vingt-cinq ans qui commençait.

Dès que le jour fut levé, tout se prépara dans le château de Versailles pour la visite que le Roi avait promis de faire à l'hôtel-de-ville de Paris. Les députés de la droite voulurent tous l'accompagner, à l'exception du duc de Luxembourg qui, plus spécialement désigné aux vindictes populaires, aurait compromis le Roi au lieu de le servir. A quatre

heures du matin, tous les membres de la famille de
Donnissan descendirent dans la grande galerie. Elle
était presque déserte, comme le sont les palais la
veille ou le lendemain des révolutions. Le peu de personnes qu'on y rencontrait semblaient consternées.
On éprouvait les plus grandes inquiétudes sur le
résultat de la visite du Roi à l'hôtel-de-ville. Les
rumeurs les plus sinistres couraient de bouche en
bouche. Les esprits étaient animés, et les passions
populaires, surexcitées par la prise de la Bastille,
pouvaient se porter aux derniers excès. Le nom
d'aristocrate devenait une injure. M. de Saint-Priest
qui, à sa sortie du ministère, était allé se réfugier
dans la maison de campagne qu'il possédait dans
les environs de Corbeil, entendit les bateliers de la
rivière menacer de la lanterne les propriétaires des
maisons riveraines, et vomir surtout l'injure et la
menace contre un portrait du Roi qu'ils apercevaient
dans sa maison par une fenêtre ouverte. On ne pouvait donc prévoir quel serait le dénouement de la
démarche qu'allait faire Louis XVI. La Révolution
se contenterait-elle de l'humiliation qu'acceptait la
royauté, ou voudrait-elle pousser immédiatement
plus loin ses avantages? Dans l'incertitude où l'on
était sur la suite des événements, M. le duc de Lorges,
qui se trouvait à Versailles avec sa sœur, ne crut
pas devoir laisser sa famille, connue par l'ardeur
de ses sentiments royalistes, passer cette journée
d'attente et d'anxiété au château. Il avait demandé
au duc de Luynes, avec lequel il avait conservé de

bons rapports, malgré la différence de leurs opinions, un asile dans son château de Dampierre. Mademoiselle de Donnissan monta à cinq heures du matin en voiture avec sa mère, pour s'y rendre. Le soir, quand on apprit que la démarche du Roi n'avait pas eu la funeste issue qu'on avait appréhendée, tous les fugitifs de la journée retournèrent au château comme une volée d'oiseaux effarouchés qu'un coup de tonnerre a dispersés, et qui, à la première éclaircie, viennent reprendre leurs chants sous les ombrages accoutumés, comme si désormais le ciel devait toujours être serein. Tel était le caractère de cette société bienveillante, ingénieuse, spirituelle, charmante, mais frivole, se rassurant aussi vite qu'elle s'était alarmée, prompte à oublier le passé, incapable de prévoir l'avenir. Un petit nombre d'esprits plus réfléchis comprenaient que la Révolution n'était pas finie, et qu'elle ne faisait au contraire que commencer. Les parents de mademoiselle de Donnissan faisaient partie de ces intelligences d'élite qui voyaient venir de grands malheurs.

Ces malheurs devenaient de jour en jour plus inévitables, à cause de l'audace de l'attaque et de la faiblesse de la résistance. Le Roi, avec des vertus qui auraient fait le bonheur de la France dans des temps tranquilles, n'avait ni le jugement supérieur qui voit la difficulté, ni la volonté qui la surmonte ou l'habileté qui la dénoue. On n'avait pas fait entrer dans son éducation, de toutes les sciences, la plus utile dans les temps troublés, celle de parler cette langue militaire qui va droit au cœur des soldats. On n'en avait fait ni un prince politique ni un prince militaire, dans un temps où il aurait fallu tenir le sceptre d'une main si habile et l'épée d'une main si ferme. Tantôt il sentait son impuissance à résister, et il entrait dans la voie des concessions; puis il comprenait que l'assemblée démolissait pierre à pierre l'édifice monarchique, et il laissait voir des velléités de résistance. Ces changements continuels de systèmes, joints aux périls déjà si grands de la situation, achevaient de tout perdre. Il n'est pas bien sûr, tant les circonstances étaient difficiles, qu'on se fût sauvé par une politique plus conséquente avec elle-même et plus suivie, mais il était impossible qu'en faisant ainsi, chaque jour, un pas en avant suivi d'un pas en arrière, on ne se perdît pas à la fin. L'assemblée, d'autant plus menaçante qu'elle se croyait menacée, s'attachait de plus en plus à arracher au roi un reste d'autorité, qu'elle craignait de lui voir employer contre elle-même, et le roi, irrité de la malveillance systématique de l'assemblée, ne pouvait s'empêcher de songer de temps à autre à secouer un joug devenu intolérable.

C'est ainsi qu'on arriva au mois d'octobre 1789. Le roi, justement indigné de ce qu'on entreprenait contre son autorité, eut encore à cette époque une de ces velléités de résistance qui précipitent la perte des princes quand elles ne les sauvent pas. Cette fois cependant ce n'était pas un coup d'état, c'était

un essai de résistance purement légale. M. de la
Fayette avait écrit à M. de Saint-Priest qui occupait dans ce moment le rôle périlleux et difficile
de ministre de l'intérieur, « qu'on avait mis dans
la tête de ses grenadiers de la garde nationale,
l'idée d'aller à Versailles. On ne devait rien craindre,
car il était toujours assuré d'avoir toute leur confiance. » Il ajoutait cependant que cette pensée
avait été suggérée par des cabaleurs, et qu'il y avait
à Paris des mauvais desseins. Il avait même cru
devoir, pour plus de sûreté, placer un poste au
pont de Sèvres. M. de Saint-Priest justement alarmé,
car pour que l'optimisme ordinaire de M. de la
Fayette se fut troublé, il fallait qu'il y eut un péril
réel, porta sa lettre au conseil, et proposa d'appeler quelques troupes de ligne à Versailles. D'après
une des lois destinées à désarmer l'autorité royale,
les municipalités avaient seules le droit de requérir
la force militaire. Le ministère en référa donc à la
municipalité de Versailles qui, après en avoir délibéré, demanda au pouvoir exécutif un renfort de
troupes. Ce dernier ordonna alors au régiment de
Flandre, qui venait d'escorter un convoi de fusils
destinés à l'armement de la garde nationale parisienne, de venir tenir garnison à Versailles. La
commune de Paris envoya demander compte à M. de
Saint-Priest de cette mesure, et les membres les
plus révolutionnaires de l'assemblée constituante,
l'engageaient à la révoquer. Il avait la loi et le
bon droit pour lui, il résista à ces sommations. La

tactique révolutionnaire de tous les pays a toujours été de s'élever contre les mesures de défensive, comme si elles étaient des provocations. Cette tactique vaut aux factieux un de ces deux avantages : ou d'empêcher ces mesures et de tenir ainsi à demi ouverte la porte par laquelle l'insurrection doit passer, ou, si elles sont prises, d'être un prétexte pour enflammer les passions de la foule et fortifier ainsi l'offensive révolutionnaire. Les agitateurs proposaient donc avec plus d'ardeur que jamais le mouvement de Paris contre Versailles.

Il s'était passé dans cette ville une scène militaire qui offrit on ne saurait dire un motif légitime, mais du moins un prétexte aux factieux. Il était d'usage, quand un nouveau corps venait tenir garnison dans une ville, qu'il fût fêté par les corps qui s'y trouvaient déjà. Les gardes-du-corps offrirent donc, le 1er octobre, un déjeûner aux officiers du régiment de Flandre, ainsi qu'aux officiers des gardes suisses et de la garde nationale de Versailles. Comme nulle part on n'aurait trouvé un local assez vaste, on avait mis à leur disposition la salle du théâtre du château. Les personnes de la cour, entre autres Madame et Mademoiselle de Donnissan, prirent place dans les loges pour assister à cette fête. La gravité des circonstances, les périls que couraient notoirement le roi et la famille royale, et la chaleur du dévouement, s'exaltant à la chaleur des toasts, produisirent bientôt une surexcitation générale. On amenait à

chaque instant des soldats du régiment de Flandre et des gardes nationaux dans la salle du
banquet et on les faisait boire à la santé du roi.
Quelques serviteurs de Louis XVI allèrent lui rapporter les détails de cette scène d'enthousiasme, et
lui conseillèrent de paraître avec la reine et le dauphin dans la salle du banquet, où le vieux cri de
la France dont les bouches s'étaient déshabituées
depuis le commencement de la Révolution, retentissait avec tant d'ensemble et de cordialité. Le roi
céda à ce conseil; il parut d'abord dans sa loge avec
la reine qui tenait le dauphin dans ses bras. Puis
l'enthousiasme général les gagna. Cette reine, dont
un seul regard, selon l'expression du grave Burke,
aurait, dans un siècle de chevalerie, fait tirer du four-
reau dix mille épées, fit le tour des tables avec le
roi, en adressant à chacun des paroles remplies
d'une grâce royale qui touchaient tous les cœurs.
La musique jouait le bel air de l'opéra de Sedaine :
« O Richard ! ô mon Roi. » Et chacun était ou
voulait être Blondel. Gardes nationaux, soldats du
régiment de Flandre, gardes-du-corps, gardes
suisses, tous se serraient la main, et juraient de
combattre et de mourir pour le roi. C'était une de
ces scènes d'enthousiasme chevaleresque bien faites
pour remuer l'âme d'une jeune fille. Mademoiselle
de Donnissan partagea la joie et l'ivresse générale.
Il semblait qu'une monarchie si tendrement aimée
ne pouvait pas périr, et que si elle était attaquée,
elle serait défendue. C'était là le sentiment de tous;

il n'y eut de cri offensant poussé contre personne.
Mademoiselle de Donnissan l'a dit dans les mémoires
qu'elle écrivit plus tard : « Au milieu de la joie
générale, je n'entendis aucune insulte adressée, ni
à l'assemblée nationale, ni au parti populaire, ni à
qui que ce fût. » Mais il y avait dès lors des gens
qui se trouvaient offensés par le cri de *vive le roi*.
Le serment de défendre celui qu'ils voulaient attaquer, leur semblait une menace.

Cet enthousiasme militaire, qui s'était longtemps
continué dans la soirée devant le balcon de la cour
de marbre où le roi et la famille royale s'étaient mon-
trés au milieu des *vivats*, avait profondément irrité
les chefs du parti populaire dans l'assemblée. Les
esprits circonspects eux-mêmes s'en étaient émus.
Il leur semblait imprudent de provoquer un orage
qu'on ne pouvait ni braver ni détourner. Ils se plai-
gnaient de ce qu'on eût cédé aux entraînements
du sentiment, au lieu de calculer, avec la froide
raison, les conséquences de cette manifestation
inopportune d'un royalisme impuissant. La royauté
était sous la main de la révolution, comme la proie
sous la griffe du tigre ; à chaque mouvement qu'elle
faisait, la redoutable main s'appesantissait sur elle
et lui faisait de nouvelles et de plus profondes
blessures. Ceux qui ne voyaient les choses qu'à la
surface, avaient conçu des espérances après le banquet militaire de Versailles, mais le vieux comte de
Narbonne-Fritzlar, le roi l'avait ainsi surnommé, à
cause de la manière intrépide dont il avait défendu

cette place, ne partageait pas cette illusion. Etant
pour le moment sans emploi, il était venu s'établir
à Versailles, dans la pensée qu'il pourrait y servir
la cause du roi, auquel il était profondément
dévoué. C'était un des habitués du salon de la marquise de Donnissan. Trois jours après la manifestation du banquet, c'est-à-dire, le 4 octobre, il
soupait chez elle. La marquise lui demanda ce qu'il
pensait de la situation. Quoiqu'il parlât fort bas,
Mademoiselle de Donnissan entendit parfaitement
sa réponse qu'elle n'oublia jamais : « Madame,
dit-il, depuis trois mois, je me promène sans cesse
ici, et j'observe les dispositions de chacun pour
prévoir un peu ce qui se ferait en cas d'attaque.
Il n'y a ni précautions, ni plan, ni ensemble dans les
projets, ni même dans les opinions. Si M. de
Lafayette voulait venir nous attaquer, un coup de
main lui suffirait pour enlever la cour. S'il était
venu le soir du dîner, on se serait fort bien battu
quoique sans ordre. Aujourd'hui, c'est différent,
chacun est retombé dans l'apathie; le roi est
perdu. »

C'était bien voir la situation. Le roi était perdu,
en effet, non qu'il manquât de serviteurs dévoués
et courageux, prêts à combattre et à mourir pour
lui. Ce qui manquait, c'était une pensée de direction. Personne n'avait une vue claire de ce qu'il
fallait concéder aux nécessités du temps, au besoin
des esprits, et de ce qu'il fallait refuser avec une
invincible obstination aux passions mauvaises et

aux desseins factieux. Le vague qui régnait dans les idées devenait de l'indécision quand il fallait agir, et les défaillances de jugement se traduisaient en défaillances de volonté. On le vit bien le lendemain 5 octobre. Le roi était parti dans la matinée pour chasser dans les bois de Meudon, la reine était à Trianon. M. de Saint-Priest apprit sur les dix heures du matin, par un avis certain, que la garde nationale soldée et non soldée se mettait en route pour Versailles avec du canon. Une foule de peuple la suivait. M. de Saint-Priest envoya sur-le-champ un exprès pour avertir le roi et un second pour avertir la reine. En même temps il convoqua ses collègues. Quand le roi fut arrivé, M. de Saint-Priest proposa d'envoyer deux bataillons du régiment de Flandre pour garder les ponts de Sèvres et de Saint-Cloud. Les Suisses de Courbevoie seraient chargés de la défense de la route de Paris. On enverrait la reine et les enfants de France à Rambouillet, sous l'escorte des chasseurs du régiment de Lorraine. Le roi, à la tête de huit cents gardes-du-corps et de deux cents chasseurs des trois évêchés, marcherait au devant des Parisiens. Traversant le pont de Sèvres, il rangerait sa cavalerie en bataille, et ferait intimer à la garde nationale l'ordre de retourner à Paris : si elle n'obéissait, on la chargerait. En cas de revers, le roi aurait toujours sa retraite assurée sur Rambouillet.

Ce plan était irréprochable au point de vue militaire; mais il aurait fallu, pour qu'il réussît, deux

conditions : la première, c'est que le Conseil tout
entier adoptât cette opinion ; la seconde, c'est qu'il
fût d'accord sur ce qu'il y aurait à faire le lendemain, si l'on remportait la victoire. Ni l'une ni
l'autre de ces conditions ne se trouvaient réalisées.
Le maréchal de Beauveau, l'archevêque de Vienne,
M. de la Tour-du-Pin et M. de la Luzerne se rangèrent à l'avis de M. de Saint-Priest ; mais M. Necker
le combattit vivement. Quelques-uns soupçonnèrent
qu'il n'était pas étranger à ce mouvement qui devait
ramener le roi et l'assemblée à Paris, où il avait,
dès le début, voulu faire réunir les États-Généraux.
Toujours est-il qu'il repoussa la proposition de
M. de Saint-Priest. « En la suivant, on se jetterait,
disait-il, dans la guerre civile qu'on entreprendrait
sans être certain de la fidélité des troupes, sans
préparatifs ni argent, sans ressource, tandis que le
parti opposé trouverait dans Paris une inépuisable
abondance de moyens et de forces. Quel danger
y aurait-il à laisser le peuple arriver à Versailles ?
Le but du mouvement était de supplier le roi
de venir habiter Paris. Peut-être y aurait-il de
l'avantage à prendre cette détermination, car jusqu'alors les Parisiens avaient montré un grand
enthousiasme pour le roi. »

Paroles suspectes qui, si elles n'accusent pas
formellement la loyauté de M. Necker, accusent
singulièrement son jugement, et trahissent le désir qu'il avait de voir les délibérations de l'assemblée et les conseils du roi transférés à Paris, où il

espérait dominer la politique royale par l'ascendant de sa popularité, et l'arracher définitivement aux influences qui balançaient la sienne. Les espérances qu'il exprimait étaient étranges au moment où les scènes des 5 et 6 octobre allaient commencer. M. de Montmorin et l'archevêque de Bordeaux se rangèrent sinon aux considérations qu'avait développées M. Necker, au moins à sa conclusion, c'est-à-dire au rejet des mesures de vigueur. Le roi leva la séance sans prendre aucun parti, et annonça que le conseil serait réuni de nouveau dans l'après-dîner. Différer ainsi la décision à prendre sur la proposition de M. de Saint-Priest, c'était la repousser; car, pendant qu'on délibérait à Versailles, les bandes de Paris étaient en route, et elles devaient arriver avant qu'on eût pris aucune mesure. Pendant que l'indécision et l'impuissance siégeaient dans le conseil du roi, le trouble, le désordre et la confusion régnaient dans le château. Il y avait comme une cohue d'hommes et de femmes de la cour dans la grande galerie. On s'empressait sans avancer à rien. Près de sept cents gentilshommes étaient accourus au château, en habit habillé et le chapeau sous le bras, comme un jour de réception; la plupart n'avaient pas d'autre arme que leur épée. Ces hommes de dévouement et de courage eussent été prêts à donner leur vie pour le roi; mais, faute d'être dirigé, ce zèle se perdait en démonstrations inutiles, et comme personne ne se chargeait de donner l'impulsion, d'assigner à chacun son poste, de distribuer des armes et de dire à ces braves gentilshommes que, dans un jour de combat, l'habit de cour n'est pas de mise et doit être remplacé par l'uniforme, ce secours devenait un embarras, et les adversaires de la cause royale le tournaient en ridicule.

Mademoiselle de Donnissan qui partageait avec sa famille l'anxiété générale, fut frappée du spectacle de désordre et de confusion que présentait la grande galerie, où tout était ordinairement réglé par l'étiquette. On annonçait de moment en moment l'approche des bandes parisiennes. Leur venue n'effrayait pas tout le monde, et Mademoiselle de Donnissan remarqua dans l'œil-de-bœuf, Madame de Staël parée d'un gros bouquet comme un jour de fête, et riant aux éclats, comme si les événements qui surprenaient et effrayaient le roi et la cour, n'avaient eu pour elle rien de redoutable ni d'imprévu. La marquise de Donnissan et sa fille saisies de cette curiosité fiévreuse et maladive qui nous pousse souvent, comme malgré nous, à tourner un regard furtif vers le spectacle dont nous voudrions détourner les yeux, s'étaient réfugiées dans le salon d'Hercule, et de là elles regardaient ce qui se passait dans les cours et sur la place d'armes. Quelques centaines de femmes, la plupart de la lie de la population, mêlées d'hommes déguisés en femmes, s'agitaient en mouvement désordonné sur la place. Cette foule déguenillée et avinée, armée de piques et traînant deux petits canons, criait : Du pain ! du pain ! Elle était conduite par un de ces hommes de sang, dont les révolutions mettent en évidence les passions féroces et le caractère malfaisant, Maillard, qui n'était pas encore en possession de son odieuse renommée, qu'il devait conquérir dans les jours de septembre 1792. La mère et la fille qui avaient choisi leur poste d'observation aux croisées du salon d'Hercule, voyaient avec quelque espoir les dispositions défensives qu'on semblait prendre dans les cours du château. Les gardes suisses avaient été mis en bataille à droite sur la place d'armes. Le régiment de Flandre avec la maréchaussée et les deux cents chasseurs tenaient la gauche, et huit cents gardes du corps à cheval étaient rangés devant la grille de la cour des ministres. Un piquet de suisses gardait chaque porte extérieure. Les gardes du corps étaient postés aux issues intérieures. Il manquait à tous ces préparatifs, deux choses qui manquèrent toujours au pouvoir royal pendant la révolution : la volonté arrêtée de se servir des forces qu'il avait, coûte que coûte, et une direction intelligente et énergique.

Au lieu de confier la défense du château à un militaire expérimenté, résolu et dévoué au roi, comme l'était par exemple le comte de Narbonne-Fritzlar qui avait fait ses preuves dans l'art de repousser les attaques, on confia la défense du château à M. d'Estaing, commandant de la garde nationale de Versailles, homme de parti, que ses opinions avancées dans le sens de la révolution, et le désir de ménager sa popularité, devaient rendre incapable de toute mesure de vigueur. Aussi les personnes qui observaient par les croisées du salon d'Hercule ce qui se passait sur la place, et parmi lesquelles, on s'en souvient, se trouvaient la marquise de Donnissan et sa fille, furent bientôt témoins d'un étrange et douloureux spectacle. Elles virent un mouvement de fluctuation se manifester dans la garde nationale de Versailles; puis tout-à-coup un officier des gardes du corps qui chassait devant lui un perturbateur qui portait l'habit de la garde nationale de Paris, et le frappait à coups de plat de sabre, parut atteint d'un coup de fusil parti des rangs de la garde nationale de Versailles. Des fenêtres du salon d'Hercule, les femmes effrayées le virent tomber; puis on l'emporta dans la cour intérieure et de là chez le comte de la Luzerne, ministre de la marine. On apprit bientôt que cet officier était M. de la Savonnière, et qu'en tombant mortellement atteint, il avait eu encore le temps de s'écrier : « Mes amis, ne me vengez pas, attendez les ordres du roi et défendez le bien. » On comprend quelle fut l'émotion des spectatrices de cette scène; plusieurs étaient mariées à des officiers des gardes du corps qui étaient à leur poste sur cette place, où M. de Savonnière venait de recevoir la blessure dont il mourut quelques jours après. Elles voyaient le tumulte augmenter de moments en moments, sans que M. d'Estaing prît aucune disposition pour le réprimer. Elles ne pouvaient se rendre compte de cette immobilité de la troupe et du tumulte qui se manifestait dans les rangs de la garde nationale de Versailles, placée en seconde ligne, sur la place d'armes, derrière les gardes du corps. Que se passait-il donc? Pourquoi les insurgés agissaient-ils seuls? Pourquoi la troupe restait-elle exposée aux insultes, sans qu'on lui donnât l'ordre de faire usage de ses armes pour repousser la force par la force? Pourquoi la garde nationale de Versailles paraissait-elle mécontente, presque séditieuse? Comment le coup de feu qui avait frappé à mort M. de Savonnière, était-il parti de ses rangs?

Les gardes nationaux de Versailles, auxiliaires à la fois exigeants et équivoques, s'étaient trouvés offensés de ce qu'on les avait placés en seconde ligne, et avaient commencé à murmurer. D'ailleurs, des perturbateurs s'étaient mêlés à leurs rangs, sans en faire partie, et c'est en voulant chasser un de ces émeutiers que M. de Savonnière avait reçu le coup mortel. Les esprits s'animaient de plus en plus, et pour éviter une collision entre la garde nationale de Versailles et les gardes du corps, M. d'Estaing, qui songeait avant tout à ne pas compromettre sa popularité, ordonna à ces derniers de rentrer dans leurs quartiers. Ils les trouvèrent envahis par la populace, qui les avait mis au pillage, et revinrent alors reprendre leur première position sur la place d'Armes. Les bandes parisiennes leur tiraient de temps à autre des coups de fusil, et comme les gardes du corps avaient ordre de ne pas riposter, les émeutiers de Paris et une partie de la garde nationale de Versailles qui s'étaient joints à eux, pouvaient impunément s'approcher. Témoin de ce spectacle, M. de Saint-Priest en fut indigné. Il descendit dans la cour où se trouvait le roi, qui s'entretenait avec M. d'Estaing. M. de Saint-Priest adressa la parole à ce dernier, et lui demanda comment, en de pareilles circonstances, il ne se servait pas des forces mises à sa disposition. — « Je prends les ordres du roi, » répondit M. d'Estaing. Louis XVI continuant à garder le silence, M. de Saint-Priest reprit avec vivacité : « Quand le roi ne donne pas d'ordres, un général ne doit prendre conseil que de la situation et commander les mouvements nécessaires. » La disposition que prit M. d'Estaing fut de faire rentrer les gardes du corps dans la cour, pour n'avoir point à leur commander de repousser la force par la force.

Il y avait, parmi les personnes qui se trouvaient dans le château, un singulier mélange de crainte exagérée et de sécurité imprévoyante. Les uns semblaient croire que tout était perdu ; les autres prétendaient, avec un singulier optimisme, qu'il n'y avait pas le moindre péril. Nous ne parlons pas seulement de ceux chez qui c'était un parti pris de ne pas croire au danger, MM. Necker et d'Estaing, par exemple, parce qu'ils étaient bien résolus à ne pas prendre des mesures vigoureuses pour le conjurer ; mais, parmi les personnes les plus dévouées au roi, il y

en avait qui partageaient cet optimisme opiniâtre.
C'était, chez les uns, légèreté d'esprit, confiance
présomptueuse; c'était, chez les autres, ignorance
de la situation, habitude de vivre dans un monde
factice complètement en dehors du monde réel.
Et puis, il était plus commode de croire que tout
allait bien. Cette persuasion affranchissait de toute
sollicitude, et exemptait de tout effort. Les symptômes cependant étaient loin d'être rassurants, et
les messages qui arrivaient de Paris n'étaient point
faits pour inspirer la sécurité. Le tocsin sonnait,
on battait la générale; à chaque instant de nouvelles bandes arrivaient par la route de Paris, on
entendait leurs vociférations et leurs menaces. Quelques royalistes fidèles, faisant un long détour pour
éviter les hordes révolutionnaires qui obligeaient
toutes les personnes qu'elles rencontraient à s'en-
rôler dans leurs rangs, arrivaient à Versailles par
des chemins détournés pour apporter des avis sûrs.
Un de ces royalistes qui avait été aux pages, le
comte de Calvimont, réussit à s'introduire au château par la connaissance qu'il avait des lieux, et
tomba évanoui en entrant dans l'appartement de la
marquise de Donnissan. Il avait fait dix lieues à pied,
et il mourait de faim. Quand il fut un peu remis, il
annonça que M. de Lafayette arrivait à la tête de
la garde nationale, précédé et suivi d'une immense
multitude de peuple. Comme il était allé rejoindre
à l'œil-de-bœuf les gentilshommes qui étaient venus offrir leur épée pour la défense du roi, on le

conduisit au duc d'Ayen, capitaine des gardes de
service, qui tournait en dérision ceux qui assuraient
que M. de Lafayette, son gendre, était en route
pour Versailles. M. de Calvimont l'ayant assuré
que rien n'était plus exact, le duc d'Ayen lui répondit avec une imperturbable incrédulité : « Vous
dites, jeune homme, que les troupes qui viennent
ici se sont mises en marche à midi? elles devraient
donc être arrivées, car il est neuf heures : appa-
remment qu'elles sont rentrées dans Paris. Tout ce
que vous nous contez là n'a pas le sens commun ! »
Cet argument lui paraissait invincible, et il ne voulut désormais plus rien écouter.

Quelque puissant que fût cet argument, il n'en
était pas moins vrai que M. de Lafayette approchait.
A six heures de l'après-midi, M. de Saint-Priest
qui assistait en ce moment à un conseil présidé
par le roi, reçut un billet anonyme que M. de
Lafayette lui-même lui écrivait d'Auteuil, pour lui
annoncer qu'il était en route avec la garde nationale de Paris, pour maintenir l'ordre et défendre le
roi. L'aide-de-camp qui apportait ce billet, racontait que son général avait fait de vains efforts pour
empêcher d'abord la populace, ensuite la garde
nationale de marcher sur Versailles. Si quelques-
uns doutaient de ses bonnes intentions, tous étaient
donc autorisés à douter de son pouvoir, puisque, au
lieu de contenir le mouvement, il le suivait malgré
lui. Avec les idées qu'on lui connaissait, avec la
dépendance où il se trouvait à l'égard de la garde

3*

nationale, très-certainement on n'obtiendrait qu'à titre onéreux la protection qu'il pourrait donner à la famille royale, si réellement il voulait la protéger : il imposerait des conditions, il faudrait les subir. M. de Saint-Priest en appuyant sur ces motifs, conseilla au roi de se retirer à Rambouillet avec sa famille, en s'entourant des troupes fidèles. MM. de Beauveau, de la Tour-du-Pin, de la Luzerne, et M. l'archevêque de Vienne, se rangèrent à cet avis. M. Necker combattit avec la plus grande vivacité l'opinion de M. Saint-Priest, en signalant l'adoption de ce parti comme un commencement de guerre civile. M. de Saint-Priest insista avec une nouvelle force sur les dangers auxquels on allait exposer le roi, la reine, la famille royale, sans pouvoir mettre aucune confiance dans le concours de la garde nationale de Paris, qui pouvait devenir un danger de plus. Quant à l'idée de transférer le siége du gouvernement à Paris sous la pression de l'émeute parisienne, idée que M. Necker semblait regarder plutôt comme un avantage que comme un inconvénient, il y voyait, lui, la perte de la monarchie. Il résuma son opinion dans cette phrase : « Sire, si vous êtes conduit demain à Paris, votre couronne est perdue. »

A ces fortes paroles d'un ministre fidèle, le roi s'émut. Il sortit un moment, puis, rentrant bientôt, il donna à M. de Saint-Priest l'ordre de tout disposer pour le départ de Rambouillet. Ce fut alors que M. Necker, ordinairement si réservé, s'emporta jusqu'à dire : « Vous donnez là un conseil qui pourrait vous coûter la tête. — A la bonne heure ! » répliqua froidement M. de Saint-Priest.

Les personnes qui se trouvaient dans le château ignoraient ce qui se passait dans le conseil. Elles apprenaient d'une manière confuse et par des rapports successifs les événements de la journée. C'est ainsi qu'on sut, chez madame de Donnissan, que les bandes parisiennes avaient envoyé une députation à l'assemblée nationale. Mounier, qui présidait la séance, avait été obligé de recevoir cette étrange députation composée de femmes déguenillées et avinées, conduites par l'huissier Maillard, tenant une épée nue. L'assemblée, pour montrer son empressement, avait voté immédiatement un décret sur les subsistances, et prescrit à son président d'aller le présenter, séance tenante, à la sanction du roi. Plusieurs de ces femmes voulurent accompagner Mounier ; il fallut se prêter à cette fantaisie. On en vit une douzaine traverser avec lui la place d'Armes et entrer au château. M. de Saint-Priest les reçut à l'œil-de-bœuf, et tâcha de leur faire comprendre que l'ordre des saisons ne dépendait point du gouvernement, et qu'il faisait tout ce qu'il pouvait pour ramener l'abondance. Ces femmes demandèrent alors à voir le roi ; il les reçut. Sa bonté les attendrit. Une d'elles voulut lui baiser la main ; il l'embrassa. Alors, avec cette mobilité d'imagination qui caractérise le peuple, elles oublièrent les passions haineuses qui les avaient amenées et, pleines d'enthousiasme pour ce prince qu'elles haïssaient en arrivant, elles sortirent du château en criant : « Vive le roi! » Leurs compagnes, qui n'avaient pas passé par les mêmes émotions, et qui ne se rendaient pas compte de ce changement subit, crurent qu'elles avaient été gagnées à prix d'argent; on eut de la peine à les empêcher de leur faire un mauvais parti.

Toutes ces scènes se succédaient avec une rapidité extraordinaire, et les nouvelles les plus contradictoires étaient apportées chez Mesdames de France dont l'appartement était situé au rez-de-chaussée, et chez lesquelles madame de Donnissan et sa fille étaient descendues. Il y eut un moment où l'on annonça que les bandes parisiennes allaient attaquer le château; madame Adélaïde dit alors avec un grand calme : « Nous leur apprendrons à mourir. » Peu d'instants après, on apprit que les huit cents gardes du corps avaient été dirigés sur Rambouillet, et que les deux cents chasseurs à cheval avaient pris la même route. Bientôt on sut qu'on attelait les carrosses pour la famille royale qui allait enfin partir. Puis, tandis qu'on se félicitait de cette détermination, M. de Thiange et madame de Béou ouvrirent la porte en criant : « M. de Lafayette est chez le roi! »

Quelque incroyable que parût cette nouvelle, elle était vraie. Les résolutions contradictoires se succédaient aussi vite que les évènements dans cette déplorable journée. On se résolvait successivement à tout, parce qu'on était profondément irrésolu. Le roi, après avoir donné à M. de Saint-Priest l'ordre de tout préparer pour le départ, avait été assailli par les partisans de l'opinion contraire; plusieurs membres de l'assemblée étaient venus; on avait surtout insisté sur cette considération à laquelle ne savait pas résister ce prince d'un cœur si paternel, c'est que sa retraite, à la tête d'une force militaire, serait le signal de la guerre civile, et que le sang français allait commencer à couler. Alors le roi avait déclaré que, puisqu'il en était ainsi, il resterait à tout risque. Sur ces entrefaites, M. de Lafayette était arrivé à Versailles; il était dix heures du soir. Avant d'entrer dans cette ville, il avait fait prêter serment aux gardes nationaux d'être fidèles à la nation, à la loi et au roi. Aussitôt arrivé, il se présenta à la grille du château, et demanda à voir le roi; il était pâle et paraissait inquiet. Il s'efforça cependant de rassurer le roi sur les dispositions de la garde nationale, et lui répéta qu'avec la sanction de quelques décrets, on calmerait la population parisienne. Il était très-vrai que la garde natonale parisienne n'apportait point les dispositions hostiles contre la personne du roi, mais elle était aussi incapable de protéger l'indépendance constitutionnelle de sa volonté, contre la pression révolutionnaire de la populace parisienne, que de menacer directement sa vie; elle partageait sur ce point les dispositions de son commandant, M. de Lafayette. Elle ne défendait donc pas la liberté du roi, et elle empêchait qu'elle fut défendue par la force armée qu'elle neutralisait au fond sans le vouloir, sans le savoir peut-être. M. de Lafayette et la garde nationale parisienne, livraient le roi à leur commune maîtresse, la révolution. Le roi, sur la demande de M. de Lafayette, lui confia la garde extérieure du château; les postes furent remis aux anciens gardes françaises, devenus, depuis qu'ils avaient passé au peuple, grenadiers de la garde nationale. Les postes intérieurs continuèrent à être occupés par le petit nombre de gardes du corps de service, demeurés à Versailles.

Une singulière confiance succéda alors dans beaucoup d'esprits aux alarmes dont ils avaient été agités. Il semblait que comme la journée finissait, tout finissait avec la journée. On était d'ailleurs accablé de fatigue et l'on avait besoin de prendre du repos. Cependant les gentilshommes qui étaient venus offrir leurs services, demandaient à passer la nuit dans les grands appartements. Mais le duc d'Ayen, qui ne voulait pas croire le matin à l'arrivée de son gendre, M. de Lafayette, croyait depuis son arrivée, que tous les périls avaient disparu. Il déclara que ces inquiétudes étaient ridicules, et fit évacuer les appartements; les portes, jusqu'à la galerie de la chapelle, furent fermées comme à l'ordinaire. Du reste, cette quiétude était passée dans l'esprit de plusieurs des serviteurs les plus dévoués du roi, gens de peu de réflexions, disposés à croire que la sécurité était rétablie, parce qu'ils désiraient qu'elle le fût.

La famille de Donnissan ne partageait point ces illusions optimistes. La marquise et sa fille, ayant rencontré, en retournant chez elles, le duc de Saulx-Tavanes, homme dévoué au roi assurément, celui-ci leur dit : « Eh bien ! tout est donc fini, on va se coucher ? — Comment fini ! lui dit la marquise de Donnissan. — Je n'y conçois pas grand chose, répliqua le Duc, mais enfin on dit que toute inquiétude doit cesser, que le roi a accordé ce que M. de Lafayette lui a demandé ; il s'agissait seulement de sanctionner quelques décrets. — Ah ! vous verrez que l'on enlèvera demain la famille royale pour l'emmener à Paris, répliqua tristement Madame de Donnissan. — Cela ne se peut pas, les Tuileries sont demeublées depuis longtemps, reprit le duc de Saulx-Tavanes, il n'y a de prêt que l'appartement de la reine. » Cela dit, le Duc s'en alla tout rassuré contre l'éventualité de la translation de la famille royale de Versailles à Paris. C'est ainsi que l'esprit de cour étouffait chez plusieurs le jugement, et que le sentiment exagéré des nécessités factices du monde de l'étiquette, obscurcissait les lumières du sens commun.

Tout semblait conspirer pour donner libre carrière, pendant la nuit fatale qui commençait, aux passions mauvaises, tandis qu'au dedans du château comme à l'intérieur, la surveillance s'endormait. Au dedans, on a vu la sécurité du duc d'Ayen ; les postes des gardes du corps ne furent pas augmentés. Le comte de Montmorin, gouverneur de

Fontainebleau, et colonel en second du régiment de Flandre, qu'il commandait en l'absence de M. de Lusignan, membre de l'assemblée nationale, vint à une heure avancée de la soirée, chez la marquise de Donnissan ; il raconta avec des larmes de rage, qu'on refusait de la poudre à son régiment ; qu'en arrivant à Versailles on lui avait enlevé ses canons, sous prétexte de les confier à la garde nationale. Ses soldats, ajoutait-il, murmuraient ; cependant leurs dispositions n'étaient pas encore mauvaises ; mais il venait de recevoir, à l'instant, l'ordre incompréhensible d'enfermer son régiment dans les petites écuries, où il était campé, de fermer la grille et d'en apporter la clef. Il s'écria avec désespoir en finissant ce récit : « Le roi est trahi ! »

Le roi était trahi, en effet, non de propos délibéré, sans doute, mais par l'aveuglement de quelques-uns de ses serviteurs, qui semblaient croire qu'en se dispensant de prévoir les périls, on les empêche d'arriver, et par la confiante présomption des plus honnêtes des adversaires de son autorité, qui, pleins de foi dans leur popularité, comme d'autres le sont dans leur génie, s'imaginaient être les maîtres de cette population, qui ne les traitait en idoles qu'à condition qu'ils deviendraient ses instruments. Maintenant que les passions politiques sont tombées, il n'entrera dans la pensée de personne d'accuser M. de Lafayette, homme d'honneur et de probité, d'avoir trempé dans les événements de cette nuit déplorable, ou même de les avoir favorisés sciemment par une connivence coupable. Outre ses sentiments d'honnêteté personnelle, il avait une horreur naturelle pour les excès de ce genre. Mais cette justice rendue à son caractère, il n'est pas moins juste de constater, qu'au point de vue militaire, sa conduite n'est pas excusable, et qu'elle ne saurait s'expliquer que par l'inaltérable confiance qu'il avait en lui-même et dans l'ascendant de sa popularité. Sans doute, il n'avait pas la surveillance et, par conséquent, la responsabilité de la garde intérieure du château; mais il avait la surveillance et, par conséquent, la responsabilité de la garde extérieure. Or, le péril qui menaçait le dedans venait du dehors. Le général Lafayette n'ignorait pas que, s'il pouvait compter sur la garde nationale, il devait profondément se défier des bandes révolutionnaires venues à Versailles avec les desseins les plus sinistres. Il était indiqué que, les ténèbres de la nuit favorisant leurs entreprises criminelles, la surveillance devait devenir plus active, et les patrouilles sillonner tous les alentours du château pour prévenir les attaques nocturnes. Ces mesures de précaution ne furent pas prises, et M. de Lafayette, harassé de fatigue, comme tous ceux qui avaient joué un rôle dans cette journée, alla chercher quelque repos. Ce défaut de précaution et de surveillance fut non pas son crime, comme le dit l'indignation passionnée des contemporains, mais sa faute, comme le dira l'histoire quand elle jugera l'événement en s'affranchissant de l'influence de toute passion favorable ou contraire.

Le témoignage précieux de mademoiselle de Donnissan vient prouver que si des précautions avaient été prises, les crimes commis auraient pu être prévenus. — « Mon père, ma mère et la comtesse d'Estourmel, de la maison de madame Victoire, dit-elle, passèrent la nuit dans le salon, et je crois que ce furent les seules personnes qui veillèrent. De nos fenêtres, on pouvait découvrir la place d'Armes, la cour des ministres, et observer l'agitation du peuple. Vers les cinq heures du matin, ma mère s'aperçut que le peuple s'agitait et se mettait tumultueusement en mouvement. Elle sortit avec mon père et madame d'Estourmel, et alla jusqu'au vestibule de la chapelle par où l'on entre dans les grands appartements. Ils ne purent pénétrer. Ils rentrèrent fort à propos ; car, peu de temps après, les domestiques vinrent nous dire que deux gardes-du-corps arrivaient en courant, se plaignant de ce qu'on leur avait refusé l'entrée des appartements. Au même moment, le peuple se précipita dans le corridor. »

On sait le reste, Miomandre, Varicour, des Hutte, se faisant tuer à leur poste, pour donner à Marie-Antoinette le temps de descendre de son lit et de gagner, à peine vêtue, la chambre du roi ; les assassins fouillant de leurs piques ensanglantées le lit encore chaud que vient de quitter la reine, le château surpris et envahi, les gardes du corps de service massacrés. Il est facile de se faire une idée des angoisses qu'éprouvaient pendant ces scènes terribles, les personnes qui habitaient le château. La marquise de Donnissan ne put résister à l'inquiétude qui la dévorait. N'osant sortir de son appartement, elle se pencha par la croisée qui donnait sur la place d'Armes et demanda à une sentinelle de la garde nationale placée en faction au-dessous, ce que le peuple, dont on entendait les clameurs, faisait dans la cour. Cet homme lui cria : « Ce sont les gardes-du-corps »... et achevant sa phrase par un geste, il lui fit signe que le peuple leur coupait la tête. La populace furieuse était maîtresse des cours du château et l'on craignit un massacre général. M. de Lafayette parut enfin, trop tard pour sauver la royauté, à temps pour sauver la vie du roi, de la reine, et celle des fidèles gardes du corps, qui n'avaient pas encore été massacrés. Mais à quel prix les sauva-t-il ? En humiliant profondément la royauté devant cette vile et sanglante multitude. M. de Saint-Priest qui était venu à la hâte rejoindre le roi, le trouva avec la reine et le dauphin devant le balcon de sa chambre, c'est celle qui donne sur la cour de marbre. Lafayette qui y était déjà, avait pris le rôle d'intercesseur auprès de la populace; celui de défenseur de la majesté royale insultée et de la loi indignement violée, eut été plus beau à prendre quelques heures auparavant, et c'est par les armes et non par les discours que les assassins de Miomandre, des Hutte et Varicour, les malfaiteurs homicides, altérés du sang de la reine, auraient dû être arrêtés. Faute d'avoir persisté dans la résolution de suivre le parti énergique conseillé par M. de Saint-Priest, le roi était à la merci des bandes révolutionnaires. Il n'avait plus de forces à leur opposer. Les faibles restes des gardes du corps, deux cents à peine, — on en avait fait partir huit cents la veille pour Rambouillet — surpris par l'invasion de plusieurs milliers d'assaillants, avaient cherché, après une défense héroïque, à se soustraire à une mort certaine, en s'échappant à l'aide de déguisements. Madame de Donnissan et sa fille en fournirent à plusieurs, et cachèrent quelques exempts des gardes dans leur appartement. Les soldats du régiment de Flandre exaspérés par la perte de leurs canons, par le refus de cartouches et surtout par l'ordre de les enfermer à clef dans les petites écuries, étrange prescription qui laissait le champ libre aux assaillants et mettait sous clef les défenseurs, avaient passé par-dessus les grilles ; en contact avec la population, ils s'étaient laissés gagner par des distributions de vin et d'argent ; preuve évidente que derrière les passions mauvaises, il y avait des intérêts cachés qui les stipendiaient.

Le roi était donc sans défense, car il ne pouvait compter que M. de Lafayette et la garde nationale lui porteraient une assistance efficace pour maintenir ses droits constitutionnels. Au fond, M. de Lafayette voulait bien sauver l'homme, mais non le roi. Les cris « à Paris ! à Paris ! » accompagnés de coups de fusils, et de menaces atroces contre la reine, retentissaient de plus en plus dans les flots pressés de la multitude qui remplissait la place d'Armes et qui avait envahi les cours du château. M. de Lafayette insistait auprès du roi pour qu'il donnât cette marque de confiance à la population qui venait, en effet, de s'en montrer si digne ! Depuis longtemps, on l'a vu, c'était la pensée arrêtée de M. Necker, qui croyait annihiler ainsi les influences qui paralysaient la sienne et, une fois à Paris, gouverner la population par l'ascendant de sa popularité, et à l'aide de la force que lui donnerait l'opinion populaire, gouverner le roi. M. de Saint-Priest lui-même qui, la veille encore, donnait des conseils de résistance, se reconnaissait vaincu par une situation qu'on l'avait empêché de prévenir. Il supplia le roi de céder à la nécessité. Il ne fallait point se faire illusion, ajouta-t-il, le roi était prisonnier et, en prolongeant la résistance, il ne faisait que prolonger les périls de la famille royale, sans pouvoir refuser de suivre la multitude. — «Ah ! M. de Saint-Priest, s'écria douloureusement la reine, pourquoi ne sommes-nous pas partis hier soir ? — Ce n'est pas ma faute, répondit tristement ce courageux et fidèle serviteur. — Ah ! je le sais bien, » répliqua la reine.

Après quelques moments d'une perplexité cruelle, le roi se résigna, et M. de Lafayette, qui avait plusieurs fois harangué la multitude, se présenta encore

une fois au balcon pour lui annoncer qu'elle allait être
obéie, et que le roi consentait à aller habiter Paris avec
sa famille. Le roi vint lui-même donner cette assurance ; on avait mis la cocarde tricolore à son chapeau.
M. de Lafayette demanda ensuite à la reine quelles
étaient ses intentions. — « Je sais le sort qui m'attend, répartit-elle, mais mon dessein est de mourir aux pieds du roi et dans les bras de mes enfants. »
M. de Lafayette proposa alors à la reine de la conduire sur le balcon ; il fallait qu'il la présentât à
cette multitude qui tout à l'heure menaçait sa vie ;
la Révolution ayant interverti les positions et les
rôles, il allait au fond demander une amnistie
pour la reine au peuple souverain. Marie-Antoinette, conduite par M. de Lafayette, se présenta
sur le balcon entre ses deux enfants. Des voix
menaçantes s'écrièrent : « Point d'enfants ! » La
reine, qui craignit à l'accent de ces voix, que ses
enfants ne devinssent victimes des haines enflam-
mées contre sa personne, repoussa elle-même le
dauphin et Madame royale en arrière et se présenta
seule avec une magnanime intrépidité. Le courage
est toujours le bienvenu en France, des cris de *vive
la reine* se firent entendre, et M. de Lafayette partageant l'émotion générale, s'inclina respectueusement
et baisa la main de la reine, ce qui fit redoubler les
cris. Il semblait que la réconciliation de Marie-Antoinette avec la Révolution, venait d'être scellée. Une
dernière inquiétude arrêtait encore le roi ; il craignait
pour ses gardes du corps fidèles, qui lui avaient donné

tant de marques de dévouement, et qui, par cela, étaient même devenus l'objet des haines populaires. Il demanda à M. de Lafayette qui s'était en quelque sorte posé comme un puissant médiateur entre la Royauté et la Révolution, ce qu'il pourrait faire pour ses gardes. Le général Lafayette prit un garde du corps par la main, le conduisit sur le balcon, lui donna sa cocarde et l'embrassa. C'était un signe qui avertissait le peuple souverain qu'il pouvait étendre son amnistie sur les gardes du corps. La multitude comprit ; elle cria : Vivent les gardes du corps ! Le voyage de Paris devenait dès-lors possible. Il y avait comme un traité tacite entre le général Lafayette et la multitude : il lui livrait la royauté qu'il aurait dû défendre ; elle promettait de respecter la vie de Louis XVI, de Marie-Antoinette et des gardes-du-corps.

Dans ce moment, il y eut une décharge générale des fusils, des canons, que la multitude traînait avec elle ; le peuple célébrait sa victoire. Quand le bruit de ces décharges arriva aux oreilles de madame de Donnissan et de sa fille, elles n'étaient plus au château. Épouvantées des clameurs de la populace, des menaces qu'elle proférait, de l'égorgement des gardes du corps fidèles qui avait déjà commencé, elles craignirent un massacre général, et, profitant de ce que les révoltés qui remplissaient la cour du château, avaient laissé la rue des Réservoirs déserte, elles sortirent à la hâte par cette issue et se rendirent toutes tremblantes dans un petit logement que le comte de Crenay avait dans la ville. Lorsque dans cette retraite où plusieurs autres personnes, entre autres des officiers des gardes du corps, avaient cherché un asile, elles entendirent les feux de mousqueterie et les coups de canons se succéder pendant une demi-heure, elles crurent que l'on donnait l'assaut au château, et que c'en était fait du roi et de la famille royale. Déjà elles les pleuraient comme morts; lorsqu'on vint leur apprendre que tout ce bruit était un signe de réjouissance, que le roi s'était montré à son balcon avec la cocarde tricolore à son chapeau, qu'il avait promis de venir habiter Paris, et que le peuple témoignait son allégresse par ces décharges réitérées. Madame et Mademoiselle de Donnissan pleurèrent le roi captif au lieu de pleurer le roi mort, et se hâtèrent d'aller reprendre leur poste au château, auprès de *Mesdames* de France.

Ces princesses étaient aussi du voyage, quoiqu'elles ne dussent pas aller jusqu'à Paris. On avait permis qu'elles s'arrêtassent au château de Bellevue. Mademoiselle de Donnissan se hâta de faire des cocardes tricolores pour *Mesdames* et les personnes de leur suite : il n'y avait aucune sûreté pour ceux qui ne portaient pas ce signe révolutionnaire. On improvisa à la hâte les préparatifs du voyage. Comme on craignait que le château ne fût pillé, on emballait avec précipitation tous les objets qui pouvaient être transportés à Paris. Les domestiques ahuris ne savaient plus ce qu'ils faisaient ; quelques-uns jetèrent des glaces et des porcelaines par les croisées. Tout le monde voulait suivre le roi, et il y eut jusqu'à deux mille voitures qui se mirent en mouvement derrière son carrosse. C'était comme le convoi de la monarchie qui allait cheminer avec une lenteur funéraire en se rendant de Versailles à Paris. La marquise de Donnissan et sa fille montèrent dans le carrosse de *Mesdames,* qui avaient en outre avec elles la duchesse de Narbonne-Lara et madame de Chatellux. La voiture de *Mesdames* suivait d'abord immédiatement celle du roi, mais bientôt elle en fut séparée par la foule et par plusieurs autres voitures. On marchait dans un désordre inexprimable, et d'un pas si lent, qu'on devait mettre plus de huit heures et demie à traverser la distance de quatre lieues qui sépare Versailles de Paris. Des coups de fusils retentissaient de moment en moment, et la vie du roi, celle de la reine et de leurs enfants furent plusieurs fois menacées.

En effet, dans cette populace avinée et furieuse qui suivait le carrosse du roi en faisant retentir les cris forcenés de *Vive la nation,* et en portant sur des piques les têtes coupées des gardes du corps encore toutes dégouttantes de sang, tout le monde n'avait pas ratifié l'amnistie que la multitude avait accordée, sur la place de Versailles, au roi et à la reine, quand M. de Lafayette l'avait demandée. Le carrosse du roi était le point de mire de ces menaces et de ces injures, qui préludaient au régicide. Du carrosse de *Mesdames* de France on entendait seulement un

4

bruit de clameurs confuses auquel se mêlaient les
décharges de mousqueterie. D'ailleurs, cent hommes de la garde nationale de Paris, préposés à la
sûreté des princesses, entouraient leur carrosse.
Mademoiselle de Donnissan remarqua que, con-
servant leur sérénité et leur affabilité ordinaires,
elles adressèrent plusieurs fois la parole aux gardes nationaux qui les entouraient. On mit cinq
heures à franchir la distance de Versailles à Bellevue. *Mesdames* s'établirent dans cette résidence. La
marquise de Donnissan et sa fille l'habitèrent avec
elles, mais ne purent y prolonger leur séjour au
delà du 19 octobre. La santé de madame de Donnissan, déjà fortement ébranlée par la perte de son
père et de sa mère, avait reçu un coup terrible des
scènes déplorables auxquelles elle venait d'assister.
Elle ne pouvait retrouver le calme et le sommeil, et
elle tombait continuellement dans des attaques de
nerfs. La vie triste et retirée qu'on menait au château de Bellevue ajoutait à sa mélancolie. Madame
Victoire craignant que sa santé ne pût se remettre, lui accorda un congé. Le marquis de Donnissan, ayant obtenu l'agrément de *Monsieur,* emmena
sa femme et sa fille dans ses terres de Gascogne.

Quand Mademoiselle de Donnissan quitta ainsi
cette noble cour de France dans laquelle elle avait
passé les premiers temps de sa vie, elle allait avoir
dix-sept ans. Si jeune qu'elle fût, elle avait vu déjà
bien des évènements et des spectacles bien divers.
Elle avait été témoin des vertus de la famille royale,

déjà si cruellement calomniée; elle avait vu la reine dans les splendeurs de Versailles, avec cette majesté tempérée par la grâce qui lui conciliait tous les respects et tous les suffrages, dans ces années brillantes, mais trop tôt écoulées, où l'on pouvait encore dire en parlant de Marie-Antoinette : heureuse comme une reine ! Puis elle avait vu ces splendeurs s'éclipser peu à peu et la vague révolutionnaire qui devait engloutir un jour le trône, venir en battre les assises, chaque jour plus menaçante et plus terrible. Après avoir assisté aux dernières pompes de la monarchie française, elle avait assisté aux premières scènes de sa décadence, que les évènements devaient précipiter d'une manière si rapide. Elle était à Versailles, quand les États-Généraux s'y ouvrirent, et le salon de sa mère étant devenu un des lieux de réunion des députés de la droite, elle avait entendu débattre les questions qui retentissaient à la tribune de l'Assemblée constituante. De nouveaux horizons s'étaient ainsi ouverts devant son esprit. Des idées, qui dans d'autres temps, ne seraient jamais arrivées jusqu'à elle, étaient ainsi venues réveiller sa jeune intelligence.

Il en est des âmes comme des plantes, dont la végétation est plus vigoureuse, dont les couleurs sont plus vives, dont les parfums sont plus odorants, quand elles croissent à l'air libre, qu'elles reçoivent l'action vivifiante du soleil et celle des rosées de la nuit, que lorsque renfermées dans un appartement, elles prennent un développement précoce

dans une atmosphère étouffée, à l'aide d'une chaleur factice. Cette grande et forte éducation que
Mademoiselle de Donnissan recevait à la fois des
évènements et des hommes, avait de bonne heure
mûri son esprit. Elle avait appris que l'adversité
peut frapper à la porte des maisons royales. Elle
avait vu dans la journée du 15 juillet, les angoisses
de la reine, de *Mesdames* de France, de sa mère
et de toute la cour pendant que le roi était allé à
l'hôtel de ville ; elle venait d'assister aux journées
des 5 et 6 octobre, pleines d'épouvante, souillées
de sang et qui avaient déterminé le départ forcé de
la famille royale pour Paris, premiers pas faits vers
la captivité, et un peu plus tard vers la mort. Elle
quittait Versailles, le cœur plein de ces souvenirs,
de ces émotions, de ces enseignements, en emportant la mémoire des bontés et des vertus des
Princes et l'ardeur de sentiment qu'ajoute à la soli-
dité des principes la connaissance que l'on a des
personnes et l'affection qu'on leur porte.

CHAPITRE TROISIÈME

SÉJOUR DANS LE MÉDOC

Mademoiselle de Donnissan se rendit avec sa mère et son oncle, le duc de Lorges, au château de Blaignac, près de Libourne, qui appartenait à ce dernier. La vie de campagne succédait ainsi pour elle à la vie de Versailles, mais dans des conditions qui la rendaient peu agréable. Non-seulement la saison était mauvaise et les routes difficiles, mais l'esprit révolutionnaire s'était répandu dans cette province, et les dispositions des paysans étaient si menaçantes, que les gentilshommes du pays n'osaient se visiter entre eux, de peur d'attirer les regards et d'être accusés de se concerter contre la révolution. La seule distraction de mademoiselle de Donnissan, que cette vie solitaire et retirée ennuyait beaucoup, était d'aller danser tous les dimanches avec les paysans des terres de son oncle, empressés à venir dans le parc du château où on les avait toujours bien reçus. Sa famille était aimée et respectée dans le pays, parce que, de temps immémorial, elle y avait fait du bien.

Après avoir passé un mois à Blaignac, le marquis de Donnissan emmena sa femme et sa fille dans son propre château, à Citran, situé dans le Médoc. Là aussi l'esprit révolutionnaire qui, à cette époque, agitait la France entière, avait fait des progrès. Mais les paysans des environs du château, toujours bien traités par la famille de Donnissan, lui étaient demeurés dévoués. Mademoiselle de Donnissan y trouva donc une tranquillité relative, au milieu des troubles qui agitaient la France. Dans ces temps de désordre, elle recueillait le fruit des bienfaits séculaires de ses ancêtres. Deux années s'écoulèrent ainsi pour cette noble famille loin du théâtre et du tumulte des événements qui continuaient à marcher à Paris, et ne venaient retentir que de loin en loin dans cette paisible demeure. On était en 1791. Mademoiselle de Donnissan avait dix-neuf ans. Déjà deux fois, on s'en souvient, sa famille avait songé à la marier : la première fois avec le comte de Lescure, son cousin germain; la seconde avec M. le comte de Montmorin, fils d'un des ministres de Louis XVI. Des raisons de fortune avaient fait rompre ces deux mariages; on avait encore songé depuis à un nouveau mariage qui présentait toutes les convenances d'âge, de fortune et de position; mais les troubles révolutionnaires, venant à la traverse, l'avaient retardé. A la distance où nous sommes, ces idées de mariage, ces calculs de fortune, ces projets d'avenir, venant au milieu d'une révolution qui allait tout bouleverser et tout détruire, ont quelque chose qui surprend. Il semble que lorsque le présent était si terrible et l'avenir si incertain, on n'aurait dû s'occuper que de la journée. Avec un peu plus de réflexion, on arrive à plaindre cette génération obligée d'abréger les plus doux moments que Dieu ait accordés aux hommes, et de raccourcir ces beaux rêves qui valent mieux que la réalité, pour se laisser entraîner au torrent qui, dans le naufrage des destinées publiques, emportaient en même temps les félicités particulières et les destinées privées. Quelquefois, quand un grand fleuve sort de son lit, on aperçoit, au milieu des débris des édifices et des grands arbres des forêts déracinés par ses eaux qu'il entraîne, un nid de mousse surnager à la surface du courant. C'est ainsi que les jeunes et pures amours de Mademoiselle de Donnissan vont un moment apparaître au milieu du déluge de la Révolution.

Les parents de Mademoiselle de Donnissan, au moment de fixer son sort, se rappelèrent leur premier projet et l'attachement mutuel qui semblait porter l'un vers l'autre leur fille et M. de Lescure. Les raisons de fortune qui les avaient décidés à renoncer à ce mariage avaient disparu. Leur neveu, à force de bonne conduite, d'économie sévère et de sage administration, avait fermé les brèches que les prodigalités de son père avaient faites à son patrimoine. Presque toutes les dettes qu'il avait laissées étaient payées, et M. de Lescure jouissait de trente mille livres de rentes ; sa grand'mère devait lui en laisser cinquante mille. C'était donc, du côté de la fortune, un parti convenable pour Mademoiselle de Donnissan. Les qualités de l'esprit et du cœur qui sont bien au-dessus, faisaient de lui un des plus nobles partis de France. M. de Lescure étant venu au château de Citran, au mois de juin 1791, sa tante l'avertit qu'elle n'avait plus d'objections contre son mariage avec sa cousine, s'il avait encore cette pensée, et prenant sa fille à part, elle lui fit une communication analogue. N'est-ce pas le cas de dire qu'il y a des mariages écrits au ciel et que rien ne peut empêcher ? M. de Lescure aimait profondément sa cousine, il ne s'était retiré que par honneur et par délicatesse, quand il avait compris que l'état de sa fortune ne lui permettait plus d'aspirer à sa main. Quand on lui rendit l'espérance qu'on lui avait ôtée, il laissa éclater toute la vivacité de sa tendresse pour sa cousine. Quant à Mademoiselle de Donnissan, qui, quelques années plus tôt, avec la réserve de son sexe et l'innocence de son âge, n'avait fait qu'obéir à ses parents, soit en consentant à ce mariage, soit en y renonçant aussitôt qu'on l'avait avertie de ne plus y songer, elle ne connut toute l'étendue de ses sentiments pour son cousin que lorsqu'il lui fut permis de s'y livrer. Entraînée par le courant des évènements qui se précipitent, Mademoiselle de Donnissan quand, bien des années plus tard, elle écrira ses mémoires, n'aura qu'une phrase simple et touchante pour raconter les temps les plus fortunés de sa vie : « Notre mariage fut décidé, nous nous trouvâmes les plus heureux du monde. » Les félicités particulières occupaient peu de place dans ce naufrage général, et il fallait se dépêcher d'être heureux. ·

La Révolution continuait à marcher. M. de Lescure faisait partie d'une coalition qui s'était formée dans le Poitou et dans les provinces voisines dont l'esprit était en général contraire à la Révolution. Cette confédération avait pour objet d'opposer une résistance armée aux violences révolutionnaires. Presque tous les gentilshommes du pays y étaient entrés, et comme la majeure partie des habitants partageaient leurs sentiments, on pouvait disposer, au premier signal, d'une force d'à peu près trente mille hommes. On avait noué des intelligences avec deux régiments en garnison, l'un à La Rochelle, l'autre à Poitiers, qui devaient se mettre en mouvement sur des ordres supposés, et la coalition du Poitou donnant la main à une coalition qui s'était engagée à s'emparer de la route de Lyon, devait favoriser la rentrée des princes alors en Savoie. La tentative d'évasion de Louis XVI et son arrestation à Varennes, vinrent à la traverse de ces projets.

A la nouvelle du départ du roi, M. de Lescure s'était rendu à son poste, mais bientôt il revint rejoindre sa jeune fiancée. La noblesse du Poitou voyant que le but de la coalition était manqué par suite de l'arrestation du roi, avait pris le parti d'émigrer comme le reste de la noblesse du royaume. Cependant les circonstances n'étaient pas les mêmes en Poitou que dans la plus grande partie de la France. Il était facile de concevoir que dans les provinces où la vie des gentilshommes n'était pas en sûreté, où leurs châteaux étaient chaque jour menacés par l'incendie, où leurs femmes et leurs enfants ne pouvaient jouir d'aucune sécurité, l'émigration commençât de bonne heure, et c'était là, il faut le dire, parce que Madame de Staël l'a nié, la situation de la plus grande partie de la France. C'est par erreur que cette femme célèbre affirme dans ses *Considérations sur la révolution française* que « jusqu'en 1791, l'émigration ne fût provoquée par aucune sorte de dangers, et qu'elle dût être considérée comme une œuvre de parti ; tandis qu'en 1792, l'émigration fut réellement forcée. » Madame de Staël, par une erreur d'optique, assez commune dans les temps de révolution, n'a vu que les périls qui menaçaient les personnes de son opinion. Les documents, le *Moniteur* et les mémoires contemporains donnent un démenti éclatant à l'assertion de Madame de Staël. Certes, quand, en 1789, M. de Montesson était fusillé dans le Maine, après avoir vu égorger son beau-père ; que M. de Barras était coupé en morceaux devant sa femme près d'accoucher ; quand on précipitait, en Normandie, un gentilhomme paralytique, dans les flammes d'un bûcher; quand, en Flandre, le baron de Mont-Justin, était suspendu pendant une heure au-dessus d'un puits, entendant ses assassins discuter entre eux, pour savoir s'il l'y laisseraient tomber, ou s'ils le feraient périr par un autre genre de supplice; quand le chevalier d'Ambly était traîné sur un fumier, et voyait danser autour de lui des hommes furieux, qui préludaient au meurtre par l'injure; quand les prêtres de la Bretagne qui refusaient le serment à la constitution civile du clergé étaient incarcérés, persécutés, accablés de mauvais traitements par les directeurs de département qui n'attendaient pas les décrets tyranniques de l'Assemblée législative pour exercer leurs violences (1), on ne saurait dire que l'émigration ne fût, à cette époque, qu'une œuvre de parti. Il existe un document officiel qui prouve que, dès la seconde moitié de l'année 1789, l'émigration était la conséquence nécessaire de l'anarchie qui régnait en France. « Les propriétés, disait le député Salomon à l'Assemblée constituante, au nom du *Comité des rapports*, à la fin du mois de juillet 1789, sont partout la proie du plus coupable brigandage. De tous côtés, les châteaux sont brûlés, les couvents détruits, les fermes abandonnées au pillage. Les impôts, les résidences seigneuriales, tout est anéanti. Les lois sont sans force, les ma-

(1) Voir l'Histoire des persécutions révolutionnaires en Bretagne par M. l'abbé Tresvaux, tome Ier, pages 250-300.

gistrats sans autorité, et la justice n'est plus qu'un fantôme qu'on cherche en vain dans les tribunaux. »

Tandis que c'était là l'état général de la France, le Poitou et quelques provinces exceptionnelles jouissaient d'une tranquillité relative à cause de l'esprit religieux et monarchique, dont leurs habitants étaient animés. Aussi plusieurs hommes calmes et réfléchis étaient-ils d'avis que la noblesse de Poitou ne devait pas émigrer. Les gentilshommes, loin d'être proscrits dans leurs terres, avaient été nommés dans un grand nombre de communes, commandants de la garde nationale et, dès-lors, les paysans venaient leur proposer de s'armer avec eux, pour combattre les révolutionnaires qui prenaient le nom de patriotes. On leur disait qu'il était sage de rester là où l'on pouvait être utile. Puisqu'ils avaient le bonheur d'habiter une province fidèle, il ne fallait pas la quitter. Ils trouveraient certainement l'occasion d'y utiliser leur fidélité et leur dévouement. Au moins fallait-il attendre le retour de deux personnes qu'ils avaient envoyées pour prendre les ordres définitifs des princes.

L'attraction de la noblesse française, qui avait émigré en très-grande majorité était trop forte; la noblesse du Poitou aspirait à se réunir à ceux de son ordre. Les jeunes gens s'en faisaient un point d'honneur et ne voulaient rien écouter. Il ne faut pas attribuer uniquement cette conduite à l'impétuosité de la jeunesse. La conduite de la noblesse française à l'intérieur, était extrêmement difficile. Louis XVI avait une répugnance invincible pour le rôle de chef de parti. Il n'avait pu se résoudre à l'accepter, quand les forces de la noblesse étaient encore entières. Il s'était quelquefois débattu contre l'assemblée, mais il n'avait jamais voulu entreprendre contre elle une lutte à main armée. Victime désignée au couteau, il suivait tristement le char de la Révolution en cherchant à rétablir l'unité détruite par les haines fratricides des classes, dont se composait l'ancienne société française.

On ne pouvait lever le drapeau contre l'assemblée sans le lever contre le Roi, et si l'on restait en France sans lever le drapeau, il fallait consentir et même concourir à des actes qui blessaient profondément les idées et les sentiments de la noblesse française. Le parti de l'émigration, au contraire, comme tous les partis tranchés, paraissait plus commode et plus simple. On allait chercher au dehors un terrain pour s'y rallier et pour attendre que le Roi, poussé à bout, appelât à lui ses défenseurs. Alors on viendrait à son secours sous la conduite des princes. Napoléon, dans un de ces moments de haute impartialité, où ses intérêts n'offusquant pas la clairvoyance naturelle de son regard, il juge les hommes et les choses de si haut, a lui-même expliqué cette conduite : « La noblesse, a-t-il dit, en émigrant au dehors, n'a fait qu'obéir à l'appel des princes qu'elle regardait comme ses capitaines généraux. » Il faut ajouter que l'on n'avait

pas à cette époque, contre les tentatives nouées
au dehors, cette répugnance que nous avons puisée
dans nos longues et furieuses guerres avec l'Europe. Pendant la Ligue, les catholiques avaient pu
s'appuyer sur les Espagnols, les protestants sur les
Allemands et sur les Anglais; pendant la Fronde,
Condé avait donné la main aux Espagnols, et Ma-
zarin avait pu revenir avec une armée d'Allemands
sans exciter l'indignation que de pareilles alliances
exciteraient aujourd'hui. Guillaume d'Orange avait
pu de même arriver en Angleterre avec une armée
de Hollandais, ce qui ne l'avait pas empêché d'y
être reçu comme un libérateur. Il faut, quand on
écrit l'histoire, juger chaque génération avec les
idées de son temps. On ne saurait donc beaucoup
s'étonner de l'entraînement auquel céda la noblesse
du Poitou, en allant rejoindre sur la terre étrangère
le reste de la noblesse française. Comme il arrive
dans ces circonstances, ceux-là mêmes qui condam-
nèrent ce mouvement, furent entraînés à le suivre pour ne pas se séparer de ceux de leur ordre,
car il y a des occasions où la conduite générale
du corps détermine la conduite particulière des
membres : c'est ainsi que M. de Lescure et M. de
Lorges, son cousin germain, sortant de France,
non sans difficulté et sans périls, car les frontières
commençaient à être gardées, arrivèrent à Tour-
nay. Le lendemain même de son arrivée dans cette
ville, M. de Lescure apprit que sa grand'mère,
frappée d'une attaque d'apoplexie, semblait toucher

à ses derniers moments. Il obtint des chefs de l'émigration la permission de rentrer en France pour la voir une dernière fois. Lorsqu'il arriva, elle était un peu mieux, et son état laissait quelque espoir. Il songeait donc à retourner en émigration : mais, avant de quitter encore une fois la France, il voulut revoir, ne fût-ce que vingt-quatre heures, ce château de Citran où il avait laissé ses plus douces espérances et son meilleur avenir. Il rencontra plus d'un obstacle et d'une difficulté sur la route et, après avoir voulu passer par Blaye et la Gironde, il fut obligé de se détourner et de prendre par Bordeaux. Au moment de son départ pour l'émigration, Madame de Donnissan avait écrit au comte de Mercy-Argenteau, ancien ambassadeur d'Autriche en France, son ami, pour savoir ce qu'il fallait penser des desseins de l'Autriche, et si la guerre était aussi imminente que la renommée le disait. Le comte de Mercy, fort avant dans la confiance du prince de Kaunitz, répondit que l'Autriche n'armait pas, que les puissances, désireuses de conserver la paix, n'entreraient en lutte avec la France que si elles y étaient contraintes, et que M. de Lescure pouvait, sans aucun inconvénient, passer l'hiver en France. En arrivant à Citran, M. de Lescure trouva cette réponse survenue pendant son absence, et les bans de son mariage publiés.

Peu de temps auparavant, Madame de Chastellux, tante de Mademoiselle de Donnissan, avait

suivi *Mesdames* de France à Rome où elles étaient
allées chercher un asile, avait envoyé les dispenses nécessaires pour le mariage de Mademoiselle de Donnissan avec son cousin germain. Au
lieu de repartir pour l'émigration, M. de Lescure
resta donc, et le mariage se fit. Dans les dispenses, le pape avait mis comme condition, qu'il
serait célébré par un prêtre qui n'aurait pas prêté
serment à la constitution civile du clergé (1). Au
moment de son mariage, Mademoiselle de Donnissan, que nous appellerons désormais Madame de
Lescure, avait dix-neuf ans, son mari en avait

---

(1) Madame de La Rochejaquelein dit par erreur dans ses mémoires : « Ce fut, je crois, la première fois que le pape fit connaître
son opinion sur cette question. » Nous croyons devoir rectifier
cette erreur, parce que, introduite dans un livre aussi répandu
que les *Mémoires* de Madame de La Rochejaquelein, elle pourrait
s'accréditer. Dans un bref du 13 avril 1791, adressé aux cardinaux,
archevêques, évêques, chapitres, clergé et peuple du royaume, le
pape Pie VI, expliquant le silence qu'il avait gardé sur les affaires
de l'Église de France, dans l'espoir que la douceur arrêterait les
erreurs, faisait connaître ses démarches auprès du Roi pour le dis-
suader d'accepter la constitution civile du clergé, les avis qu'il
avait adressés à deux ministres d'État : M. de Pompignan, archevêque de Vienne, et M. de Cicé, archevêque de Bordeaux, pour
qu'ils détournassent le Roi d'accorder sa sanction. Le pape ajoutait : « Presque tous les évêques, une grande partie des curés ont
refusé le serment avec une constance invincible. »

Le bref du 13 avril 1791 était connu depuis plusieurs mois en
France, quand les dispenses du pape, pour le mariage de Mademoiselle de Donnissan avec M. de Lescure, stipulant comme condition que le mariage serait fait par un prêtre insermenté, arrivèrent dans le Médoc.

vingt-cinq. Ce mariage se fit avec la simplicité qu'exigeaient les circonstances. D'ailleurs, l'émigration ayant appelé tous les gentilshommes au-delà des frontières, les châteaux étaient vides. Mais dans ces heureuses contrées, les liens qui unissaient toutes les classes de la société, n'avaient pas été rompus. Le château de Citran était depuis six cents ans dans la famille de Donnissan, et les paysans habitués à être traités avec une bonté paternelle par les membres de cette famille, lui rendaient affection pour affection. On leur donna un grand dîner le jour du mariage, et le soir, M. et Mme de Lescure vinrent danser avec eux. C'est ainsi que se conservait dans ces provinces l'union de la noblesse et des paysans que la Révolution allait bientôt rencontrer comme un obstacle sous ses pas. Peu de jours après la célébration de son mariage, M. de Lescure apprit que sa grand'mère avait été frappée d'une nouvelle attaque d'apoplexie. M. et Mme de Lescure se rendirent immédiatement auprès d'elle ; en proie aux souffrances les plus cruelles, cette femme vénérable les supportait avec une sérénité vraiment chrétienne. La maladie qui allait tarir en elle les sources de la vie n'avait pas éteint son intelligence. Elle ne sentait plus la vie que par les souffrances, et sa pensée n'était plus qu'une longue prière qu'elle interrompait seulement pour remercier son petit-fils et sa petite-fille qui l'entouraient des plus tendres soins. Madame de Lescure faisait l'apprentissage de ses nouveaux devoirs auprès d'un lit de mort. Après

avoir souffert pendant deux mois, cette noble et
sainte grand'mère mourut. L'Assemblée nationale
ayant supprimé tous les titres nobiliaires, on ne
pût écrire sur son tombeau aucun de ceux qu'elle
avait portés pendant sa vie. Les pauvres paysans
en trouvèrent un pour elle plus grand, même devant les hommes, et surtout plus utile devant Dieu ;
ils écrivirent sur le tombeau de la marquise douairière de Lescure, ces simples paroles qui rappe-
laient ses bienfaits, en exprimant la reconnaissance
de ceux qui les avaient reçus : Ci-gît la mère des
pauvres. La petite-fille ne devait point oublier le
touchant exemple et la pieuse leçon qu'elle trouvait
écrite sur ce tombeau de famille ; elle devait se
montrer digne du titre ajouté par la reconnaissance
à ceux qu'avaient portés les aïeux de M. de Lescure.

Il regretta profondément sa grand'mère. Il n'avait
pas connu sa mère morte en lui donnant le jour, et
la conduite légère de son père lui avait fait reporter
vers sa vénérable aïeule, les trésors de tendresse et
de respect que Dieu avait mis dans son noble cœur.
Le testament de Madame la marquise douairière de
Lescure écrit par elle onze ans avant la Révolution,
était chargé d'un grand nombre de legs qu'elle n'y
aurait point inscrits sans doute, si elle avait prévu
les dettes que son petit-fils aurait à payer après la
mort de son père, et les réductions que la Révolution opérerait sur sa fortune. M. de Lescure n'en
exécuta pas moins avec un scrupuleux respect toutes les clauses du testament, quoiqu'il ne fût pas

entouré des formalités légales, nécessaires pour le rendre valable. Il y ajouta même des legs pour les domestiques qui n'avaient point été nommés dans le testament. Il ne voulut pas que quelqu'un pût croire qu'il avait été oublié; c'était pour lui un bonheur que de se soustraire à la reconnaissance et de la reporter vers la mémoire vénérée de son aïeule.

Au mois de février 1792, M. et Mme de Lescure résolurent d'émigrer. M. de Lescure voulait rejoindre ses compagnons qu'il avait laissés sur la terre étrangère, Madame de Lescure voulait suivre son mari. Ils se dirigèrent vers Paris qu'ils devaient traverser; ils emmenaient avec eux un parent de M. de Lescure, M. de Marigny, officier de marine et chevalier de Saint-Louis, homme d'un caractère intrépide qui avait servi avec beaucoup de distinction. Sa taille élevée, sa force prodigieuse, son énergie à toute épreuve, son esprit vif et inventif, la loyauté, la gaieté de son caractère, son obligeance qui était si grande et si connue, que les paysans venaient le chercher pour soigner leurs bestiaux, parce qu'il avait quelques connaissances dans la médecine vétérinaire, faisaient de lui un homme d'un secours précieux et d'un commerce agréable; sa vivacité qui dégénérait facilement en colère jetait seule une ombre sur tant de qualités. Dans les jours troublés où l'on se trouvait, M. de Marigny était un auxiliaire utile, car il avait le coup d'œil qui mesure l'obstacle, et le courage qui le surmonte.

CHAPITRE QUATRIÈME

Madame de Lescure en arrivant à Paris, trouvait le Roi et la monarchie dans une situation presque désespérée. L'Assemblée constituante avait été remplacée à la fin du mois de septembre 1791, par une assemblée plus violente et plus hostile ; les passions que la première assemblée avait contribué à exciter la débordaient, le second flot révolutionnaire montait. Rétabli dans les fonctions royales, mais non dans le pouvoir, par la Constituante qui l'avait quelque temps suspendu après le voyage de Varennes, comme un fonctionnaire incapable ou infidèle, ce bon et malheureux prince essayait encore une fois, sous la Législative, de marcher avec la Révolution ; mais son avenir sinistre lui était apparu et il ne doutait plus de la destinée que

5

lui réservaient ses ennemis. On lui avait tant reproché d'appeler dans ses conseils, des hommes d'ancien régime et de contre-révolution, qu'il avait essayé de toucher ses implacables adversaires en leur montrant une confiance qu'à coup sûr ils ne méritaient pas. Comme s'il avait prévu cette théorie qui ne devait être formulée que bien des années plus tard, et d'après laquelle le Roi doit régner et ne pas gouverner, il avait accepté un ministère de la main des Girondins, les chefs de la majorité de la nouvelle assemblée. Il n'avait pu appeler au ministère Vergniaud, Brissot, Guadet, Condorcet, en personne, parce qu'un article de la constitution, dicté par une préoccupation jalouse, interdisait aux membres des Assemblées la faculté d'accepter les fonctions ministérielles ; mais il avait du moins reçu un ministère de leurs mains. Ce ministère formé de Roland, Clavière, Dumouriez et Servan, employa contre le Roi le pouvoir que le Roi lui avait donné. Il lui présenta trois décrets que le Roi ne pouvait pas signer. Le premier portait la peine de mort contre les émigrés qui ne seraient pas rentrés en France, dans un temps donné ; or, parmi ces émigrés se trouvaient les deux frères de Louis XVI et tous les princes de sa maison, et dans l'état des esprits, avec l'impuissance complète du gouvernement, le déchaînement des passions révolutionnaires, leur vie courait les plus graves dangers s'ils rentraient dans un pays où l'on avait ameuté contre eux tant de ressentiments. Au fond, on les

condamnait sous peine de mort, à venir chercher
la mort en France. Le second décret blessait profondément les sentiments religieux du Roi. Il édic-
tait les peines les plus sévères contre les prêtres
fidèles qui refusaient de prêter serment à la constitution civile du clergé, que le pape, dès le mois
d'avril de l'année 1791, avait formellement condamnée comme une usurpation coupable de la
puissance temporelle sur le pouvoir spirituel; c'est-à-
dire qu'on voulait faire du Roi l'instrument d'un
schisme, et l'obliger à sortir de la communion de
l'église. Le troisième décret enfin, avait pour objet
de former un camp sous les murs de Paris : c'était
une force révolutionnaire que les chefs du mouvement voulaient avoir sous leurs mains, pour renverser, quand il leur plairait, ce semblant de royauté
qu'on tolérait à peine aux Tuiléries; c'est-à-dire
qu'on demandait au Roi de signer sa propre dé-
chéance, en appelant lui-même les bandes révolutionnaires qui devaient le renverser. Lorsque
Louis XVI poussé à bout par une exigence intolérable, eût refusé de signer ces trois décrets, dont
le premier blessait profondément son cœur de frère,
le second, sa conscience de chrétien, tandis que le
troisième révoltait son bon sens, car c'était un
acte de suicide politique, le ministre Roland alla
lire à l'assemblée la lettre factieuse, insolente et perfide qu'il avait adressée à Louis XVI, alors qu'il
faisait partie de son conseil, et le dénonça ainsi
publiquement à la révolution. Tels étaient les adieux

du ministère girondin. Les efforts que faisait ce
malheureux prince pour apaiser ses cruels ennemis,
ne lui réussissaient donc pas mieux que ceux qu'il
avait faits pour leur résister ou pour s'échapper de
leurs mains.

M. et Mme de Lescure arrivaient à Paris, disposés, on l'a vu, à suivre le torrent de l'émigration.
Comme les présentations étaient suspendues depuis
que le Roi habitait Paris, madame de Lescure ne
put être présentée. Mais M. de Lescure étant allé
faire sa cour au château, la Reine lui dit : « J'ai
su que vous avez amené Victorine; elle ne peut
être présentée, mais je veux la voir : qu'elle se
trouve demain à midi chez la princesse de Lamballe. » Madame de Lamballe était l'amie intime
de la marquise de Donnissan; elle reçut Madame
de Lescure comme une fille dont on est séparé
depuis trois ans. M. de Lescure, en apportant à sa
jeune femme l'ordre de la Reine, lui recommanda
de profiter de cette occasion pour savoir si le Roi
désirait qu'on restât à Paris. Son esprit juste répu-
gnait à l'émigration; il lui semblait que c'était un
étrange moyen de servir la royauté que de l'abandonner au milieu de ses ennemis, et que le jour
approchait où le Roi et la famille royale auraient
besoin de cœurs fidèles et de bras intrépides pour
les défendre contre une suprême attaque que tous
les hommes perspicaces voyaient venir. La Reine,
en arrivant chez la princesse de Lamballe, embrassa
Madame de Lescure; elles entrèrent ensuite dans

un cabinet pour causer d'une manière plus intime.
Sur ces trois femmes, toutes trois jeunes, belles
et nées dans les plus hautes régions sociales, la
première, la Reine, devait, bien peu de temps après,
périr sur l'échafaud; la seconde, la princesse de
Lamballe, devançant son amie dans la mort, allait
dans quelques mois, tomber sous la pique des égor-
geurs; et la plus heureuse des trois, après avoir
traversé toutes les horreurs et tous les dangers de
la guerre civile, marquant chaque époque du plus
pur de son sang, devait laisser, à ces épines dont
on couronna l'Homme-Dieu à son heure dernière,
et qui bordent le chemin de la vie où nous suivons
ce divin Modèle, les lambeaux de son pauvre cœur
déchiré par tant d'épreuves et tant de douleurs. Heureusement leurs destinées ne leur apparaissaient
pas dans ces moments rapides où elles jouissaient
du bonheur de se rencontrer.

Après quelques paroles pleines de bonté et de
grâce, comme Marie-Antoinette savait les dire : « Et
vous, Victorine, dit-elle à Madame de Lescure, que
comptez-vous faire? J'imagine bien que vous venez
pour émigrer. » Madame de Lescure répondit que
telle était, en effet, l'intention de son mari; mais
qu'il resterait certainement à Paris, s'il croyait pouvoir y être plus utile au service du Roi. La Reine ré-
fléchit quelque temps, et répondit ensuite d'un ton
sérieux : « C'est un bon sujet; il n'a pas d'ambition : qu'il reste. » Madame de Lescure répondit à
la Reine que ses ordres étaient des lois, et que

très-certainement M. de Lescure resterait. Ainsi
cette royauté, publiquement désobéie et insultée,
trouvait encore des cœurs fidèles, qui mettaient
leur honneur à la servir, leur devoir à exécuter sa
volonté. Louis XVI, à demi précipité de son trône,
et bientôt sur la route qui devait le conduire à la
place du 21 janvier, n'était pas pour cela moins
inviolable et moins respecté que Louis XIV au faîte
de la grandeur, de la puissance et des prospérités :
il était le Roi, ils étaient ses sujets; il avait le
droit, ils avaient un devoir; cela suffisait, et pour
ces nobles cœurs, le malheur de leur maître était
un droit de plus.

La Reine, cette tendre mère, parla ensuite de ses
enfants à Madame de Lescure. Il y avait près de trois
ans que celle-ci ne les avait vus; ils étaient grandis :
avec son orgueil maternel, elle voulut les lui montrer.
La Révolution lui laissait encore cette jouissance,
qu'elle devait lui ravir bientôt, la Reine recommanda
donc à Madame de Lescure de venir le lendemain
chez Madame de Tourzel, où elle conduisait Madame Royale, dont l'éducation était devenue une de
ses sollicitudes et une de ses consolations : Madame
de Tourzel, à cette époque, s'occupait exclusivement
du Dauphin. La princesse de Lamballe, ravie de l'affectueuse réception faite à la fille de son amie, Madame de Donnissan, lui témoigna combien elle en
était heureuse, et lui recommanda surtout de ne parler à personne de cet entretien. La Reine était le
point de mire de tant de colères, l'objet de tant de

calomnies, que la moindre parole d'elle, répétée par
l'indiscrétion, travestie et envenimée par la haine,
pouvait devenir un prétexte pour les passions révolutionnaires qui épiaient l'occasion de lui nuire.
Qui sait? si on apprenait qu'elle recommandait à
de fidèles serviteurs de rester à Paris, on l'accu-
serait de se défier de la Révolution si honnête, si
loyale, et qui avait des projets si bienveillants pour
le Roi et la famille royale! Parmi tous les crimes
dont on accusait la Reine figurait, en effet, celui
de calomnier la Révolution. La Révolution devait
se mettre bientôt au-dessus de la calomnie.

Le lendemain, Madame de Lescure se rendit chez
Madame de Tourzel, comme l'y avait invitée la
Reine. Marie-Antoinette entra presque aussitôt après
avec Madame Royale. Elle alla tout droit à Madame
de Lescure, et lui dit en lui serrant la main.
« — Victorine, j'espère que vous nous resterez. »
Madame de Lescure s'inclina en répondant d'une
manière affirmative. La Reine lui serra de nouveau
la main, et elle alla causer avec la princesse de
Lamballe et la marquise de Tourzel. Elle eut soin,
dans la conversation, de dire, en élevant la voix de
manière à être entendue : « Victorine nous reste! »
C'était motiver le séjour de M. de Lescure à Paris.

Cependant la résolution de ce dernier fut bientôt
soumise à une grande épreuve. Toute la noblesse
continuait à émigrer. M. de Lescure, en arrivant à
Paris, avait annoncé lui-même son départ; sa résolution avait changé deux jours avant le décret qui

prononçait la confiscation des biens. On pouvait craindre qu'on n'attribuât ce changement à l'intérêt. L'opinion se déclarait contre lui : ses amis, ses parents, habitués à le regarder comme le type de l'honneur, lui écrivaient pour l'avertir du blâme qui s'attachait à sa conduite. Le cœur de Madame de Lescure s'émut; elle souffrait de voir cette belle âme qu'elle connaissait si bien, méconnue par les autres. Elle aurait voulu parler, dire que son mari restait par les ordres de la Reine, mais la recommandation de Madame de Lamballe lui mettait un sceau sur les lèvres. Cette situation était pénible. Pour en sortir, elle pria la princesse de Lamballe de parler de nouveau à la Reine. Bientôt la princesse lui rapporta la réponse de Marie-Antoinette. Elle était ainsi conçue : « Je n'ai rien de nouveau à dire à M. de Lescure; c'est à lui de consulter sa conscience, son honneur, son devoir, mais il doit songer que les défenseurs du trône sont toujours à leur place, quand ils sont auprès du Roi. » Quand M. de Lescure connut la réponse de la Reine, il n'hésita pas un moment. « — Je serais vil à mes yeux, dit-il à sa jeune femme, si je pouvais balancer entre ma réputation et mon devoir! Je dois avant tout obéir au Roi. Peut-être aurai-je à en souffrir, mais du moins je n'aurai pas de reproche à me faire. J'estime trop les émigrés pour ne pas croire que chacun d'eux se conduirait comme moi s'il était à ma place. J'espère que je pourrai prouver, que si je reste, ce n'est ni par crainte, ni par avarice, et

que j'aurai à me battre ici, autant qu'eux là-bas. Si
je n'en ai pas l'occasion, si mes ordres restent
inconnus au public, j'aurai sacrifié au Roi jusqu'à
l'honneur, mais je n'aurai fait que mon devoir. »

Admirables paroles ! la grande loi qui domine les
âmes chrétiennes, celle qui domina la vie de M. de
Lescure tout entière, apparaît ici : la loi du devoir.
Quand on est gentilhomme, on obéit à l'honneur ;
quand on est chrétien, au devoir. C'est-à-dire, qu'on
préfère la vertu à la renommée qui n'en est que
l'ombre, le jugement de Dieu à l'opinion des hommes. C'était là une belle préparation aux luttes
héroïques de la Vendée.

Madame de Lescure tout en admirant les sentiments magnanimes de son mari, était moins forte
que lui contre l'opinion. Avec cette tendresse passionnée des femmes qui veulent faire partager à tous
ceux qui les entourent, leurs sentiments pour l'objet
de leurs affections, elle aurait voulu qu'on sût autour d'elle à quel point M. de Lescure était digne
d'admiration et de respect. Elle lui disait quelquefois avec une sollicitude inquiète, que peut-être les
émigrés en rentrant en France, chercheraient à
jeter des doutes sur sa bravoure et son honneur.
Ces observations n'ébranlaient pas M. de Lescure.
Il restait aussi fort, ce qui est plus difficile peut-
être, contre les tendres sollicitudes de sa femme,
que contre les soupçons de ceux qui ne le connaissaient pas. « Si les émigrés me jugent ainsi, lui
disait-il, je ne me battrai pas avec eux, non,

la religion me le défend, mais, à la première guerre
juste qui s'allumerait en Europe, j'irai servir comme
simple volontaire, et je saurai bien montrer si je
manque de courage. »

Le saint du Poitou ne devait pas être obligé
d'aller chercher si loin des combats et des périls.

Enfin Madame de Lescure obtint par l'entremise
de Madame de Lamballe, la permission de faire
dire à son oncle, le duc de Lorges, que M. de Lescure restait parce qu'il avait des ordres particuliers.
Ces ordres furent étendus à M. de Marigny leur
parent, mais toujours avec la recommandation ex-
presse de garder le silence avec tout le monde. Cette
recommandation les plaçait dans une situation extrêmement difficile. Un grand nombre de gentilshommes poitevins se trouvaient dans ce moment à
Paris et venaient les consulter au moment d'émigrer; sans les interroger sur les ordres qu'ils pouvaient avoir reçus, ces gentilshommes leur demandaient seulement s'ils leur conseillaient de rester.
MM. de Lescure et de Marigny, ne pouvaient répondre. Ce silence forcé désespérait Madame de Lescure. Elle représentait à la princesse de Lamballe,
que si l'on donnait les ordres à deux ou trois cents
gentilshommes, on les livrait à une mort certaine,
et sans utilité pour la cause royale, tandis que si
on les étendait à un grand nombre, on sauverait
le Roi. Elle offrait donc de faire rester beaucoup
de gentilshommes dévoués et sans ambition. La
princesse de Lamballe comprenait la force de ces

raisons, elle gémissait de ne pouvoir donner au nom de la Reine l'autorisation demandée, car elle comprenait qu'au jour de l'insurrection populaire, ce ne seraient pas deux ou trois cents hommes dévoués, qui pourraient sauver le Roi contre des milliers d'ennemis. Mais elle était obligée de maintenir la consigne du silence. Le Roi essayait de marcher avec l'Assemblée; des regards haineux y épiaient toutes ses démarches; des voix malveillantes y dénonçaient ses actes les plus irréprochables; que serait-ce si l'on donnait des prétextes à la malveillance et à la haine? L'indiscrétion d'un ami pouvait perdre le Roi, en soulevant contre lui les passions révolutionnaires de l'Assemblée. C'était là le vice de la situation de Louis XVI. Il aurait voulu prendre des précautions, parce que la marche de la Révolution lui inspirait des appréhensions légitimes; il n'osait prendre toutes les précautions nécessaires, de peur de donner de nouveaux griefs à la Révolution qui en cherchait; il en résultait qu'il en prenait assez pour l'irriter, pas assez pour l'arrêter.

M. et Mme de Lescure habitaient à Paris l'hôtel de Diesbach, rue des Saussayes. Madame de Lescure menait une vie très-retirée; son mari allait souvent au château, et quand on craignait un mouvement, il y passait la journée. On était entré dans l'été de 1792, et la royauté, dont l'agonie politique commençait, éprouvait, à chaque instant, ces soubresauts convulsifs qui précèdent le moment fatal. C'était presque chaque jour des alertes nouvelles; chaque

jour on annonçait que l'attaque du château serait
pour le lendemain. Cette attente fiévreuse du mal
a quelque chose de pis que le mal même. Dans les
crises de ce genre, l'offensive vaut mieux que la
défensive, parce qu'on sait le jour où l'on atta-
quera, car on le fixe soi-même, tandis qu'on ne
sait pas quel sera le jour où l'on sera obligé de se
défendre. Peut-être sera-ce aujourd'hui, peut-être
demain, dans une semaine, dans un mois. Cela
dépendra du jour que choisira votre adversaire.
Cette nécessité d'être prêt tous les jours, finit par
fatiguer l'activité et épuiser la vigilance. On risque
d'être surpris à force d'avoir craint de l'être, car il
se trouve souvent que le jour où l'on est attaqué, on se reposait de la surveillance qu'on avait
eue la veille. C'est ce qui arriva le 20 juin. Certes,
on n'attendait pas le mouvement ce jour-là, car
Madame de Lescure était allée en carrosse et en
grand deuil, à cause de la mort de l'impératrice,
faire une visite à la princesse de Lamballe. Sa
voiture ne put avancer à cause de la foule qui
était immense sur le Carrousel ; elle voyait de loin
la populace désarmer et maltraiter les gardes du
Roi. Comme plusieurs personnes avaient été déjà
insultées parce qu'elles portaient le deuil, elle prit
le parti de retourner chez elle et réussit heureusement à se retirer sans avoir été remarquée.

Le 20 juin, la Révolution était venue, on peut le
dire, reconnaître la place à laquelle elle devait donner l'assaut le 10 août. Les cinquante jours qui

séparèrent ces deux journées, furent agités, pleins
de troubles, de rumeurs sinistres ; on voyait monter la marée révolutionnaire qui allait tout emporter.
Madame de Lescure menait une vie de plus en plus
retirée. Quoiqu'elle habitât l'hôtel Diesbach, suspect
à la multitude, elle était assez bien vue dans le quartier, parce qu'elle avait soin de faire acheter dans
les boutiques voisines, tous les objets dont sa famille
avait besoin. Elle ne sortait guère que pour aller
visiter la princesse de Lamballe, et l'on doit à
Madame de Lescure la révélation des pensées et
des sentiments intimes de cette grande et noble victime de la Révolution, pendant les derniers jours de
sa vie. Ses inquiétudes pour la Reine, à laquelle
elle était si tendrement dévouée, étaient extrêmes ;
quant à elle, le sacrifice de sa vie était fait. Elle
disait à Madame de Lescure peu de jours avant le
10 août : « Plus le danger augmente, plus je me
sens de force ; je suis prête à mourir : je ne crains
rien. » Elle annonça dans les derniers jours de
juillet à Madame de Lescure, que M. de Vioménil,
récemment arrivé de Coblentz, commanderait les
gentilshommes demeurés auprès du Roi ; elle lui
présenta M. de Lescure et autorisa à faire connaître
aux princes les motifs qui retenaient M. de Lescure
à Paris.

Tous les symptômes se réunissaient pour révéler
l'approche du dernier jour de la monarchie. La passion révolutionnaire jetait des flammes à Paris et
dans les provinces comme un volcan, lorsque

l'éruption approche. Les Marseillais, arrivés à Paris
à la fin de juillet, pour frapper un grand coup,
avaient commencé le cours de leurs assassinats.
On était disposé à croire qu'il y avait plus de calme
et de sûreté dans les lieux où l'on n'était pas : cet
espoir amena à Paris le marquis et la marquise de
Donnissan, qui venaient d'être témoins des scènes
les plus déplorables à Bordeaux où le sang de deux
prêtres avait coulé. Aucune avanie n'avait manqué sous la Constituante aux ecclésiastiques qui
avaient refusé le serment à la Constitution civile du
clergé ; sous la Législative, la persécution devenait
sanglante. Le marquis et la marquise de Donnissan
ne conservèrent pas longtemps les illusions qu'ils
avaient apportées sur la situation de la capitale. Ils
y étaient arrivés le 29 juillet avec quelques personnes de leur famille ; dès le 8 août, il leur fallut
sortir de l'hôtel Diesbach, après avoir été témoins
du meurtre d'un prêtre accusé par quelques gens
du peuple d'accaparer les cuirs et de faire hausser
le prix des souliers. Conduit à la section, il fut jeté
par les croisées et mis en pièces par la populace,
semblable à une meute qui réclamait sa proie et
qui, en la déchirant, se préparait à une plus large
curée. En même temps, on cassait, tout près de
l'hôtel de Diesbach, les vitres d'un limonadier que
l'on accusait d'être un aristocrate. Alors les habitants de l'hôtel crurent prudent de s'éloigner et
traversèrent la foule, sans être remarqués, pour ne
rentrer qu'assez avant dans la soirée.

Ces scènes de désordres et les bruits qui coururent dans les quartiers le lendemain, firent penser à M. de Lescure que l'attaque contre le château, dont on parlait depuis si longtemps allait avoir lieu, et il se préparait à se rendre auprès du Roi, lorsque M. de Montmorin, celui qui commandait le régiment de Flandre à Versailles, dans les journées du 5 et 6 octobre, vint à l'hôtel de Diesbach. Il arrivait du château, et il venait dire qu'il était inutile d'y aller. Le Roi savait positivement qu'il ne serait attaqué que le 12. Sans doute, il y aurait du bruit cette nuit même, mais l'attaque serait dirigée contre l'Arsenal dont le peuple voulait s'emparer pour avoir de la poudre. Cinq mille hommes de la garde nationale étaient commandés pour s'y-opposer. Quelque bruit qu'on entendît, il n'y avait pas à s'inquiéter ; le château était en sûreté. Il y retournait uniquement parce qu'il soupait chez Madame de Tourzel. M. de Montmorin arrivait du château ; il parlait avec un ton d'assurance qui excluait l'idée d'un doute. On n'en avait aucun, en effet, aux Tuileries. Après avoir été souvent trompé par de fausses alertes, on avait été trompé par une fausse assurance de sécurité. Plusieurs fois on avait attendu le péril et il n'était pas venu, il allait venir quand il n'était plus attendu.

Vers minuit, les personnes qui habitaient l'hôtel Diesbach commencèrent à entendre des bruits de pas dans la rue. On marchait cependant avec précaution, comme si l'on craignait d'éveiller ceux qui n'étaient pas dans le secret. On frappait avec la même précaution aux portes, assez fort pour se faire entendre de ceux qui attendaient un signal convenu, pas assez fort pour éveiller ceux qui n'attendaient rien : ceux-ci étaient plongés dans leur premier sommeil. Madame de Lescure et les personnes de sa famille, que l'inquiétude tenait éveillées, cherchèrent à se rendre compte de ce mouvement, et elles s'aperçurent bientôt, en regardant à la dérobée par les croisées, que l'on réunissait la garde nationale de la section. La nouvelle que leur avait donnée M. de Montmorin leur revint alors à la mémoire, et elles pensèrent qu'il s'agissait d'aller attaquer l'Arsenal pour s'emparer des poudres. Entre deux et trois heures du matin, le tocsin commença à sonner dans le quartier : on entendait de loin le tocsin des autres églises qui répondait ; il avait commencé à sonner, dans le faubourg Saint-Antoine, à partir de minuit. Le bruit des pas augmentait ; on ne se cachait plus. Rien de plus sinistre que ce bruit des cloches s'éveillant au milieu des ténèbres, pour annoncer un incendie ou une révolution, autre incendie plus redoutable et plus durable que le premier. MM. de Lescure et Marigny, dont l'inquiétude augmentait de moment en moment, ne purent y résister plus longtemps ; ils prirent des armes, et sortirent pour aller voir dans quelle direction le peuple marchait. En dépit de toutes les assurances que leur avait données M. de Montmorin, ils craignaient pour les Tuileries. Le

mouvement semblait prendre des proportions trop
considérables, pour qu'il fût uniquement question
de s'emparer des poudres de l'Arsenal. Le marquis
de Donnissau, qui n'avait pas de carte pour entrer
au château, ne put, par conséquent, les accompagner. Quelque temps après, M. de Lescure revint.
Malgré sa carte, il n'avait pu entrer aux Tuileries.
Un flot de peuple l'avait séparé de M. de Marigny;
et à toutes les portes où il s'était présenté, les postes extérieurs de garde nationale, qui paraissaient
plus disposés à éloigner les défenseurs du Roi qu'à
repousser ses ennemis, lui avaient refusé l'entrée.
Il avait vu massacrer M. de Sulcau, et il revenait,
désespéré de ses efforts inutiles, revêtir un costume
populaire pour retourner sur le théâtre de l'action,
dans l'espoir que quelque occasion d'entrer au château s'offrirait à lui.

Avant qu'il eût le temps de sortir, la canonnade
commença. Ce fut un moment d'horrible anxiété.
Bientôt on entendit des cris effrayants dans la rue :
« Au secours ! ce sont les Suisses : nous sommes
perdus ! » C'était par ces cris que les habitants de
l'hôtel Diesbach suivaient les péripéties de ce terrible drame, dont l'action était ailleurs. Ils crurent
que la cause royale triomphait. C'était le moment,
en effet, où les Suisses du capitaine Durler, attaqués sur le vestibule du château par les bandes révolutionnaires, les avaient mises en fuite par une
décharge générale. Le cri de « *Sauve qui peut !* »
avait été poussé par les Marseillais en déroute, et

la garde nationale de la section des Saussayes
avait reculé jusqu'à son quartier. Mais, peu de
temps après, les Suisses, paralysés par l'ordre signé par le Roi dans la salle de l'Assemblée législative, avaient cessé de tirer, et l'on entendit les
cris de « *Vive la nation! Vivent les sans-culottes!* » annoncer le triomphe des révolutionnaires.
Les défenseurs du château, deux cent cinquante
gardes nationaux, deux cents gentilshommes et
neuf cents Suisses, avaient suffi pour faire évacuer
la cour des Tuileries, et les bandes populaires cherchaient à fuir de la place du Carrousel où elles
étaient entassées, lorsqu'il fallut commencer, d'après
les ordres de Louis XVI, une retraite impossible.
Comment réunir, en effet, les soldats qui combattaient sur des points divers? Comment marcher en
ordre avec cette multitude d'assaillants qui attendaient les troupes royales à la sortie, et cette autre
multitude qui, refluant derrière elles, allait les pour-
suivre? Un des braves officiers suisses qui assistè-
rent à cette journée, et dont le frère aîné y périt,
M. de Forestier, a dit : « Officiers et soldats crurent d'abord qu'on les appelait à venir au secours
du Roi à l'Assemblée, et malgré le désordre de ce
combat si étendu dans les trois rues, cet ordre fut
exécuté avec joie et rapidité. Hélas! cet ordre était
de se retirer aussitôt aux casernes et de cesser
de faire feu. M. Durler, c'était le commandant des
Suisses, opéra sa retraite par le jardin, retraite
qui fut suivie par un massacre général, parce qu'il

ne put rallier ses soldats, qui combattaient de tous côtés (1). »

La situation des habitants de l'hôtel de Diesbach était affreuse. Ils ne pouvaient plus douter du résultat de la journée. Ils craignaient pour leur parent M. de Marigny ; séparé par un flot de peuple de M. de Lescure; il n'avait échappé à la douleur d'être obligé d'attaquer le château qu'il venait défendre, qu'en prenant dans ses bras une femme du peuple qui venait d'être blessée, et en la transportant toute sanglante loin de la mêlée. Il ne put rentrer à l'hôtel de Diesbach, qu'assez avant dans la journée. M. de Montmorin qui avait couru les plus grands périls, en sortant du château, vint après lui y chercher un asile. D'autres défenseurs du Roi l'y suivirent. La suscription de la demeure où ils se refugiaient, *Hôtel de Diesbach*, les dénonçait. On entendait les cris des suisses qu'on massacrait dans la rue. Les passants levaient la tête, et proféraient des paroles menaçantes, en lisant au-dessus de la porte le nom helvétique du noble propriétaire de l'hôtel. Quelques gens du quartier ajoutaient que M. de Lescure était au nombre des chevaliers du poignard : c'était ainsi que les révolutionnaires appelaient les gentilshommes qui étaient restés ou venus à Paris pour défendre le Roi. Il était évident qu'on n'était pas en sûreté dans

(1) Cette lettre se trouve *in extenso* dans la *Critique des Girondins*, par M. Nettement, page 118. Elle a été adressée à M. Nettement par M. Forestier, à la date du 1er novembre 1847.

l'hôtel. Si on laissait les rumeurs grossir, les bruits malveillants se propager, il suffirait qu'une voix mal intentionnée s'élevât : le pillage de l'hôtel et le massacre de ceux qui l'habitaient, commencerait aussitôt. Dans les temps de révolution, la justice sommaire de la multitude s'empresse d'exécuter l'arrêt porté par la passion politique, sauf à instruire plus tard le procès. Après quelques instants de délibération, il fut convenu que l'on quitterait l'hôtel à la tombée de la nuit, et qu'on irait chercher un asile, rue de l'Université, faubourg Saint-Germain, chez une ancienne femme de chambre de la famille. Dans ces jours mauvais, il y avait à côté d'exemples d'infâmes trahisons, des exemples de dévouement admirables chez des serviteurs qui devenaient les amis de leurs maîtres, et s'exposaient à tous les dangers pour sauver leur vie. Chacun se déguisa de son mieux, et l'on partit séparément pour se rendre au rendez-vous commun, dans l'espoir d'être moins remarqué.

Madame de Lescure qui était grosse de sept mois, sortit de l'hôtel de Diesbach avec son mari. Sa frayeur, elle l'a raconté depuis avec la simplicité pleine de grandeur de son caractère, était extrême. Elle pria instamment M. de Lescure de ne point prendre ses pistolets. Les rumeurs qui avaient couru dans le quartier sur les chevaliers du poignard, la faisaient frémir. Si on allait reconnaître M. de Lescure pour l'un d'entre eux à ses armes ! Cet homme intrépide eût pitié des larmes et des frayeurs de sa

jeune femme, et céda à sa prière. La rue des Saussayes débouchant sur la place Beauveau, M. et Mme de
Lescure suivirent naturellement l'avenue Marigny
qui, cotoyant l'élysée Bourbon, les conduisit aux
Champs-Élysées. Cette belle promenade, aujourd'hui
si fréquentée et si magnifiquement éclairée, était
une espèce de désert mal famé, qui servait de limite à Paris. Même dans les temps tranquilles, on
ne s'y engageait pas sans appréhension, et la surveillance de la police, s'arrêtant sur cette limite,
semblait abandonner cette région aux malfaiteurs.
Au mois d'août 1792, la police ne s'exerçait plus
guère que contre les honnêtes gens, même dans
l'enceinte de Paris. M. et Mme de Lescure chemi-
nèrent dans les Champs-Élysées en ne voyant que
la nuit, en n'entendant que le silence, comme parle
Milton. Tout était désert et morne. Seulement, de
temps à autre, le bruit de coups de feu tirés dans
la direction des Tuileries arrivait jusqu'à leurs oreilles. Ils marchaient ainsi depuis quelques minutes,
lorsqu'ils entendirent les cris lamentables d'une
femme accourant vers eux. Elle saisit les bras de
M. de Lescure, en s'écriant : « Sauvez-moi. » Un
homme du peuple, armé d'un fusil, la poursuivait
en effet, en la couchant en joue. M. de Lescure
aurait voulu courir à cet homme; mais cette femme
épouvantée, et Madame de Lescure qui ne l'était
guère moins, s'attachaient à lui et gênaient ses
mouvements. L'homme, qui était complètement
ivre, répétait avec cette expression stupidement

satisfaite qu'on pourrait appeler l'idiotisme de
l'ivresse : « J'ai tué bien des aristocrates aujour-
d'hui ; ça sera toujours cela de plus. » On voyait
qu'en ivrogne patriote, il tenait à bien finir sa journée. Tous ceux qui ont traversé les temps de révolution savent que la sottise y commet presque
autant de crimes que la cruauté ; et c'est une souffrance intellectuelle qui, pour ceux qui ont conservé leur raison, aggrave la souffrance morale
qu'ils éprouvent. La passion dominante vient s'ajouter à toutes les passions vulgaires qui troublent
l'ordre moral ou matériel de la cité dans un temps
normal, comme dans une époque de contagion,
l'épidémie régnante vient compliquer toutes les
maladies. Cet ivrogne, dans une époque plus ré-
gulière aurait cassé les carreaux, ou injurié les
passants jusqu'à ce qu'il fût ramassé par le guet ;
il tenait dans ses mains la vie et la mort de ceux
qu'il rencontrait. Dans d'autres circonstances il n'eût
été qu'importun, la révolution le rendait redoutable.
M. de Lescure parvint enfin jusqu'à lui et réussit à
le faire expliquer. Il n'avait d'abord l'intention de
faire aucun mal à cette femme, et il lui avait seulement demandé le chemin des Tuileries, afin
ajoutait-il avec une candeur singulière, d'aller tuer
les Suisses ; comme cette femme, au lieu de l'aider
à remplir ce devoir de conscience, s'était enfuie
effrayée, il supposait que c'était une aristocrate,
et voulait la tuer. M. de Lescure avec son inaltérable sang-froid, entra dans son idée, lui dit qu'il

avait raison, et lui proposa de l'accompagner jusqu'aux Tuileries. Cette proposition agréa à l'ivrogne
patriote et l'on reprit sa route en causant en chemin. Seulement, comme il ne savait guère plus ce
qu'il faisait que ce qu'il disait, son idée fixe lui
revenait de temps à autre, et il s'arrêtait en disant
à ses compagnons de route qu'il les soupçonnait
fort d'être des aristocrates. Il aurait voulu au moins
par acquit de conscience tuer la femme qu'il avait
mise la première en joue. Il aurait dormi plus tranquille, après s'être acquitté de ce devoir. Ces scènes
sont de tous les temps, c'est-à-dire de toutes les
révolutions. L'absurde court les rues, en même
temps que l'horrible, et le coudoie en passant.

M. de Lescure ne parvint à se débarrasser de cet
importun compagnon de route, qu'en lui disant que
sa femme, comme il le voyait, était très-poltronne,
et de plus, près d'accoucher, qu'il allait la conduire
chez sa sœur, et qu'il reviendrait le prendre pour
aller aux Tuileries. Madame de Lescure effrayée par
cette première rencontre, voulut suivre la grande
avenue qui conduit de la place Louis XV à l'endroit
où s'élève aujourd'hui l'arc-de-triomphe. On voyait
flamboyer dans le lointain des barraques qui brûlaient de l'autre côté du château des Tuileries; cette
flamme sinistre semblait rendre l'horreur des ténèbres à travers lesquelles on cheminait, plus profonde encore. Bien des cadavres gisaient sur cette
avenue. Les Suisses qui n'avaient pas péri dans le
jardin des Tuileries où on les fusillait du haut des

terrasses, ou sur la place Louis XV, où un grand
nombre d'entre eux étaient tombés en attaquant à
la baïonnette le bataillon qui, grouppé autour de la
statue de Louis XV, les avait accueillis par un feu
roulant de mousqueterie, avaient été massacrés dans
cette longue avenue. M. de Lescure aurait voulu gagner le côté des Champs-Élysées parallèle au quai
afin d'aller prendre le pont Louis XV ; mais un grand
bruit qu'on entendit dans cette direction, effraya de
nouveau Madame de Lescure, et ne sachant ce qu'elle
faisait, elle entraîna son mari du côté des hôtels
qui séparent la rue Saint-Honoré des Champs-
Élysées jusques auxquels viennent aboutir leurs magnifiques jardins. Quand ils arrivèrent sur la place,
ils furent obligés de se jeter en toute hâte dans la
rue Royale, pour éviter une troupe d'hommes ivres
de sang et de vin qui débouchaient du jardin des
Tuileries par le pont Tournant, en faisant des décharges de mousqueterie. Le mépris de la vie humaine finit, en effet, dans les journées de révolution,
par dépasser toute prévision et même toute intelligence : Au commencement, on tue pour vaincre ;
à la fin, on tue pour tuer. Il fallut donc remonter
par la rue Saint-Honoré toute la longueur du jardin et toute celle des bâtiments du château ; mais
au milieu de quelle foule avinée, sanglante, furieuse, pantelante de meurtre et de haine !

C'étaient les vainqueurs du jour, ou ceux qui
croyaient l'être, car lorsqu'il y a bataille gagnée,
tout le monde veut avoir été au nombre des

combattants. Le spectacle était réellément effrayant !
M. et Mme de Lescure étaient obligés pour avancer
de fendre les flots de cette foule révolutionnaire
qui, marchant en sens inverse, descendait des
Tuileries en brandissant des piques et en poussant
d'horribles vociférations. La frayeur de Madame de
Lescure devenait du délire. La vue de ces hommes,
leurs cris furieux, leurs propos féroces, ces piques
encore sanglantes sous lesquelles elle était obligée de
passer, tout contribuait à la jeter dans une espèce
de démence. Elle ne savait plus ni ce qu'elle disait ni ce qu'elle faisait. Entraînant M. de Lescure
avec une sorte de frénésie, elle répétait machinalement les vociférations incohérentes qui retentissaient à ses oreilles : « Vivent les sans-culottes !
Illuminez ! cassez les vitres ! » C'est en vain que
M. de Lescure cherchait à lui faire reprendre ses
esprits. Elle n'entendait pas, elle ne raisonnait pas,
elle était incapable de former une idée, elle avait
peur. Enfin, ils dépassèrent ce flot révolutionnaire
qui revenait de la prise du château en célébrant sa
victoire. Ils purent contourner le vieux Louvre demeuré solitaire et silencieux, et traverser la Seine
en passant le Pont-Neuf : on sait qu'à cette époque
le pont des Arts n'était pas encore construit.

Comme il arrive dans toutes les journées de révolutions, le quartier qui n'avait pas été le théâtre
de l'action, était encore plus solitaire et plus morne
qu'à l'ordinaire. Pas le moindre bruit ne se faisait
entendre sur la rive gauche de la Seine, pas le

moindre signe de vie ne se manifestait au milieu
des ténèbres. On sortait d'un enfer; il semblait
qu'on entrait dans un tombeau. Tous ceux qui ont
traversé les jours de révolutions,—et dans les temps
où nous vivons, il est peu de personnes qui n'en
n'aient vu plusieurs,—ont été profondément frappés
de ce contraste. Il y a deux Paris : l'un qui agit et
qui s'agite, qui combat, qui flamboie, qui, tout re-
tentissant de bruits, de rumeurs, de détonations,
jette des flammes comme un volcan, fait entendre
au loin le fracas de son éruption et décide le sort
de la France; l'autre qui, muet, désolé, silencieux,
consterné, enseveli dans le deuil et dans la peur,
attend le résultat de la journée à laquelle il n'a point
pris part. C'était dans ce second Paris qu'entraient
M. et Mme de Lescure après avoir traversé le Pont-
Neuf.

Madame de Lescure dont la force factice se trouvait épuisée, par l'effort même qu'elle avait fait pour
échapper à un péril qui l'avait jetée dans une sorte
de fièvre, ne put continuer à marcher, quand la
peur qui la stimulait se fut dissipée avec ce péril.
M. de Lescure comprit qu'elle n'arriverait pas jusqu'à la rue de l'Université, rendez-vous commun
pris avec le marquis et la marquise de Donnissan;
il la conduisit chez une ancienne femme de charge
de sa propre mère. Il est facile de comprendre
quelles furent les angoisses du père et de la mère
de Madame de Lescure pendant cette fatale nuit.
Qu'était-elle devenue? vivait-elle encore? On ne

put avant le matin leur faire arriver aucune nouvelle. Plus heureuse, Madame de Lescure apprit que son père et sa mère étaient arrivés sains et saufs, rue de l'Université; deux de ses fidèles domestiques qui, s'échappant de l'hôtel de Diesbach avec ses diamants et d'autres effets précieux, étaient venus les cacher, au péril de leur vie, dans la maison où elle avait cherché un asile, lui apportaient cette consolante assurance. Le marquis de Donnissan ne pouvant supporter une incertitude affreuse, passa la nuit à parcourir les rues en cherchant sa fille. Ce ne fut que le matin qu'il apprit qu'elle était sauvée. Cette histoire d'une famille royaliste dans la nuit du dix août, est l'histoire d'un grand nombre de familles. Les hôtels se dépeuplèrent; chacun craignant de paraître noble ou riche dans une époque où la noblesse et la richesse étaient des titres à la proscription, alla chercher un refuge dans une demeure plus modeste. On s'éparpillait pour ne pas être remarqué; plusieurs se perdirent dans cette redoutable nuit, et il y en eut qui ne reparurent plus. La journée avait montré ses meurtres, la nuit cacha les siens.

Les jours qui suivirent furent au nombre des plus mauvais de notre histoire, on pourrait dire de toutes les histoires. La perversité révolutionnaire qui venait de produire la journée du dix août, était en travail des journées plus horribles encore des deux et trois septembre. Les honnêtes gens étaient obligés de se cacher comme le font les malfaiteurs dans un temps normal. Ils ne sortaient point sans déguisements, et c'est ainsi que Madame de Lescure et sa mère allèrent plusieurs fois se visiter habillées en femme du peuple. On cachait sa fortune, sa naissance, comme dans un autre temps, on aspire à les montrer. Une dénonciation, une indiscrétion dévouait à la mort celui qui en était l'objet; un soupçon suffisait souvent pour perdre. Malgré celà, M. de Lescure voulait sortir tous les jours. L'agitation à laquelle il était en proie lui rendait l'immobilité insupportable; en outre, il avait des parents, des amis, dont il voulait connaître le sort. Sa jeune femme, par une de ces ruses pieuses de l'amour conjugal, le suppliait sans cesse de l'emmener dans ses courses, bien sûre qu'il serait plus prudent si elle était avec lui. Dans une de ces courses ils passèrent devant un corps de garde et l'un des soldats de l'armée révolutionnaire dit en attachant les regards sur M. de Lescure mal déguisé par ses habits d'ouvrier : « On voit circuler les chevaliers du poignard : ils sont déguisés mais on les reconnaît bien. » Madame de Lescure surmonta son émotion et continua sa route, mais elle tomba évanouie en rentrant. Il devenait impossible de demeurer dans Paris et il était de plus en plus difficile de le quitter. La royauté avait entraîné dans sa chute tout ce qui restait de l'ordre social. L'assemblée législative qui l'avait livrée n'avait guère été moins vaincue que Louis XVI ; la garde nationale, cette expression de la bourgeoisie armée, était dissoute, on l'avait remplacée par ce qu'on appela les sections armées ; c'était la partie la plus besogneuse et la plus violente de chaque section à laquelle on avait livré des armes et qui formait une sorte de garde prétorienne au service des grands démagogues de la capitale. Les Girondins n'avaient plus qu'un pouvoir nominal ; la réalité de la puissance appartenait à deux dictateurs élus par les circonstances et désignés par l'audace et la perversité de leur caractère, Danton et Marat. Ces deux hommes étaient maîtres de la Commune qui était maîtresse de tout. C'est ce que M. de Lamartine a appelé, non sans justesse, le *Consulat de Catilina*. Marat et Danton préparaient, les massacres de septembre. On sentait que quelque chose de néfaste couvait dans les repaires de la révolution. Danton avait prononcé ces mots avant-coureurs du carnage : « Les aristocrates s'agitent, il faut leur faire peur ». Terribles paroles dans la bouche de Danton, qui ne reculait devant aucun moyen pour arriver à son but! Chaque jour on annonçait des arrestations nouvelles. Il fallait amener dans les prisons les victimes qui, selon une expression devenue célèbre, ne devaient être *élargies* que par la mort. Parmi ces arrestations, aucune ne contrista plus le cœur de la marquise de Donnissan que celle de la princesse de Lamballe qui fut écrouée à la Force.

Depuis quelque temps déjà, on l'a vu, cette noble femme avait prévu son sort et elle s'y était résignée. Cette fidèle amie de la reine savait que l'amitié de

Marie-Antoinette, naguère l'objet de toutes les ambitions, dévouait à la mort. La marquise de Don-nissan la pleura vivante encore comme si elle n'était déjà plus; le saisissement dont elle fut saisie en apprenant son emprisonnement fut tel qu'elle pensa y succomber. Madame de Lescure, que la princesse avait accueillie avec tant de bonté, partagea la douleur de sa mère. On suspendit quelques jours les préparatifs du départ. Cependant de tout côté des voix officieuses les avertissaient qu'il fallait se hâter. Si on attendait quelque temps encore, il ne serait plus temps. Ceux qui pouvaient jeter un coup-d'œil à la dérobée dans les officines de la révolution, revenaient avec des visages pâles d'horreur et des paroles d'épouvante qui se résumaient toutes dans le même avis donné à voix basse : « Fuyez! fuyez! » M. de Lescure résolut de tout risquer pour quitter Paris, et il trouva un auxiliaire précieux sans lequel il n'y aurait peut-être pas réussi.

Il y avait deux genres de personnes qui s'étaient mêlées à la révolution. Les unes en partageaient les préventions et les colères; d'autres assez indifférentes au fond en politique, cherchaient dans les crises qui se succédaient, un rôle pour leur activité, une importance de nature à flatter leur vanité. Au nombre de ces dernières se trouvait ce M. Thomassin, précepteur assez léger de M. de Lescure, mais qu'on a vu plein de respect pour les hautes vertus de son élève qui ne les avait puisées ni dans ses préceptes ni dans ses exemples. Il s'était jeté

dans la révolution, et comme il avait de l'esprit,
beaucoup d'entrain, une grande facilité de parole,
du courage et même de la témérité, il s'était bientôt
fait une réputation de révolutionnaire et de brave
patriote. Cette réputation l'avait conduit aux honneurs de l'époque; il était commissaire de police et
capitaine dans sa section, armée; c'était, on s'en
souvient, la garde nationale du moment. Dévoué
comme il était à la famille de Lescure, il résolut de
faire servir à son salut le crédit qu'il avait acquis.
L'histoire de ce temps, c'est chose consolante à dire,
est pleine de personnages de ce genre, grands fai-
seurs de phrases civiques, connaissant à merveille le
dictionnaire des jacobins, sachant faire vibrer à propos la fibre révolutionnaire, et, au demeurant,
bonnes gens, serviables et prêts à tout faire pour
arracher des captifs à la geole et des victimes à
l'échafaud. Plusieurs des municipaux envoyés auprès de Louis XVI pendant sa captivité eurent ce
caractère. M. Thomassin était au nombre de ces
hommes. Il obtint facilement une commission pour
aller acheter des fourrages, et conduisit lui-même,
revêtu de son uniforme, la famille de Lescure à la
municipalité pour lui faire obtenir des passeports.
Son habit, ses épaulettes, son verbiage patriotique,
ses éclats de voix et cette abondance de gestes qui
faisaient partie de l'éloquence du temps, attirèrent
l'attention générale. Pendant ce temps, un honnête
secrétaire, car heureusement pour les honnêtes
gens la révolution n'était point encore parvenue à

épurer complètement son personnel, expédia les passeports de la famille de Lescure, sans que personne fît d'objection.

La facilité avec laquelle M. de Lescure avait obtenu ces passeports pensa lui devenir fatale. Il avait à Paris un parent bien cher, Henri de la Rochejacquelein, qui avait fait partie de la garde constitutionnelle du roi, et qui, après la dissolution de cette garde, était demeuré à Paris, comme ses camarades, par les ordres de Louis XVI. Henri de Larochejacquelein qui avait alors vingt ans, s'était battu avec le courage d'un lion à la journée du 10 août. Depuis ce moment, il était traqué par la police révolutionnaire ainsi qu'un de ses amis, M. Charles d'Autichamp, qui avait combattu avec le même courage dans la même journée, et qui sortait comme lui de la garde constitutionnelle. Ces deux jeunes gens auraient certainement péri, sans le courageux dévouement d'un avocat royaliste, nommé M. Fleury, qui leur offrit chez lui un asile. M. de Lescure, ne voulant pas les laisser à Paris dans cette position périlleuse, entreprit, avec l'aide de M. Thomassin, de leur faire donner des passe-ports. Ce n'était pas chose facile. Il fallait deux témoins qui garantissent leur identité et leurs opinions civiques. M. de Lescure devait en outre les présenter comme logeant chez lui. Le limonadier, qui demeurait dans le voisinage de l'hôtel de Diesbach, et auquel le peuple avait voulu casser les vitres, parce qu'il était soupçonné d'aristocratie, consentit à être le

premier témoin, et promit d'en amener un second.
On se rendit ensemble à la municipalité; M. Thomassin, en grand uniforme comme la première
fois, marchait en tête. Tout alla d'abord pour le
mieux. L'honnête secrétaire, qui avait expédié les
premiers passe-ports, allait rédiger ceux qu'on lui
demandait. Thomassin occupait par ses discours
patriotiques la populace qui, à cette époque, remplissait toujours les mairies, lorsque le second témoin s'étant approché d'une affiche y lut le décret
qui condamnait aux fers ceux qui serviraient de
témoins pour les passeports, sans connaître les personnes qu'ils présentaient. Il devint pâle comme la
mort et, dans l'accès de terreur qu'il éprouva, il
s'approcha du secrétaire de la mairie et lui déclara
qu'il ne connaissait pas les personnes pour lesquelles il venait témoigner. Le malheureux ne savait
pas de quelles illustres vies il était au moment de
faire tort au champ de bataille, et les municipaux
ne se doutaient pas non plus que dans la personne
de ces deux hommes, si jeunes et si simples, Lescure et La Rochejacquelein, c'était la victoire qui leur
demandait des passeports pour se rendre en Vendée.
Un signe de tête du secrétaire de la municipalité
et tout était dit; ces deux hautes destinées se trouvaient noyées dans le sang sans être accomplies;
notre histoire comptait deux illustrations de moins,
et la Vendée deux de ses plus grands tombeaux,
car c'est par ses tombeaux que la Vendée compte
toutes ses gloires. On aurait lu dans le *Moniteur* du

lendemain que deux *chevaliers du poignard*, c'est
ainsi que les insolents eussent appelé ces deux
grandes épées, avaient été exécutés en place de
Grève, et le bourreau de la république n'eût pas su
quelle grande proie on lui avait amenée et combien
de triomphes le fatal couteau tranchait dans leur
germe. Mais la Providence ne le voulut pas, la fortune de la Vendée prévalut, le secrétaire de la
municipalité était un honnête homme, et ne fit pas
le signe qui aurait perdu MM. de Lescure, La Rochejacquelein, d'Autichamp, et avec eux le fidèle
Thomassin, malgré son uniforme, ses épaulettes, et
ses discours patriotiques. Tout au contraire, il dit
tout bas à M. de Lescure : « Vous êtes perdu,
sauvez-vous! » Puis, prenant un ton d'humeur, il
s'écria qu'on n'avait pas le temps de les expédier, et
les invita à repasser dans un autre moment. Grâce
à cet avis généreux, M. de Lescure et ses amis
purent s'échapper.

Cette alerte précipita le départ de la famille de
Lescure. Il était temps, car, peu de jours après commencèrent les mesures ordonnées par la Commune.
La Seine fut gardée en amont et en aval; et les
sections armées entourèrent Paris d'une ceinture
de baïonnettes, tandis que les commissaires de la
commune se rendaient dans les maisons où les ci-
toyens avaient reçu l'ordre de les attendre, à des
heures indiquées par le roulement des tambours, et
pendant lesquelles il était interdit à qui que ce fût
de franchir le seuil de sa demeure. Six jours donc

avant ces terribles journées, préface des journées de septembre, le vingt-cinq août 1792, M. et Mme de Lescure se mirent en route pour le Poitou. Ils s'étaient couverts de pauvres habits, ainsi que le marquis et la marquise de Donnissan qui voyageaient avec eux, car les livrées de la pauvreté étaient alors une recommandation. Mais le meilleur de leurs passeports était la présence de M. Thomassin qui, revêtu de son habit de capitaine de la section armée, s'était assis dans la voiture à côté de Madame de Lescure et du marquis et de la marquise de Donnissan, tandis que M. de Lescure courait à cheval. Jamais sans lui, sans son verbiage patriotique, son uniforme, son assurance et sa présence d'esprit, ils ne seraient arrivés au but de leur voyage. A la barrière même de Paris, ils trouvèrent un obstacle. Ils avaient des passeports, mais à cette époque de liberté, la loi en exigeait aussi pour les chevaux dont le signalement devait être donné. On voulut donc envoyer la voiture à la municipalité pour remplir cette formalité.

M. Thomassin qui reconnut pour un de ses camarades le capitaine qui commandait le poste de la barrière, fit dispenser la voiture où il se trouvait de rentrer à Paris, mais le postillon qui était ivre, suivit, malgré tout ce qu'on put lui dire, une autre voiture qui n'avait pas obtenu cette faveur. Voilà donc la famille de Lescure encore une fois à la mairie, la voiture est entourée d'une populace qui crie : « A la lanterne! à l'abbaye! ce sont des

aristocrates qui se sauvent !» Heureusement M. Thomassin est là, il étale son livret, sa commission pour
aller acheter du fourrage, il embrasse les municipaux, il harangue la populace, il fraternise avec elle;
crie et fait crier vive la nation ; il exhorte les jeunes
gens à courir aux frontières pour aller défendre la
patrie et leur promet de revenir dès que ses achats
de fourrage seront terminés, et de combattre à leur
tête. Cette harangue accompagnée de gestes véhé-
ments, produisit son effet. Un long cri de vive la
nation s'élève. L'enthousiasme est au comble et la
voiture part au galop. Ce procédé employé sur toute
la route réussit partout. De distance en distance, on
rencontrait des volontaires qui se rendaient aux
frontières ; il arrivait quelquefois que le postillon
ivre heurtait des détachements de ces volontaires;
alors ceux-ci mettaient la voiture en joue. Mais le
capitaine Thomassin se présentait à la portière,
criait vive la nation, invitait les volontaires à fusiller ce postillon mal appris, les exhortait ensuite à
combattre et à vaincre ; quelquefois il descendait
de voiture, tirait solennellement son épée, les passait en revue et leur promettait invariablement de
venir vaincre ou mourir avec eux dès qu'il aurait
ramené ses fourrages à Paris. C'est ainsi qu'en
temps de révolution, la comédie vient à chaque
instant s'écrire elle-même dans le drame.

M. et Mme de Lescure traversèrent, grâce à leur
protecteur, Orléans où étaient encore les prisonniers
royalistes, qu'on allait venir chercher pour les

conduire à Paris, et qui avant d'y arriver devaient être massacrés dans la ville de Versailles. Ils passèrent par Beaugency et enfin ils parvinrent à Tours où ils apprirent qu'il venait d'y avoir des troubles dans la petite ville de Bressuire, la plus voisine du château de Clisson, où ils allaient chercher un refuge. M. de Lescure prit le parti de laisser pour quelques jours sa famille à Tours et d'aller juger par ses yeux la situation du pays.

CHAPITRE CINQUIÈME

CLISSON. — BRESSUIRE

Avant d'aller plus avant et de mettre le pied sur ce grand théâtre où la Vendée va accepter comme un duel en champ clos contre la Révolution, il faut tâcher d'apprécier le caractère de Madame de Lescure à cette époque de sa vie. Était-ce une de ces natures intrépides qu'un penchant inné porte vers le péril, qui aiment les hasards de la guerre, les émotions de la lutte, et qui ne savent pas résister aux enivrements de la gloire? Était-ce une de ces femmes au cœur viril, comme on en rencontre quelques-unes dans certaines époques de nos annales, comme on en rencontre dans cette époque même? Il est plus commode de le penser, nous le savons, cela dispense de les imiter. On se dit que ce sont des organisations exceptionnelles,

des héros auxquels la nature a donné par un hasard
étrange, un corps de femme, mais qui n'appartien-
nent à leur sexe que par la forme. Telle n'était point
la vérité pour Madame de Lescure. Nous l'avons
entendue, dans les dernières années de sa vie, dire
avec cette grâce charmante, qu'elle avait conservée
jusque dans une extrême vieillesse, qu'elle était née...
pourquoi ne le répéterions-nous pas après elle? —
qu'elle était née poltrone. Et elle ajoutait même
que comme elle avait dépensé dans sa jeunesse le
peu de courage que la nature lui avait départi, il
ne lui en restait plus et qu'elle avait peur de tout.
Ce n'était pas là une simple plaisanterie. On a vu
de quelle terreur Madame de Lescure avait été saisie dans la journée du 10 août, comment cette peur
dont elle n'était pas maîtresse, avait failli compromettre sa vie et celle de son mari. Arrivée au château de Clisson, on la retrouve sous le coup de la
même peur. Son cousin Henry de La Rochejacquelein, qui avait enfin réussi à sortir de Paris, était
venu à Clisson. M. de Lescure et lui entreprirent
d'apprendre à Madame de Lescure à monter à cheval. « J'avais une grande frayeur, dit-elle, et même
quand un domestique tenait mon cheval par la
bride, et que ces deux messieurs marchaient à mes
côtés, je pleurais de peur, mais mon mari disait que
dans un temps pareil, il était bon de s'aguerrir. »
Voilà la femme, la grande dame élevée dans
les mignardises de la famille et dans les délicatesses des cours. Le bruit d'un fusil l'effraye, le

mouvement d'un cheval marchant au pas lui fait peur. Telle était encore Madame de Lescure quand elle arriva à Clisson. Quel sentiment pourra donc l'élever au-dessus d'elle-même ? Nous le verrons plus tard, ce fut le sentiment chrétien du devoir. Elle a encore quelques jours tranquilles à passer, mais combien ces jours vont s'écouler vite ! Elle s'était établie à Clisson. Elle avait là nombreuse compagnie ; de tous côtés, on s'éloignait des villes dont le séjour n'était pas sûr. Outre le marquis et la marquise de Donnissan qui, venus de Paris avec leur fille, continuaient à habiter chez elle, Madame de Lescure comptait parmi ses hôtes M. de Marigny que l'on a vu à Paris avec M. de Lescure, un gentilhomme du pays fort lié avec la famille de Lescure, M. Desessarts qui habitait le château depuis longtemps avec un de ses fils et sa fille, la tante de Madame de Donnissan, sœur du duc de Civrac, naguère encore abbesse de Saint-Auxonne et qu'on avait envoyée chercher par M. Thomassin depuis qu'elle avait été chassée révolutionnairement de son couvent, enfin M. d'Auzon vieillard infirme et proche parent de M. de Lescure. Bientôt, on l'a dit, Henri de La Rochejacquelein vint rejoindre son cousin à Clisson. Il avait passé les premiers temps de son séjour en Vendée au château de la Durbellière dans la paroisse de Saint-Aubin de Baubigné. Il l'habitait seul, car toute sa famille avait émigré ; cet isolement, sa qualité d'ex-officier de la garde constitutionnelle du roi, pouvaient faire craindre que l'on

ne prit quelque mesure contre lui; ce fut ainsi que
M. de Lescure l'engagea à se rendre à Clisson où
l'on vivait assez tranquillement. Il faut ajouter à ces
habitants du château, de nombreux domestiques
dévoués à leurs maîtres, et partageant presque tous
leurs opinions, sauf le maître d'hôtel et le valet de
chambre-chirurgien de feu la marquise de Lescure,
qui avaient donné dans les opinions révolutionnaires. M. de Lescure les gardait par respect pour la
mémoire et la volonté de sa grand'mère à laquelle
ils avaient prodigué leurs soins, et qui les lui avait
recommandés en mourant. On menait à Clisson
une vie retirée et tranquille, en évitant d'attirer
l'attention.

C'est ici le moment de présenter une observation
qui aurait dû s'offrir à l'esprit de ceux qui ont vu,
dans le soulèvement de ces contrées, le résultat des
machinations du clergé et de la noblesse, et de
leur action commune sur le fanatisme des paysans.
L'insurrection de la Vendée ne fut point une insurrection gratuite, tentée sans provocation et sans
motif : nobles, prêtres, paysans attendirent que la
persécution vînt les chercher. Le premier courage
dont firent preuve les Vendéens, fut le courage de
la patience. Les gentilshommes, retirés dans leurs
châteaux, ne songeaient, comme on vient de le
voir, qu'à se faire oublier, et les paysans ne demandaient que du repos. Mais lorsqu'on insulta la Vendée dans ses croyances, et qu'on voulut la violenter
dans ses mœurs; lorsqu'elle eut compris que c'était

un parti pris dans la Convention de l'écraser sous un niveau sanglant, les habitants des provinces de l'ouest se soulevèrent pour défendre les intérêts les plus sacrés qui puissent mettre les armes aux mains d'un peuple, la religion, le sentiment du devoir, le respect du droit et l'amour d'une liberté légitime. Ce ne fut point des châteaux, ce fut des chaumières que partit le signal de cette guerre juste et honorable aux yeux des hommes, sainte aux yeux de Dieu; et le bâton du voiturier Cathelineau précéda sur le champ de bataille l'épée de Lescure, Charrette, Bonchamps et La Rochejacquelein. Dans ce temps où l'on parlait tant de liberté, il n'y eut qu'un lieu où l'on mourût pour la défendre : ce fut la Vendée.

Ce sera toujours dans les mémoires de la femme illustre dont nous essayons de retracer la vie qu'on ira chercher la description du pays qui fut le foyer principal où la guerre s'alluma, et le tableau des mœurs simples et patriarcales de ses habitants. Le château de Clisson s'élevait dans le pays du Bocage, ainsi nommé à cause de son aspect boisé. Le Bocage s'étendait dans une partie du Poitou, de l'Anjou et du Comté nantais, c'est-à-dire, pour ramener ces divisions de l'ancienne France aux divisions de la France actuelle, dans la Loire-Inférieure, Maine-et-Loire, les Deux-Sèvres et la Vendée qui devait avoir l'honneur de donner son nom à toute la contrée insurgée pour la religion et la monarchie. Des collines de peu d'élévation, des vallées

étroites et sans profondeur, des petits cours d'eau
dont les uns coulent vers la mer, les autres vers la
Loire, des roches gigantesques indices et résultats
d'anciennes révolutions du globe, voilà l'aspect
général du pays. Toute cette surface légèrement
ondulée est couverte d'un tapis de verdure; non
que la contrée contienne de vastes forêts, mais les
praieries et les champs qui sont peu étendus sont
entourés de haies vives derrière lesquelles s'élèvent
des rangées d'arbres plantés à des espaces très-
rapprochés, et formant des losanges, des cadres ver-
doyants. Point de grandes villes dans le Bocage ;
quelques bourgs de deux ou trois mille âmes, avec
leurs clochers, des villages disséminés de distance
en distance ; des métairies de peu d'importance où
l'on s'occupe plus encore d'élever des bestiaux que
de cultiver, des chemins creux et couverts qui courent entre deux haies et qui présentent un aspect
tellement uniforme qu'il faut une habitude de tous
les jours pour les distinguer ; une seule grande
route à travers ce pays difficile, celle qui va de
Nantes à la Rochelle, et trente lieues de distance
entre cette route et celle qui va de Tours à Bordeaux par Poitiers, voilà quel était le Bocage, il y a
plus de soixante ans. C'était une contrée, on le voit,
admirablement disposée pour la guerre défensive.
Point de cours d'eau navigables, point de grandes
voies de communication qui permettent de faire
arriver facilement au centre du pays l'artillerie et
la cavalerie. La connaissance des lieux, l'habitude

de cheminer dans ces défilés de verdure, de se retrouver dans ces carrefours de feuillages, de marcher dans ces sentiers difficiles qui, à l'époque des
grandes pluies et de la crue des eaux, servaient
de lits aux ruisseaux, dûrent donner une grande
supériorité aux habitants du pays sur les personnes
qui y étaient étrangères.

Cette contrée était habitée par une race forte,
laborieuse, honnête, profondément catholique. Les
métayers étaient rapprochés des propriétaires ter-
riens par la communauté des idées, des sentiments
et des intérêts. Ils se trouvaient heureux, et ne
souhaitaient pas de changements. La noblesse de
cette province était plus habituée à résider sur ses
terres que le reste de la noblesse de France. Elle
avait des mœurs simples et pures, l'abord facile,
peu de luxe, une grande affabilité pour les paysans
et l'habitude de vivre avec eux sur le pied d'une
intimité respectueuse de la part de ces derniers,
bienveillante et affectueuse de la part des seigneurs.
Les métayers étaient de toutes les joies et comme
de tous les deuils des familles dont ils cultivaient
les terres de père en fils. Il y avait, dans ces rapports mutuels, quelque chose du sentiment patriar-
cal qui unit le clan à son chef. Le château était
comme la capitale de toutes les métairies qui l'entouraient. C'était là, les métayers le savaient, qu'on
trouvait le conseil dont on avait besoin, la bonne
et douce parole dans les peines, le secours, devenu
nécessaire, après une perte de bestiaux ou après

une mauvaise récolte, les soins en cas de maladie. Les jeunes gens venaient danser sous les grands arbres les jours de fêtes, et les dames du château prenaient leur part dans ces simples et naïves réjouissances. On se rencontrait donc dans le plaisir comme dans la peine. Les seigneurs ne manquaient jamais d'assister aux noces des enfants de leurs métayers, et buvaient à la santé des nouveau-mariés. Chassait-on le sanglier ou le loup? Le curé l'annonçait au prône, et les paysans arrivaient avec leurs fusils; on plaçait chacun au poste qu'il devait occuper, et il suivait fidèlement les instructions qu'il recevait de ceux qui conduisaient la chasse. Aussi la plupart des paysans étaient bons tireurs. Il résultait de tout cela une entente parfaite entre toutes les classes de la société. La métairie était de toutes les fêtes du château, et le château de toutes celles de la métairie. Le mot, si souvent répété depuis le commencement de la Révolution : « Guerre aux châteaux! paix aux chaumières! » n'avait pas ce sens dans le Bocage. Dans ce pays béni du ciel, c'était déclarer la guerre aux chaumières que de la faire aux châteaux.

Ces sentiments des gens du Bocage ne se retrouvaient plus dans la plupart des villes : là les idées révolutionnaires avaient été favorablement accueillies. Il y eut donc, dans cette contrée dès l'origine, un antagonisme d'opinions assez semblable à celui qui exista en Écosse, entre les habitants

des hautes terres et les habitants des basses
terres. L'attachement aux mœurs et aux idées anciennes dominait dans le Bocage ; la disposition à
se rallier aux changements révolutionnaires prévalait dans la plaine. Les esprits étaient déjà ainsi
disposés quand la Constitution civile du clergé vint
apporter dans ces contrées, un nouveau brandon
de discorde. Les habitants du Bocage, comme les
Bretons, étaient profondément attachés à leur religion et à leurs prêtres et, sauf de bien rares
exceptions, le fidèle clergé de ces contrées demeura uni de cœur et de doctrine au Saint-Siége.
On a affirmé que la Constituante ne violenta pas
la liberté de conscience, parce qu'elle laissa aux
prêtres la faculté de choisir entre le serment coupable qu'elle exigeait d'eux et leurs curés ou leurs
évêchés. C'est là une étrange allégation. Au fond,
la faculté qu'on laissait aux prêtres, c'était celle de
choisir entre l'apostasie et la faim. Il faut ajouter
qu'on voulait obliger les fidèles à recevoir des prêtres intrus qui n'étaient pas en communion avec
le Saint-Siége, et à renoncer à leurs anciens pasteurs qui avaient toute leur confiance. Jamais atteinte plus flagrante ne fut portée à la liberté
religieuse. Les habitants du Bocage, déjà mécon-
tents des changements que la Révolution avait in-
troduits, ne supportèrent pas ce dernier coup. Dès
l'année 1790, il y eut des troubles dans la contrée.
Là, comme en Bretagne, quand le prêtre schisma-
tique se présentait, tout le monde fuyait, et il

demeurait seul dans l'église. On lui refusait jusqu'au feu pour allumer ses cierges, et la population allait dans les bois, comme au berceau du christianisme, dans les siècles de persécutions, pour entendre la messe dite par les prêtres restés en communion avec le Saint-Siége. Les autorités révolutionnaires des villes entreprirent de dissoudre ces réunions pieuses, comme s'il s'agissait de rassemblements séditieux. Les gardes nationales des villes, quelquefois conduites par les prêtres intrus, venaient surprendre les paysans pendant qu'ils entendaient ainsi la messe dans les bois; ils en blessèrent et en tuèrent plusieurs. Il est difficile de se faire une juste idée du degré d'intolérance où l'opinion révolutionnaire était arrivée. On vit le Directoire des Côtes-du-Nord obliger, par son arrêté du 18 juin 1791, les ecclésiastiques fidèles, à s'éloigner à six lieues de leurs paroisses dès le moment de l'apparition de l'intru dans la commune. Tout prêtre catholique, qui administrerait un Sacrement, était condamné à six années d'emprisonnement, et le fidèle, qui le recevrait, pouvait être condamné à la même peine pour six mois (1). Dans le délire de cette intolérance, on alla jusqu'à chasser des hôpitaux les pauvres qui refusèrent d'accepter les prêtres intrus pour pasteurs. C'est ce qui arriva à l'hôpital des Incurables de Rennes. On eut l'indignité de fouetter les religieuses

(1) *Histoire de la Persécution révolutionnaire en Bretagne, à la fin du XVIIIe siècle*, par M. l'abbé Tresvaux, tome I, p. 271.

qui ne voulurent point recevoir la communion de la
main des prêtres rebelles au Saint-Siége. Les sœurs
de l'hôpital général de Nantes et celles de Saint-
Charles subirent cette cruelle flagellation. Un grand
nombre tombèrent malades à la suite de cet indi-
gne traitement; quelques-unes en moururent. Le
couvent de la Madeleine, de Nantes, fut surtout en
butte à ces persécutions dirigées ou ordonnées par
les évêques ou les prêtres constitutionnels. C'était
un couvent de filles repenties, où plus de cent pé-
nitentes cherchaient à réparer leurs anciens désordres par leur ferveur. On voulut obtenir de ces
pauvres filles des accusations, c'est-à-dire des calomnies contre les supérieures qui les dirigeaient,
et une adhésion à Minée évêque constitutionnel
de Nantes. Quelques membres de l'administration
invitaient même ces filles à retourner à leurs anciens désordres et leur promettaient leur protection.
Ils eurent la honte d'échouer dans cette double
tentative. Des bandes de gardes nationaux sorties
des villes, parcouraient les campagnes et poursuivaient les paysans qui refusaient d'aller à la messe
des intrus. Ils entraient dans les chapelles isolées
ou appartenant aux châteaux dans lesquelles les
prêtres non assermentés disaient la messe, en chassaient violemment, quelquefois à coup de fusil, les
fidèles qui y étaient réunis ou les emmenaient en
prison. C'était au nom de la liberté politique que
s'accomplissaient ces attentats contre la liberté de
conscience.

Ces persécutions qui furent communes à la Vendée comme à la Bretagne, avaient profondément irrité les paysans ; d'abord, ils se rendirent armés de fusils et de faulx aux messes qu'ils entendaient en plein air et défendirent leurs bons prêtres, c'est ainsi qu'ils les appelaient, quand on voulut les leur enlever. Un mot d'un paysan du Bas-Poitou caractérise admirablement les sentiments qui animaient ces pauvres gens. Dans une de ces rencontres, il se défendit longtemps avec sa fourche contre plusieurs gendarmes qui l'attaquaient avec leur sabre ; il avait déjà reçu vingt-deux blessures, les assaillants lui criaient : « Rends-toi. » Il répondit : «Rendez-moi mon Dieu,» et il expira. Toute l'histoire de la Vendée est résumée dans cette belle parole. Elle aussi allait bientôt dire rendez-moi mon Dieu, et elle ne devait se rendre qu'après l'avoir reconquis. De même que les tremblements de terre sont presque toujours annoncés par quelques oscillations, de même il est rare que les grands évènements ne soient pas précédés par quelques symptômes précurseurs. La lave qui fermentait au sein de cette population et qui allait bientôt la soulever, s'était déjà montrée au dehors quand M. et Mme de Lescure arrivèrent au château de Clisson, au mois d'août 1792. Quarante paroisses poussées à bout par la persécution religieuse devenue plus violente depuis la journée du dix août, se réunirent en armes et marchèrent contre le district qui siégeait à Châtillon. Il n'y avait dans cette troupe que

quatre gentilshommes, les autres étaient à Paris ou
émigrés. Cette troupe inorganisée et conduite par
des gens qui n'avaient aucune expérience de la
guerre, ressemblait plutôt à une cohue qu'à une
petite armée. Elle entra cependant sans coup férir
à Châtillon d'où le district s'était enfui. Mais un
violent orage la dispersa en partie sur la route de
Bressuire, où elle voulait se rendre, et les gardes
nationaux des villes voisines qui, alors dans tout le
feu de la passion révolutionnaire, s'étaient réunis
avec rapidité, l'ayant attaquée à l'improviste, en eurent bon marché. La garde nationale déshonora sa
victoire par d'atroces cruautés. Il y eut un grand
nombre de prisonniers égorgés de sang-froid et l'on
vit les vainqueurs emporter des lambeaux de chair
humaine comme des trophées de la journée. La
révolution faisait ainsi retrograder la France jusqu'à
l'état sauvage.

On forma une commission à Niort pour juger les
prisonniers qui étaient au nombre de cinq cents. Elle
montra de l'humanité et sauva les vivants en reje-
tant les torts sur les morts. La paroisse de Boismé
où est situé le château de Clisson, n'avait point eu
part à la prise d'armes. Comme le pays se rapprochait de la plaine, les paysans montraient moins
d'ardeur dans leurs opinions, en outre, on leur avait
laissé leurs prêtres. Ce fut donc dans une demi-tran-
quillité que la famille Lescure et ses hôtes passèrent
l'automne de l'année 1792 et la première partie de
l'hiver qui suivit. Seulement les tristes nouvelles qui

arrivaient de Paris, vinrent affliger leur solitude. Jusques-là ils avaient été sur le théâtre des-évènements, et ils avaient vu venir les catastrophes. Ils éprouvèrent alors un autre genre de tourment, le saisissement de ces nouvelles inattendues, qui tombent comme un coup de tonnerre, au milieu du silence d'une vie calme et retirée. On comprend l'impression que produisit sur Madame de Donnissan et Madame de Lescure, cette terrible nouvelle : la princesse de Lamballe a été assassinée! Cette femme qui les avait tant aimées et qu'elles avaient tant aimée, cette noble amie de la reine était donc morte et morte d'une manière affreuse. En apprenant la fin tragique de son amie, Madame de Donnissan tomba évanouie, et l'on eut pendant trois semaines de graves inquiétudes pour sa vie. A la fin d'octobre, Madame de Lescure accoucha d'une fille. Ce bonheur de famille fut moins vivement senti, à cause de la gravité de la situation qui prenait chaque jour un aspect plus sombre. Dans tout autre temps, elle aurait voulu nourrir cet enfant; mais M. de Lescure prévoyait déjà que la tyrannie révolutionnaire qui s'aggravait, finirait par exciter un soulèvement; il était résolu à ne pas abandonner les paysans, s'ils prenaient les armes, et Madame de Lescure était résolue à suivre son mari partout où il irait, sur les champs de bataille s'il combattait, dans les cachots s'il était fait prisonnier. On voyait venir, au château de Clisson, ces temps, dont l'Écriture a dit : « Malheur aux nourrices et aux femmes enceintes, » et chacun se préparait à remplir son devoir.

La fatale année 1793 commençait. MM. de Lescure, de La Rochejacquelein et de Donnissan, qui suivaient avec anxiété les débats du procès de Louis XVI, firent demander à Paris si l'on préparait quelque chose pour sauver ce malheureux prince, ou du moins pour mourir en combattant entre le Temple et l'échafaud, décidés qu'ils étaient à se rendre à Paris au premier appel. Rien ne fut tenté; ils eurent bientôt la douleur d'apprendre que le régicide du vingt-et-un janvier s'était accompli sans résistance. La terreur courbait toutes les âmes sous son niveau de plomb, et à Paris ceux-là même qui déploraient le meurtre du Roi, le subirent et permirent qu'il s'accomplît sous la protection de leurs baïonnettes, dans la crainte qu'il n'y eût de graves désordres dans la cité. La scélératesse des pervers ne commettrait point tant de crimes dans les temps de révolution, si elle ne trouvait pas un tout-puissant appui dans la lâcheté de ceux qu'on appelle les honnêtes gens. Mais une éclatante protestation va s'élever contre le crime du vingt-et-un janvier. L'année 1793 ne se sera pas impunément levée dans le sang du Roi. La Convention, comme enivrée de ce sang royal, et sacrée par le régicide pour toutes les exterminations, déclare la guerre à l'Europe, à Dieu, à l'humanité et à la vertu. Le recrutement de trois cent mille hommes est ordonné par toute la France. Les populations catholiques et monarchiques de l'Ouest commencent à s'agiter et à frémir d'indignation devant cette révolution qui a tué le Roi, qui leur ôte leurs prêtres, et qui leur demande leurs enfants pour aller, au prix de leur sang, propager les idées qu'elles réprouvent, établir une domination qu'elles abhorrent. S'il faut prendre les armes, que ce soit pour Dieu et pour le Roi, contre la Convention, et non pour elle; voilà le sentiment qui provoque des insurrections spontanées comme l'indignation, universelles parce que l'indignation est universelle, mais sans entente préalable et sans concert. Quelques-uns ont voulu que ces insurrections aient été exclusivement politiques, les autres ont voulu qu'elles aient été exclusivement religieuses. La vérité est située entre ces deux exagérations contraires. La cause de l'insurrection de la Vendée a été le mécontentement profond la vive indignation qu'excitait en elle l'ensemble des crimes, des violences, des folies, des renversements et des tyrannies de la révolution. Que le sentiment catholique ait été vivement blessé en elle, par l'expulsion et la persécution des prêtres orthodoxes et l'installation à force ouverte des intrus, rien de plus vrai. De tous les sentiments qui peuvent animer le cœur de l'homme, le sentiment religieux est le plus fort. Mais lorsque à l'occasion du recrutement des trois cent mille hommes, la Vendée blessée dans toutes ses affections, spoliée de tous ses droits, poussée à bout par la persécution religieuse et mise en demeure de servir la Convention ou de la combattre, se trouva debout devant la révolution, elle se trouva ce qu'elle était, catholique et royaliste. La balle républicaine qui venait briser sur la poitrine du Vendéen, la croix de Jésus-Christ, mutilait du même coup la royale fleur de lys, frappante image de l'union intime de ces deux sentiments dans le cœur du Vendéen, dont l'avant-dernière pensée était pour son Roi, la dernière pour son Dieu!

Ce fut dans le printemps de 1793, que le soulèvement général du Bocage éclata. Le recrutement des trois cent mille hommes en fut l'occasion. Châllans, dans le Bas-Poitou, et Saint-Florent en Anjou, furent les deux premiers points où l'insurrection prit de l'importance. C'est alors que le voiturier Cathelineau du village de Pin-en-Mauges, père de cinq enfants en bas âge, apprend que les jeunes gens appelés à Saint-Florent, se sont soulevés et ont pris la pièce de canon braquée sur eux par les ordres du commandant républicain. Il était occupé à pétrir son pain de ménage quand cette nouvelle fut apportée. Il quitte sa besogne, essuie ses bras, et plein de cette passion grave qui s'appuie sur une conviction raisonnée, il harangue les gens de son village, tous ses parents et ses amis, et leur démontre qu'après cet acte de résistance, ils n'ont de ressource que dans une insurrection ouverte et d'asile que dans leur courage. La simplicité éloquente de ses paroles, son regard inspiré, son accent mâle et pénétrant, et par dessus tout sa réputation de sainteté entraîne une vingtaine de paysans qui marchent avec lui, sur la Poitevinière. Il se dérobe aux larmes de sa femme et de ses enfants qui veulent le retenir, le tocsin sonne à son arrivée , il répète devant les habitants rassemblés les fortes paroles qui ont entraîné sur ses pas les hommes de son village. Une longue acclamation salue ses paroles; les jeunes gens s'arment de tout ce qui leur tombe sous la main. Cathelineau profite de leur enthousiasme et les conduit à Jallais, occupé par une compagnie de la garde nationale. Ils enlèvent au pas de course une pièce de canon braquée à l'entrée du village; chevaux, fusils, munitions, tombent dans leurs mains. Encouragés par ce premier succès, ils marchent sur Chemillé, défendu par trois pièces de canon et un demi-bataillon de troupes de ligne. René Forest qui avait suivi un moment MM. Chanzeaux à l'armée des princes et qui s'est trouvé ainsi initié au métier des armes, accourt du fond des landes de Saint-Lezin, Stofflet des environs de Maulevrier , tous deux amènent les jeunes gens de leurs paroisses. Au nombre de cinq ou six cents, les royalistes se précipitent sur les républicains et les taillent en pièces. Le lendemain 15 mars, Cathelineau marche sur Chollet. En moins d'une heure, les républicains sont culbutés et mis en fuite, et laissent aux mains des vainqueurs cinq cents morts, blessés ou prisonniers, leur artillerie, et une grande quantité de poudre et de fusils, et la caisse du gouvernement dans laquelle on trouva cinquante mille francs en numéraire. C'est dans cette journée que l'on prit cette pièce de canon, fondue sous Louis XIII, et donnée à Saumur par le cardinal de Richelieu, qui devint si fameuse sous le nom de Marie-Jeanne; c'étaient les noms des filles de deux braves paysans, ses parrains, et ses premiers pointeurs.

De Fontenay à Nantes, de Partenay et Bressuire aux rives de la Loire, toutes les communes s'entendant sans s'être concertées, se refusent au recrutement et courent aux armes. L'insurrection, comme une étincelle tombée sur une traînée de poudre, s'étend en un instant aux deux extrémités du pays, parce que le pays à bout de patience est mûr pour le soulèvement. On n'attendait qu'un signal; le signal on l'a vu, a été donné par le voiturier Cathelineau, qui a quitté le pain qu'il pétrissait pour aller battre les plus belles armées, et les plus habiles généraux de la république, et devenu tout-à-coup grand capitaine, de simple colporteur de laine qu'il était, va deviner la guerre et improviser la victoire. Ces incroyables métamorphoses ne se voient qu'en France, où le génie des armes court les rues. Stofflet, Forest, encore deux noms populaires, surgissent, on l'a dit, presque en même temps que Cathelineau, et puis, le mouvement, prenant, après Pâques, une extension nouvelle, l'insurrection vendéenne va frapper à la porte des châteaux ; elle recrute d'Elbée, Bonchamps et Charette.

La difficulté et la rareté des communications

étaient telles dans le Bocage que l'on ignorait, au château de Clisson, les évènements qui se passaient à quelques lieues de distance. Ce fut par M. Thomassin, qui était allé visiter une terre de M. de Lescure, et qui en revenant, avait passé par Bressuire, qu'on apprit que les Herbiers avaient été pris. Pris par qui? On l'ignorait. Le bruit s'était répandu que dix mille Anglais, débarqués à la côte, s'étaient emparé de cette ville, et comme les nouvelles les plus invraisemblables sont toujours celles qui trouvent le plus de créance dans les temps de révolutions, ce bruit avait été accueilli à Bressuire. M. Thomassin, qui continuait pour la sûreté des habitants du château de Clisson, le rôle de capitaine patriote qu'il avait pris à Paris, se moqua beaucoup de cette nouvelle et promit aux autorités de Bressuire de venir les défendre si elles étaient attaquées. On accepte sa promesse, il revient le lendemain avertir M. de Lescure que la prise des Herbiers était un fait incontestable sans qu'on pût l'expliquer.

De moment en moment, on apportait des nouvelles contradictoires; les habitants du château de Clisson étaient dans un état d'anxiété dont il est facile de se faire une idée. Le débarquement des Anglais leur paraissait une fable. D'un autre côté, comment croire que des paysans s'étaient emparés d'une ville? Pour sortir de cette incertitude, Henri de La Rochejacquelein imagina d'écrire à Mlle de La Rochejacquelein sa tante, qui demeurait à Saint-Aubin-de-Baubigné, situé à cinq lieues seulement des Herbiers. La lettre étant insignifiante, ne pouvait compromettre personne, et le domestique devait rapporter de vive voix des nouvelles. Mais la prudence de Henri de La Rochejacquelein se trouva déconcertée par l'étourderie d'un vieux chevalier, parent de la famille de Lescure, qui habitait aussi en ce moment le château de Clisson. A l'insu de tout le monde, il remit au domestique une lettre pour Mlle de La Rochejacquelein dont il était l'ami et le parent. Pour comble de malheur cette lettre était écrite dans ce style mystérieux des conspirateurs novices, qui se dénoncent euxmêmes en ayant l'air de cacher sous des paroles convenues, des secrets que souvent ils ne possèdent pas. Il avait dessiné et colorié sur le papier une douzaine de sacrés cœurs, et il ajoutait : « Je vous envoie une petite provision de sacrés cœurs que j'ai dessinés à votre intention. Vous savez que les personnes qui ont cette dévotion réussissent dans toutes leurs entreprises. » Le domestique fut arrêté en passant par Bressuire. On prit sur lui la lettre, et comme l'on disait que les Vendéens insurgés portaient un sacré cœur cousu à leur habit, comme signe de ralliement, le château de Clisson, se trouva dénoncé comme un foyer de conspiration.

Le lendemain, à sept heures du matin, le château était cerné par deux cents volontaires de Bressuire, et la gendarmerie remplissait la cour. M. de Lescure se présenta pour demander le motif de cette

visite armée. Le brigadier répondit qu'il venait demander, au nom du district, qu'on livrât le chevalier, ainsi que les chevaux, les équipages, armes et
munitions. M. de Lescure tourna la chose en plaisanterie, en disant que sa maison n'était pas une
citadelle, et que le chevalier n'en était pas le commandant. C'était, ajouta-t-il, un homme infirme,
valétudinaire et timide, très-capable de mourir de
peur si on l'arrêtait. Il offrit, au reste, de donner
des chevaux, du fourrage, des fusils, dont on pouvait avoir besoin. Le brigadier, chargé de commander l'expédition contre le château de Clisson,
n'était pas au fond beaucoup plus rassuré que le
chevalier. Il prit M. de Lescure à part, lui raconta
en grande confidence qu'il avait les mêmes opinions que les habitants du château. La défaite des
patriotes, ajouta-t-il, était indubitable sans qu'on
pût savoir s'ils avaient été battus par des troupes
débarquées ou par des paysans insurgés. Une contre-révolution était imminente. Il fallait tâcher de
contenter les autorités au meilleur marché possible. Mais il espérait que M. de Lescure se sou-
viendrait de lui, quand la royauté serait rétablie,
et lui ferait conserver sa place. M. de Lescure, avec
cette prudence naturelle qui lui faisait deviner une
vérité enseignée depuis par l'expérience, c'est qu'en
temps de révolution, il faut écouter les confidences
de la gendarmerie sans les lui rendre, ne répondit
rien à ce discours. Deux jours plus tard, on apprit
par M. Thomassin, qui était parvenu à revenir de

Bressuire, dont les autorités s'étaient enfuies, l'explication de la visite que les habitants du château avaient reçue. A la lecture de la lettre du chevalier et à la vue des sacrés cœurs, on avait d'abord parlé d'aller mettre le feu à Clisson. M. Thomassin était parvenu à détourner ce danger du château. Il annonçait que les royalistes marchaient en force vers Bressuire.

Ce fut une grande joie dans le château; mais cette joie dura peu. On apprit le lendemain que les royalistes avaient éprouvé un échec, et que les autorités étaient rentrées à Bressuire. La position de M. de Lescure devenait extrêmement difficile. Le moment était arrivé où il fallait prendre un parti. Toutes les gardes nationales des environs étaient convoquées pour défendre la ville. M. de Lescure était depuis quatre ans commandant de sa paroisse; le château contenait vingt-cinq hommes en état de porter les armes; l'ordre de marcher contre les insurgés ne pouvait manquer d'arriver bientôt. Une délibération s'ouvrit : c'était un véritable conseil de guerre. Les femmes n'en furent pas exclues : c'était aussi leur vie, celle de leurs enfants, leur fortune, toute leur existence, toutes leurs affections qu'il s'agissait de remettre au hasard des combats. Henri de La Rochejacquelein, qui était le plus jeune, parla le premier. Il dit que jamais il ne prendrait les armes contre les paysans, et qu'il valait mieux périr. M. de Lescure appuya cette opinion par quelques graves paroles; ce serait un déshonneur,

dit-il, que de combattre ses amis. Ce fut l'avis
de tout le monde. La marquise de Donnissan prit
à son tour la parole : « Messieurs, leur dit-elle,
vous avez tous la même ôpinion : plutôt mourir
que de se déshonorer. J'approuve ce courage. »
Madame de Lescure, présente aussi à la délibération, ajoute avec une touchante modestie, dans les
mémoires qu'elle écrivit bien des années plus tard :
« Chacun fut de cet avis, et dans ce triste moment
personne n'eut l'idée de donner un conseil timide. »
Ainsi cette femme tout-à-l'heure encore faible et
tremblante, l'enfant gâté des fêtes de Versailles qui,
peu d'années auparavant, s'épouvantait au bruit de
la fusillade du 10 août, qui, il y a quelques jours à
peine, pleurait de peur en cheminant sur un cheval
que l'on conduisait par la bride, la voilà qui pour
sa part, comme femme, comme fille, comme mère,
déclare la guerre à cette terrible Convention qui
fait trembler les rois de l'Europe ! Le devoir lui est
apparu, elle ne donnera pas de conseils timides à
son mari. Il faut que Lescure fasse son devoir de
chrétien, de soldat, de royaliste, de gentilhomme ;
elle fera, à côté de lui, son devoir de chrétienne, de
femme, de fille et de royaliste. Elle vaincra sa timidité, elle triomphera de sa faiblesse, sa première
victoire sera de se vaincre elle-même. Souffrances,
dangers, fatigues, inquiétudes mortelles, faim, soif,
nuits sans sommeil, journées sans repos, dangers
des champs de batailles, dangers de la prison et de
l'échafaud, elle surmontera tout. Et où prendra-t-elle

cette force? elle la prendra où la prend la Vendée,
dans le sentiment du devoir, elle la prendra en
Dieu. Voilà la véritable vertu chrétienne qui n'est
pas l'insensibilité aux dangers, aux douces joies de
la paix, au bonheur calme et pur du foyer domestique, aux jouissances permises de la société; mais
la préférence donnée sur tous ces besoins à l'austère
devoir, parce que le devoir est une loi de Dieu, et
que l'accomplissement du devoir est la conformité
de la volonté humaine à la volonté divine. Ce n'est
pas la vertu stoïque des anciens qui, toujours mon-
tée sur un piédestal, crie à la douleur : « O douleur ! tu n'es pas un mal. » On reconnaît que la
douleur est un mal; on souffre, on craint, on lutte,
on gémit, on se plaint, on éprouve des sueurs et
des défaillances mortelles, on demande, à l'exemple
de la sainte humanité du Christ, que ce calice si
cela est possible, soit éloigné; mais avant tout, par-
dessus tout, on veut faire la volonté de Dieu; on
boira le calice, s'il l'ordonne; on veut faire, on fera
son devoir. Toute la vie de Madame de Lescure est
dans ce peu de mots.

Il fallait cependant pourvoir au plus pressé. On
ne savait où et comment rejoindre les royalistes
insurgés, et l'on était menacé d'être arrêté. M. Thomassin voulut se dévouer pour ses hôtes. Quoiqu'il
courût des dangers en rentrant à Bressuire, parce-
qu'il avait quitté les autorités au moment où elles
prenaient la fuite, il rentra dans la ville, afin de
chercher à détourner les coups qui menaçaient le

château de Clisson. En attendant le résultat de ses démarches, M. de Lescure exigea que sa femme, sa belle-mère et sa tante l'abbesse allassent se cacher dans une métairie. Les hommes seuls ne quittèrent pas le château. Les femmes demeurèrent pendant quatre heures en prières et à genoux dans la métairie. Au bout de ce temps, on reçut un message de M. Thomassin, qui annonçait qu'on n'avait pris aucune détermination contre Clisson et qu'on l'avait lui-même assez bien reçu. Les femmes retournèrent alors au château. Toute la semaine s'écoula dans ces anxiétés : quelques alertes vinrent les augmenter encore. C'était Henri de La Rochejacquelein qui était surtout en butte aux soupçons. La lettre saisie sur son domestique l'avait compromis. Les gendarmes vinrent un jour pour l'arrêter, pendant qu'il était à la promenade avec M. et Mme de Lescure, qui continuait à apprendre à monter à cheval. M. de Lescure obligea son cousin à prendre le galop pour aller se réfugier dans une métairie. Les gendarmes ne l'ayant pas trouvé, se contentèrent de demander ses chevaux ; ils en emmenèrent un qui se trouvait dans l'écurie. Chaque jour venait accroître les alarmes des habitants de Clisson, chaque jour ils apprenaient des arrestations nouvelles : on n'épargnait ni les femmes, ni les vieillards ; toutes les personnes qui appartenaient à la noblesse étaient successivement conduites en prison. La colère des révolutionnaires s'augmentant avec les succès des royalistes, la persécution sévissait de plus en plus.

Un nouveau danger vint s'ajouter pour Henri de La Rochejacquelein à tous ces périls. On tirait pour la milice dans sa commune, et comme il avait vingt ans, il se trouvait au nombre de ceux qui étaient appelés. Sur ces entrefaites, Mademoiselle de La Rochejacquelein, sa tante, envoya un jeune paysan pour savoir des nouvelles de son neveu. Après avoir donné de grands détails sur les succès de l'armée royale et peint l'enthousiasme de toutes les paroisses voisines qui se joignaient aux insurgés, le jeune gars se tourna vivement vers Henri et lui dit : « Monsieur, on veut nous faire croire que vous irez « dimanche tirer à la milice à Boismé : C'est-y « bien possible pendant que nos paysans se battent « pour ne pas tirer ? Venez avec nous, monsieur, « tout le pays vous désire et vous obéira. »

La réponse fut aussi simple et aussi laconique que la harangue. Henri déclara au paysan qu'il le suivrait dès le soir même. Ainsi fut faite cette grande recrue. M. de Lescure aurait voulu suivre son cousin et tirer avec lui l'épée. Henri s'y opposa : « Tes paysans « ne sont pas révoltés comme les miens, lui dit-il, « je vais aller examiner les choses de plus près et « voir s'il y a vraiment quelque chose d'utile à faire « pour la cause. Alors il sera temps de nous déci- « der. Maintenant, ce serait une folie. » A ces justes observations, Madame de Lescure joignit ses larmes et ses prières. Comme il arrive dans les circonstances critiques, à côté du dévouement généreux qui ne calcule pas ses propres périls, et de la tendresse passionnée qui ne songe qu'à ceux d'autrui, l'égoïsme et la peur, passions moins nobles, trouvaient leur place dans un coin du tableau : Mademoiselle Desessarts voulut empêcher Henri de La Rochejacquelein de partir, en lui disant que son départ compromettrait toutes les personnes qui habitaient le château et les ferait mettre en prison. Henri de La Rochejacquelein répondit que de pareilles objections le laissaient sans réponse. Alors M. de Lescure prit la parole : « L'honneur et ton « opinion, dit-il à son cousin, t'ont fait résoudre « d'aller te mettre à la tête de tes paysans, suis ton « dessein ; je suis déjà assez affligé de ne pouvoir « te suivre ; certainement la crainte d'être mis en « prison ne me portera pas à t'empêcher de faire « ton devoir. » Henri se jeta dans les bras de M. de Lescure en s'écriant : « Eh bien! je viendrai te délivrer. » Il se fit en ce moment une révolution dans sa physionomie, son génie venait de se révéler : il avait en parlant « cet air fier et martial, ce regard d'aigle que depuis il ne quitta plus.» Sa grande âme semblait déjà avoir l'instinct de sa destinée et sentir le voisinage de sa gloire. M. de Lescure déclara alors que le départ de Henri de La Rochejacquelein était une chose décidée et pria qu'on ne fît plus d'observations. Tout le monde était attendri. Mais comme il faut que la comédie vienne se mêler aux scènes les plus dramatiques et les plus touchantes, le vieux chevalier, qui se mourait de peur depuis qu'on avait saisi sa lettre, s'écria qu'il voulait aller combattre avec les royalistes. C'était un prétexte pour s'enfuir. On lui objecta qu'il allait compromettre M. de Lescure, qu'en outre il retarderait la marche de Henri de La Rochejacquelein qui avait neuf lieues à faire par des chemins détournés, pour se rendre ou le jeune gars devait le conduire. Il ne voulait rien entendre, la peur lui troublait les idées. Il baisait les mains de M. de Lescure pour obtenir la permission de partir; il baisait celles de Henri de La Rochejacquelein pour obtenir la promesse qu'il l'emmenerait avec lui. Il fallut lui accorder la promesse et la permission qu'il demandait, et le soir il partit avec Henri de La Rochejacquelein.

Le dimanche suivant, pendant que les gens de M. de Lescure étaient au bourg voisin pour tirer à la milice, les gendarmes entrèrent le pistolet au poing et lurent un ordre du district prescrivant l'arrestation de M. et Mme de Lescure et de toutes les personnes suspectes qui se trouveraient au château de Clisson. Le marquis et la marquise de Donnissan déclarèrent sur le champ qu'ils suivraient leur fille; les instances de M. et Mme de Lescure ne purent les faire renoncer à ce projet. M. de Marigny déclara également qu'il ne voulait pas séparer son sort de celui de M. de Lescure. Alors Mme de Lescure demanda à monter dans sa chambre pour s'habiller; deux gendarmes la suivaient le pistolet au poing et elle eut de la peine à obtenir qu'ils restassent à la porte. Cependant ils y consentirent, sur son observation qu'elle aurait pu, à leur

arrivée, essayer de fuir ou de se cacher. Peu à peu
les gendarmes s'adoucirent. Quand ils virent qu'il
n'y avait guère au château que des femmes et des
hommes âgés, que les gens de M. de Lescure
étaient allés tirer à la milice et qu'ils ne rencontraient aucune résistance, ils commencèrent à se
relâcher de leur rigueur. Un mot surtout de Madame
de Donnissan les toucha profondément. Comme Madame de Lescure la suppliait de ne pas la suivre
dans la captivité, un gendarme l'interrompit en disant : « De toutes façons, il aurait fallu que Madame
vînt ; l'ordre comprend toutes les personnes suspectes. » — Voulez-vous donc m'ôter le bonheur de
me sacrifier pour ma fille ? répondit la marquise de
Donnissan.

On attela des bœufs à la voiture de M. de Lescure, et on conduisit ainsi les cinq prisonniers à
Bressuire. Les gendarmes leur avouèrent, dans
le trajet, qu'on avait attendu, pour faire exécuter
l'ordre d'arrestation déjà donné depuis dix jours,
l'arrivée de brigades étrangères à la localité, parce
que les gendarmes du pays avaient montré une
grande répugnance à se charger de cette expédition. Leurs bons procédés ne se bornèrent pas à
cela. Ils obtinrent qu'on permît à M. de Lescure
et à sa famille de rester à Bressuire, où un officier
municipal, qui était l'épicier du château, consentit
par obligeance et par dévouement à les recevoir chez
lui. On conduisait ordinairement les personnes ar-
rêtées au château de la Forêt-sur-Sèvre, et c'est là

qu'avait été enfermé M. Thomassin, arrêté deux jours
auparavant; mais bien des gens craignaient qu'on ne
finit par massacrer les détenus, et c'est ce qui avait
porté les gendarmes à insister pour que M. de Lescure et sa famille ne quittassent point Bressuire.
M. de Lescure, dont le caractère inspirait un respect
universel, avait parlé avec tant de sang-froid et de
fermeté aux administrateurs du district, qu'ils s'ex-
cusèrent presque de l'avoir fait arrêter, en lui faisant remarquer qu'on ne l'avait arrêté que longtemps
après tous les autres nobles.

Voici donc Madame de Lescure prisonnière avec
son mari, son père et sa mère. Cette captivité n'avait
rien de dur. Mais comment finirait-elle? A mesure
que le théâtre de la guerre se rapprochait de Bressuire, la fureur des révolutionnaires augmentait, et
les prisonniers royalistes pouvaient devenir ainsi
victimes du succès de leurs propres amis. Ils observaient les précautions les plus minutieuses,
d'après le conseil de leur hôte, pour ne point appeler l'attention sur eux : se faire oublier, c'était
là, pendant la Révolution, le seul moyen de sauver
sa vie. Leur ancien protecteur, Thomassin, avait
été lui-même arrêté et conduit au château de la
Forêt. La guerre était partout, et quoiqu'ils eussent
soin de ne point se montrer aux croisées, les bruits
d'armes et le chant de la *Marseillaise,* entonné
par les voix des soldats républicains qui allaient
combattre les Vendéens, arrivait à leurs oreilles dans
les deux petites chambres où ils étaient relégués.

Ce chant terrible, tout enflammé des passions
politiques du temps, produisait sur Madame de
Lescure une impression extraordinaire. Les paysans
vendéens pourraient-ils résister à ces hommes qui
partaient avec la ferme volonté de vaincre ou de
mourir? que pouvait Henri de La Rochejacquelein
jeune, inexpérimenté, avec des paysans si nouveaux
dans le métier des armes, contre ces belliqueuses
phalanges qui défilaient devant la maison où se trouvaient les prisonniers, en chantant l'hymne de la révolution? C'était le sujet du perpétuel entretien de
Madame de Donnissan, de Madame de Lescure. On
calculait, on craignait, on espérait, on désespérait,
et sur tout et par-dessus tout, on priait Dieu.
Quelles journées! quelles nuits! quel tourment
que celui de cette attente fiévreuse pour ces
deux femmes qui ne trouvaient un peu de calme
que dans la prière, et pour ces trois hommes,
MM. de Lescure, de Donnissan, de Marigny, qui
frémissaient de leur oisiveté forcée pendant que
leurs amis combattaient pour Dieu et pour le Roi,
et qui tourmentaient d'une main impatiente la poignée de leur épée! Ce n'est pas vivre, que passer
ainsi ses jours et ses nuits : c'est mourir de mille
morts! Et puis venaient les nouvelles qui se succédaient incohérentes et contradictoires : Henri de
La Rochejacquelein est battu; il est assiégé dans
son château de la Durbellière; mon Dieu! c'en est
donc fait! plus d'espoir de délivrance! l'insurrection vendéenne est étouffée dans son germe! il ne

reste plus qu'à mourir! Le lendemain les choses
ont changé de face. Voici ces terribles combattants
qui partaient la veille en chantant la *Marseillaise*,
pour exterminer les royalistes : ils reviennent plus
vite qu'ils n'étaient partis. Ils sont pâles, éperdus ;
ils crient sans savoir ce qu'ils disent : « Au secours! les brigands nous suivent! Au secours, ci-
toyens ! illuminez! illuminez! » Oh! comme Madame de Lescure et sa mère remerciaient alors
Dieu du fond du cœur! La Vendée n'est donc pas
vaincue? Henri de La Rochejacquelein n'est donc
pas assiégé dans son château? il n'est pas prisonnier. On vient; les brigands arrivent; les révolutionnaires s'enfuient : Dieu soit loué ! les honnêtes
gens sont sauvés.

C'est ici le moment de suivre dans sa course
rapide, Henri de La Rochejacquelein, que les habitants du château de Clisson, prisonniers à Bressuire, attendaient comme un libérateur. Il était
arrivé chez sa tante à Saint-Aubin, après avoir traversé des difficultés et des périls. De là, il s'était
dirigé avec quelques jeunes gens des environs, du
côté de l'armée des insurgés d'Anjou, qui était
alors vers Chollet et Chemillé. Il arriva pour assister à une défaite. Les royalistes reculèrent jusqu'à
Tiffauges. Charette, Bonchamp, d'Elbée, récemment enrôlé par ces braves paysans qui allaient
frapper à la porte des châteaux pour demander des
chefs, sont d'accord avec Cathelineau et Stofflet,
pour déclarer que la partie à peine commencée est

déjà perdue. Point de munitions, c'est à peine si l'on a deux livres de poudre ; plus d'espoir, or, c'est l'espoir qui, dans ces sortes de guerres, fait trouver tout le reste. L'armée est découragée et va se dissoudre, l'insurrection vendéenne semble au moment d'être étouffée dans son berceau. Henri revient seul à Saint-Aubin ; lui aussi désespère de la fortune de la Vendée. Les revers se succédaient : ce jour là même, les Bleus, c'était ainsi qu'on les appelait à cause de la couleur de leur uniforme, sont sortis de Bressuire et ont dissipé un rassemblement aux Aubiers. Henri croyait que tout était fini et qu'il n'y avait rien à faire, lorsque les paysans, apprenant son arrivée, le supplièrent de se mettre à leur tête ; l'assurant que cela ranimerait le pays et que, le lendemain, il aurait dix mille hommes. Là comme ailleurs, c'était l'armée qui venait frapper à la porte du général. Henri accepta leur proposition et crut à leur promesse. La nuit tint la promesse de la veille ; les paroisses des Aubiers, de Nueil, de Saint-Aubin, des Echaubroignes, des Cerqueux, d'Isernay, et d'autres encore se sont levées comme un seul homme ; dix mille hommes se sont trouvés au rendez-vous. Un militaire de profession aurait souri à l'aspect d'une pareille troupe ; presque tous ces soldats n'ont pour armes que des bâtons, des faulx, des fourches : mais les Vendéens ont un ar-senal auquel personne n'a songé, ce sont les rangs des républicains. Ils n'ont aujourd'hui que deux cents fusils de chasse, Henri de La Rochejacquelein leur enseignera demain où il faut en prendre. Il a découvert soixante livres de poudre chez un maçon; c'est assez pour remporter une première victoire. A chaque jour suffit sa peine; la victoire du jour assurera les munitions pour le combat du lendemain.

Cependant le jour était arrivé, un grand jour dans les annales vendéennes. Il n'y a pas encore à l'époque où nous écrivons, un enfant dans le Bocage qui ne relève la tête et ne sente son cœur battre plus vite, quand on répète devant lui les immortelles paroles que prononça Henri de La Rochejacquelein avant de donner le signal du combat à sa petite armée. Ce sont de ces mots au bout desquels il y a des victoires : « Mes amis, si mon père était ici, vous auriez confiance en lui; pour moi, je ne suis qu'un enfant, mais par mon courage, je me montrerai digne de vous commander. Si j'avance, suivez-moi; si je recule, tuez-moi; si je meurs, vengez moi! »

Représentez-vous l'effet de cette harangue prononcée par un jeune homme de vingt ans, à la figure si douce, si délicate qu'on aurait dit celle d'une femme, mais dont l'œil d'aigle lançait cette flamme sympathique à laquelle s'allument les courages; grouppez autour de lui, par l'imagination, ces milliers de paysans, au simple et mâle visage, qui s'étonnent de se trouver soldats à ces fiers accents, comme leur chef s'étonne de se trouver général; puis encadrez ce tableau dans les haies du Bocage,

9

si verdoyantes et si pittoresques, au moment où le soleil, se levant à l'horizon et éclairant de ses premiers rayons cette armée rustique, semblait une fidèle image de la gloire vendéenne qui allait se lever à tous les yeux. L'enthousiasme fut universel, et de longues acclamations saluèrent ce sublime ordre du jour. On allait partir, Henri demanda à déjeuner. Pendant que les paysans cherchaient du pain blanc pour leur général, il prit un morceau de leur pain noir qu'il mangea avec eux. Ce n'était chez lui, ni affectation, ni calcul; il rencontrait sans étude cette simplicité héroïque qui plaît tant au peuple et à l'armée.

Malgré leur zèle et leur confiance dans leur chef, les paysans n'étaient pas sans inquiétude. La plupart d'entre eux n'avaient pas vu le feu, ceux qui avaient combattu venaient d'être témoins d'une défaite, presque tous étaient sans armes. Cependant ils arrivèrent jusqu'aux Aubiers occupés par les bleus depuis la veille. Les paysans se répandent autour du village, en marchant silencieusement derrière les haies; Henri, avec une douzaine d'habiles tireurs, se glisse dans un jardin assez près de l'endroit où est l'ennemi. Caché derrière la haie, il commence à tirer. A mesure qu'il tire, les paysans lui donnent des fusils chargés. Comme il était grand chasseur, presque tous les coups portaient. Il en tira près de deux cents, ainsi qu'un garde-chasse qui était près de lui. Ne croyez-vous pas lire un épisode des guerres de l'Amérique,

et assister à une embuscade des Delawares ? Tel était
le caractère pittoresque des guerres de la Vendée.
La tactique de la civilisation se trouva prise au
dépourvu devant cette simplicité héroïque, et l'instinct des armes vainquit la science militaire. La
suite est encore plus conforme à ce que nous lisons
des temps ou des pays primitifs. Les républicains
irrités de perdre des hommes sans être attaqués en
ligne, et même sans voir l'ennemi, font un mouvement pour se mettre en bataille sur une hauteur
qui se trouvait derrière eux. Aussitôt Henri s'écrie :
« Mes amis, les voyez-vous ? Voilà qu'ils s'enfuient ! » A ces mots, les paysans sautent de tout
côté, par-dessus les haies en criant : « Vive le
Roi ! » Les échos augmentent le bruit ; les Bleus
effrayés de cette attaque étrange qui les enveloppe
de toutes parts, d'un réseau d'ennemis, prirent la
fuite en désordre, en abandonnant deux petites pièces de canons, leur seule artillerie, et en laissant
sur le terrain, soixante-dix morts et un grand nombre de blessés.

Ainsi commença cette guerre de haies qui coûta
si cher aux Républicains. La Vendée avait trouvé
un auxiliaire imprévu dans les bocages dont elle
est couverte. Chaque buisson devenait pour elle un
rempart derrière lequel se cachaient ses invisibles
soldats ; chaque trouée dans le feuillage, une meur-
trière et les bois, par leurs échos, semblaient multiplier le bruit de la fusillade. Les Bleus craignirent
bientôt les haies de la Vendée, comme au siége de

Syracuse, les Romains, suivant le récit de leurs historiens, s'enfuyaient au moindre bout de corde qu'ils apercevaient sur les murailles, en disant qu'il y avait là quelque piége d'Archimède. Seulement l'Archimède de la Vendée, c'était la nature.

Après la victoire des Aubiers, les prisonniers de Bressuire espérèrent la prochaine arrivée des Vendéens. Mais Henri de La Rochejacquelein, dont le bon sens égalait le courage, comprit qu'il fallait servir sa cause avant de suivre le penchant de son cœur et que, par conséquent, il devait avant tout tirer l'armée d'Anjou de la position désespérée où il l'avait laissée. Il courut toute une nuit pour rejoindre Cathelineau et les autres chefs, et leur fit amener les canons et les munitions dont il s'était emparé. Les paroisses d'Anjou reprirent courage ; l'armée se réforma, attaqua les Bleus, les battit sur tous les points. Chollet, Chemillé, Villiers, tout le pays qu'on avait abandonné fut repris. Tels furent les fruits de la première victoire de Henri de La Rochejacquelein.

Enfin il peut suivre le penchant de son cœur. Ses devoirs de général ne s'opposent plus à ce qu'il marche sur Bressuire, où il a laissé des amis bien chers. La consternation et le découragement ont passé dans les rangs des Bleus. Dès qu'on apprend que Henri de La Rochejacquelein approche de Bressuire, il devient impossible à Quetineau, brave général républicain, de retenir ses soldats épouvantés. Plus ils méprisaient les paysans vendéens la veille, plus ils les croient invincibles depuis qu'ils ont été vaincus par eux. C'est une panique. Quatre cents Marseillais sont arrivés la veille : renfort inutile ! Au lieu de donner du courage à ceux qu'ils viennent secourir, ils sont atteints par la contagion de leur peur ; mais fidèles à leurs habitudes sanguinaires, ils déclarent qu'avant tout il faut massacrer les prisonniers. La Révolution, en allant combattre, répètent-ils à Bressuire comme à Paris, ne doit pas laisser d'ennemis derrière elle. En vain Quetineau, en vain les autorités de Bressuire, le maire à leur tête, veulent-ils résister à cette soif de meurtre. Les Marseillais vont prendre à la prison onze pauvres paysans arrêtés dans leurs lits, quelques jours auparavant, comme suspects d'avoir des intelligences avec les insurgés. Madame de Lescure les entendit passer sous ses croisées, au milieu des insultes et des vociférations des Marseillais, qui les conduisirent hors la ville et les hachèrent à coups de sabres. Ces paysans moururent courageusement en criant : *Vive le roi !* Nul doute que si les meurtriers avaient su qu'il y avait dans la ville une famille *d'aristocrates* détenue chez un officier municipal, aucune puissance humaine ne les eût empêchés de la mettre à mort; mais M. de Lescure était l'objet d'un tel respect parmi les habitants de Bressuire, même dans le parti politique opposé au sien, que pas une bouche ne s'ouvrit pour le dénoncer.

Cependant les alertes et les craintes de Mme de Lescure et de Mme de Donnissan, étaient continuelles. Un mot, un hasard, une indiscrétion, une imprudence de leur hôte pouvait les livrer. Elles attendaient chaque matin la mort, et en se couchant le soir elles disaient : « ce sera pour demain. » Un jour leur hôte leur amena un commissaire général du département; on avait choisi comme celui-ci, il arrive dans de semblables circonstances, à cause de l'exaltation de ses idées et de son verbiage patriotique; c'était du reste un jeune homme, plus exalté que méchant. Comme les autorités de Bressuire, il sembla s'excuser envers M. de Lescure, de l'ordre d'arrestation lancé contre lui, et en déclina la responsabilité. C'était, disait-il, une mesure générale appliquée à tous les nobles et nécessitée par la guerre civile. Du reste, ajoutait-il, elle allait bientôt finir. On prendrait des mesures efficaces, on raserait les haies et les bois, on décimerait les habitants et on déporterait le reste dans l'intérieur de la France. Le pays serait repeuplé par des colonies patriotes. Ce commissaire révolutionnaire, tout en se répandant en plaintes contre ce qu'il appelait le fanatisme des paysans, rendait hommage à leur probité : jamais disait-il, un métayer n'a trompé son maître. Bientôt les évènements du jour vinrent se mêler à cette conversation. — C'était un fils de M. de La Rochejacquelein qui commandait aux Aubiers, dit le commissaire à M. de Lescure d'un ton entre l'affirmation et l'interrogation ? Vous le connaissez ? — Oui, répondit M. de Lescure avec ce calme qu'il ne perdait jamais. — Il est votre parent, continua le commissaire. — Cela est vrai, répondit M. de Lescure toujours avec le même sang-froid.

On comprend quelles étaient les angoisses de Madame de Lescure pendant cette conversation. Heureusement que le commissaire qui arrivait de Niort, ne savait point que Henri de La Rochejacquelein avait habité Clisson, et que personne dans la ville n'était capable de lui révéler ce fait. La conversation en resta donc là ; mais chaque jour il y avait de nouveaux sujets de crainte. C'étaient des troupes qui arrivaient ; puis on annonçait l'approche des insurgés. Alors les habitants pleins de terreur, semblaient au moment de prendre la fuite. C'étaient les bons moments des prisonniers, car M. de Lescure n'avait qu'une pensée, celle de rejoindre les royalistes. Il était décidé à s'échapper, coûte que coûte, de Bressuire, si on voulait le conduire à Niort où l'on avait transféré les prisonniers du château de la Forêt, entre autres M. Thomassin, qui devait y subir une captivité de vingt-deux mois, et n'en sortir qu'avec l'esprit dérangé : on a remarqué que dans les temps de Révolution, les cas de folie augmentent. Madame de Lescure supplia son mari de ne prendre cette décision qu'à la dernière extrémité, car, en s'échappant, il devait ainsi exposer sa vie et celle de toute sa famille à un péril presque certain.

De jour en jour les arrestations devenaient plus nombreuses. On emprisonnait successivement les bourgeois, soupçonnés de royalisme, et les patriotes soupçonnés de tiédeur ; le maire lui-même qui s'était opposé au massacre des paysans par les Marseillais, et en général à toutes les mesures de cruauté, fut jeté en prison. Comment les prisonnières auraient-elles espéré être épargnées, quand les autorités elles-mêmes n'étaient plus ménagées? Tout semblait conspirer contre elles. Il arriva à Madame de Donnissan une lettre d'un ecclésiastique espagnol qui lui annonçait, avec une certaine précaution de langage, que les puissances européennes allaient déclarer la guerre à la république. Cette lettre pouvait avoir été ouverte et, ce qu'elle comprenait, malgré les termes figurés dont se servait son correspondant, d'autres pouvaient l'avoir compris. Si cette lettre n'avait pas été lue, une autre aussi compromettante pourrait arriver, et elle serait lue certainement, car dès le lendemain toutes leurs correspondances leurs furent remises décachetées. La Révolution, dans ce moment extrême, ne prenait plus la peine de cacher ses mesures arbitraires ses défiances et ses peurs. La providence seule pouvait sauver les prisonniers de Bressuire, ce fut elle qui les sauva. Ils ne furent pas épargnés, ils furent oubliés. Au milieu de cette espèce d'ahurissement général que causait l'approche des Vendéens, on ne songea plus à eux, et le général Quetineau dont l'âme était généreuse contribua à leur salut en feignant de ne point se souvenir de ceux que tout le monde oubliait. « — Ce sont les brigands qui arrivent........; ils seront à Bressuire ce

matin..... non, c'est pour ce soir..... à coup sûr
ce sera pour demain, » ainsi se passaient les journées, en appréhensions pour les uns, en espérances
pour les autres. La question pour les prisonniers
était de savoir si Henri de La Rochejacquelein arriverait à temps.

Enfin le premier mai 1793, on sut, à ne pouvoir
en douter, que les Vendéens étaient entrés à Argenton-le-Château, et qu'ils n'étaient plus qu'à trois
lieues de Bressuire. Cette fois rien ne put arrêter les républicains. Les renforts successifs qu'ils
avaient reçus élevaient à cinq mille hommes les
troupes concentrées à Bressuire, mais ces troupes
étaient démoralisées par la crainte. Quetineau ne
put même obtenir de sa cavalerie qu'elle fît une
reconnaissance sérieuse sur la route par laquelle
les Vendéens devaient arriver. Le petit détachement
qui s'était hasardé à faire quelques pas dans cette
direction, revint en toute hâte annoncer qu'il était
suivi par une colonne ennemie. Quetineau alla de
sa personne en découverte et chercha du regard la
colonne vendéenne. C'était un paysan qui labourait
son champ avec une charrue attelée de huit bœufs.
C'est ainsi que voit la peur : elle grossit, elle métamorphose les objets, elle voit ce qui n'est pas
et ne voit pas ce qui est, parce qu'au fond elle
ne regarde pas, elle n'écoute pas, elle vit dans le
monde de ses hallucinations, et dans le cercle de
ses fantômes.

Avec une pareille armée, si l'on ne voulait pas

fuir, il fallait se retirer ; c'est ce que fit Quetineau.
La vieille enceinte de Bressuire tombait d'ailleurs
en ruines, et le château n'avait pas été réparé depuis
que Duguesclin l'avait pris d'assaut sur les Anglais.
Que dites-vous de ce hasard de fortune qui rap-
proche au pied du château de Bressuire, le nom
du bon connétable, qui conquit sa renommée par
tant de belles actions militaires, et celui de Henri
de La Rochejacquelein, qui n'eut besoin que d'une
année pour conquérir son immortalité ?

L'évacuation de Bressuire commença par se faire
en ordre, et puis, la peur augmentant de moment
en moment, elle se changea bientôt en déroute. On
oublia les munitions ; on avait oublié la caisse de
l'armée qu'on envoya chercher, on oublia jusqu'aux
drapeaux. Les Marseillais, prompts à égorger, lents
à combattre, donnèrent l'exemple de la fuite ; la
plupart désertèrent. Une grande partie des habitants suivirent l'armée, et allèrent chercher un asile
dans les villes voisines. On avait deux fois massacré les prisonniers royalistes à Bressuire, d'abord
en septembre 1792, c'était un contre-coup des
massacres de Paris, et dernièrement encore à la
nouvelle de l'approche des royalistes. Les habitants
craignaient que, par représailles, les Vendéens ne
missent la ville à feu et à sang. Peu à peu le bruit
des pas de ceux qui abandonnaient la ville s'allan-
guit, et puis cessa tout à fait, Bressuire était vide.
L'hôte de M. de Lescure, son protecteur de la veille,
vint alors lui demander sa protection et solliciter

l'hospitalité à Clisson, en échange de celle qu'il lui avait donnée. —« Les brigands, lui dit-il naïvement, aiment les nobles et respectent leurs châteaux; je serai en sûreté chez vous. » Les habitants qui étaient restés partageaient cette opinion, et firent à M. de Lescure la même prière. M. de Lescure fit venir de Clisson des charrettes pour emporter les effets de ceux qui lui demandaient asile. A onze heures du matin, Bressuire était complètement évacué. M. et Mme de Lescure descendirent alors avec M. et Mme de Donnissan et M. de Marigny, et se hasardèrent dans la rue. Ils la trouvèrent presque entièrement déserte. Pour ces deux jeunes gens qui avaient été si longtemps privés d'air et d'exercice, ce fut une double délivrance : ils échappaient à la fois aux révolutionnaires et à cette immobilité forcée dans laquelle ils avaient été longtemps tenus. Aussi tandis que M. et Mme de Donnissan s'avançaient d'un pas plus lent dans la direction du château de Clisson, M. et Mme de Lescure couraient plutôt qu'ils ne marchaient en traversant des sentiers connus et les routes accoutumées. Ils arrivèrent les premiers au château.

Ce fut une grande joie quand on les aperçut : « Quoi c'est vous ! vous voilà enfin ! c'est bien vous ! » Paroles entrecoupées de sanglots, dans lesquelles la vivacité de la joie s'exalte au souvenir des inquiétudes éprouvées : leur oncle d'Auzon, leur tante l'abbesse, leurs amis Desessarts avaient craint de ne plus les revoir, et les avaient souvent pleurés,

Bientôt on vit arriver M. et Mme de Donnissan, et ce furent de nouveaux transports. Et puis on aperçut bientôt la longue file de charrettes qui amenaient les habitants de Bressuire avec leurs effets les plus précieux. Par le flux et le reflux des révolutions, le château de Clisson, proscrit la veille, devenait un lieu d'asile. Cette joie si récente, ne tarda pas à être troublée. On vint dire, car que ne dit-on pas en temps de révolution, que les royalistes ne marchaient plus sur Bressuire.

M. de Lescure prit sur-le-champ son parti; la souffrance morale qu'il avait éprouvée en sachant que les royalistes se battaient sans qu'il partageât leurs premiers combats et leurs premiers périls, avait été trop grande pour qu'il s'y exposât de nouveau. Il donna rendez-vous aux paroisses voisines pour le lendemain, et leur fit dire qu'elles trouveraient des chefs. Il prend en même temps des mesures, pour se rendre à Châtillon, afin d'en rapporter de la poudre. Avec son sang-froid habituel, dès que sa résolution est prise, il prévoit tout, il pourvoit à tout. Il a tenu une espèce de conseil de guerre avec sa jeune femme, M. de Marigny, son cousin, d'une audace égale à la sienne, et avec l'ancien abbé Desessarts qui, n'ayant jamais été que tonsuré, a repris avec le nom de chevalier une épée qu'il ne quittera plus. On n'a point appelé à ce conseil le marquis et la marquise de Donnissan: on a craint leur sagesse. Dans les circonstances extrêmes, il est dangereux de trop calculer; il faut

se jeter tête baissée dans l'action, sans regarder
derrière soi ni autour de soi. Si l'on pèse les obstacles, si l'on suppute les difficultés et les périls, on
finit par ne rien faire, et ce qu'il y a de pis au monde
dans les circonstances désespérées, ce n'est pas
tant encore d'agir témérairement que de ne pas
agir. Il faut se dévouer, faire son devoir et s'abandonner pour le reste à la Providence. MM. de
Lescure, de Marigny, Desessarts, se mirent à apprê-
ter les armes; Madame de Lescure travailla à faire
des cocardes blanches.

A quatre heures M. de Lescure avertit sa belle-
mère qu'il avait pris les dispositions nécessaires
pour que les femmes fussent conduites à Châtillon.
Elle s'inquiétait de la possibilité du retour des
révolutionnaires à Bressuire. M. de Lescure lui répondit que le lendemain, à la pointe du jour, il serait
maître de Bressuire, et que quarante paroisses se
soulevaient par ses ordres pendant la nuit. A ces
mots Mme de Donnissan s'écria : «Nous sommes perdues!» et elle tomba évanouie de surprise et de saisissement. Quand elle revint à elle, elle fit les plus
grands efforts pour changer la résolution de son
gendre. Il y avait bien des objections à faire, elle
les fit : Où était l'armée royale? où étaient les armées républicaines? on l'ignorait. Comment de
simples paysans sans expérience des armes, pourraient-ils tenir contre des troupes régulières? N'al-
lait-on pas venir de Partenay pour les arrêter?

Tout ce que Mme de Donnissan lui disait, M. de

Lescure se l'était dit à lui-même ; mais il s'était dit encore que si on pouvait périr en combattant, on était bien plus sûr encore de périr et de périr sans défense et sans avoir fait son devoir si on laissait échapper cette occasion de prendre les armes. MM. de Lescure et de Marigny venaient de partir montés sur des chevaux rapides, pour se rendre à Clisson lorsqu'un habitant de Bressuire entra dans le château, pâle de terreur en s'écriant : « Ils sont arrivés ! ils sont arrivés ! »—Et qui donc demanda Mme de Lescure en proie à de mortelles alarmes. — « Les brigands ! s'écria-t-il, les brigands sont entrés à Bressuire ! » On comprend que la nouvelle de l'arrivée des brigands, sujet d'épouvante pour les habitants de Bressuire, rassurait les habitants du château de Clisson. Mme de Lescure fit courir après son mari et revint causer avec ces patriotes effrayés afin de tâcher de les rassurer un peu. Un des métayers qui conduisait une charrette remplie de leurs meubles, arriva bientôt après, et dit que les royalistes lui avaient enlevé ses bœufs, mais qu'ils avaient promis de les lui rendre si M. de Lescure lui remettait un billet certifiant qu'ils appartenaient au propriétaire de Clisson. M. de Lescure qui venait de rentrer au château au moment où il prononçait ces paroles, dit au patriote de Bressuire dont la figure consternée le faisait sourire : « Il faut croire que vous aviez « raison ; les brigands aiment les nobles ; je vais « aller chercher mes bœufs et sauver vos effets. « Restez ici sans inquiétude. »

Mme de Lescure demeura donc encore seule au
château. Elle ne craignait plus les révolutionnaires,
mais elle se demandait cependant, avec quelque
appréhension, si les paysans royalistes exaltés par
leurs victoires et irrités par le souvenir du massacre
des leurs, égorgés à deux fois différentes à Bressuire, n'éprouveraient pas un sentiment de colère
en trouvant le château de Clisson rempli de révolutionnaires de cette ville. Si elle avait été sûre
qu'Henri de La Rochejacquelein commandât les
royalistes qui se dirigeaient vers le château, sa présence l'eût rassurée, mais un autre chef pouvait les
conduire. Elle prit ses mesures à tout évènement ;
elle conseilla aux patriotes de quitter la cocarde
tricolore, les établit dans une aile du château et
leur conseilla une grande prudence : les rôles avaient
changé, elle leur rendait à peu près les avis qu'elle
recevait à Bressuire, quand elle se tenait enfermée
dans la maison de son hôte l'officier municipal.
Elle prescrivit à ses gens de rester dans le château,
dans la crainte qu'ils ne commissent quelque imprudence. Elle était donc seule dans la cour, en proie
à cette impatience fiévreuse qu'on éprouve lorsqu'on attend un évènement que l'on désire et qu'on
appréhende à la fois. Tout-à-coup le galop de
plusieurs chevaux se fit entendre, bientôt suivi des
cris de Vive le Roi. Trois cavaliers parurent suivis
d'autres cavaliers ; c'était Henri de La Rochejacquelein avec MM. de Lescure et Marigny qui l'avaient
rencontré en chemin. A ce cri de Vive le Roi, tous

les habitants du château se précipitèrent dehors et le répétèrent avec enthousiasme. Henri de La Rochejacquelein ne pouvait se lasser d'embrasser ses parents, ses amis qu'il avait cru ne plus revoir. Il répétait en pleurant : « Je vous ai donc délivrés ! »

Ce fut un beau jour dans la vie de ce vaillant jeune homme que celui où il se présenta ainsi à la tête de sa petite armée victorieuse à la porte du château de Clisson d'où il était sorti, peu de temps auparavant, en fugitif et en proscrit. Les patriotes de Bressuire en entendant ces cris, sortirent avec précaution du château pour voir ce dont il s'agissait; ils virent avec étonnement que c'étaient leurs hôtes qui, dans l'ivresse de la joie, ne cessaient de crier vive le Roi. Ils se jetèrent alors à leurs pieds et leur demandèrent la vie. M. de Lescure les releva, tout en racontant leur histoire à Henri de La Rochejacquelein qui rit beaucoup de leur idée de demander aux brigands asile dans leurs châteaux. Il ajouta qu'ils ne pouvaient mieux choisir et qu'ils étaient tout à fait en sûreté chez M. de Lescure. Pour achever de rassurer les patriotes, Mme de Lescure demanda à Henri de La Rochejacquelein d'embrasser quelques femmes de Bressuire qui se figuraient, avec leur imagination effrayée, que les brigands étaient une espèce particulière entre la bête fauve et l'homme.

On comprend la joie qui régnait au château de Clisson. Mme de Lescure ne pouvait se lasser d'interroger Henri de La Rochejacquelein, qui ne se lassait pas non plus de lui donner des détails sur l'armée vendéenne, sur le courage héroïque des paysans, sur leur manière de se procurer des munitions et des armes. Il lui disait comment ils prenaient des canons avec des bâtons : au moment où ils voyaient la mèche allumée s'approcher de la lumière, ils se jetaient à plat ventre, laissaient le coup partir, se relevaient rapidement et couraient sur les pièces dont ils s'emparaient en assomant les canonniers à coups de bâtons. Ainsi cette tactique que l'on admire aujourd'hui avec raison chez les zouaves, les Vendéens l'avaient inventée il y a soixante ans. Il n'y a rien de nouveau pour les Français sous le soleil de la victoire!

La Vendée était dans le beau printemps de ses espérances. Après ce qu'elle venait de faire, rien ne lui paraissait impossible. Mme de Lescure, Mme de Donnissan elle-même un moment auparavant découragée, se livraient avec bonheur à ce courant d'idées; tout semblait sourire dans l'avenir; partout le succès couronnait les armes vendéennes. C'est l'instant où tous les grands noms de cette épopée chrétienne et monarchique apparaissent : Bonchamp, Charette, d'Elbée, Stofflet, Talmont, d'Autichamp, noms héroïques unis aux noms de Cathelineau, Lescure et La Rochejacquelein. Henri présenta à sa cousine un jeune officier âgé de dix-sept ans comme un ami, en lui disant que les chefs et les soldats l'aimaient à cause de sa vive intelligence et de sa rare bravoure qui le faisait remarquer même au milieu d'hommes si courageux. M. Forestier, présenté avec tant de distinction et accueilli avec tant de bienveillance, était le fils d'un cordonnier de la Pommeraye-sur-Loire. C'est ainsi que l'égalité prêchée ailleurs était pratiquée dans l'armée vendéenne. Il fut décidé que MM. de Lescure, de Marigny et Desessarts iraient avec Henri de La Rochejacquelein rejoindre l'armée, et que Mmes de Donnissan et de Lescure avec les autres femmes qui se trouvaient à Clisson, se rendraient dans le château de Laboulaye, situé au centre du pays insurgé, entre Châtillon et les Herbiers, et appartenant à M. d'Auzon.

Le lendemain, M. de Lescure annonça à sa femme par un billet qu'il allait venir avec quatre-vingts cavaliers qu'il devait conduire du côté de Parthenay. Il s'agissait de donner à cette ville une fausse alerte, afin de masquer une expédition que les Vendéens devaient faire dans une autre direction. Le château se trouvait rempli d'hommes armés et de paysans venus des villages d'alentour pour se réunir à l'armée vendéenne. Les femmes elles-mêmes arrivaient la bêche à la main, après avoir coupé les arbres de la liberté. Tous buvaient, mangeaient et criaient : Vive le Roi ! C'était comme une fête. Cette fête fut bientôt troublée par l'arrivée de quatre gardes nationaux de Bressuire qui, bien armés et à cheval, venaient chercher leurs femmes réfugiées au château de Clisson, pour les conduire à Parthenay. En voyant les chevaux qui remplissaient la cour dans laquelle ils entrèrent sans être aperçus,

car les Vendéens avaient la fâcheuse habitude de
ne jamais se garder militairement en posant des
sentinelles, ils crurent que M. de Lescure avait été
emmené par un parti républicain sorti de Parthenay. Ils dirent donc à un jeune gars de quinze ans,
qui se trouvait seul dans la cour : « Bonjour,
citoyen. » Les Vendéens aimaient peu cette ap-
pellation révolutionnaire. Le jeune gars reprit vivement : « Il n'y a pas de citoyen ici ; vive le Roi !
aux armes ! voici les Bleus. » On comprend le
tumulte que cette alerte causa. Les cavaliers vendéens sortirent, le sabre à la main, et se précipitèrent sur ces gardes nationaux. Heureusement que
Mme de Lescure et le marquis de Donnissan se
trouvaient à deux pas. Cette jeune femme, que
l'on a vue naguère encore si timide, se jeta résolument avec son père entre les gardes nationaux
et les sabres déjà levés sur leur tête. Elle expli-
quait aux Vendéens que ces hommes étaient venus
chercher leurs femmes au château de Clisson, et
que leurs intentions n'étaient pas mauvaises. Les
gardes nationaux à genoux demandaient grâce. Les
Vendéens étaient trop irrités pour comprendre le
récit que leur faisait Mme de Lescure. Ils hésitaient
cependant, à cause du respect qu'elle leur inspirait ; cela donna le temps à Henri de La Rochejacquelein d'arriver. Il harangua les paysans. Pendant ce temps, on réussit à faire entrer les gardes
nationaux dans le château ; on leur fit quitter leur
uniforme et prendre la cocarde blanche. Mais il

fallut de plus qu'ils vinssent cracher sur la cocarde tricolore et crier *Vive le Roi* pour apaiser les paysans, tant les têtes étaient montées.

Quand cette affaire fut arrangée, Mmes de Donnissan et de Lescure partirent pour Bressuire. En approchant de cette ville, elles rencontrèrent une partie de l'armée vendéenne. Les domestiques à cheval qui escortaient la voiture disaient leurs noms aux paysans ; aussi c'était sur leur passage un long cri de *Vive le Roi,* auquel elles répondaient de grand cœur. Ce vieux cri de la France, refoulé depuis longtemps dans les poitrines par l'intimidation et la violence, leur venait à chaque instant aux lèvres. C'était pour eux à la fois un cri de bonheur, de triomphe et de délivrance. Les Vendéens se sentaient libres quand ils criaient : *Vive le Roi !* Avant d'entrer à Bressuire, Mme de Lescure fut extrêmement édifiée de voir un assez grand nombre de paysans agenouillés devant un calvaire. Ils ne se détournèrent point pour regarder la voiture passer. Ils étaient tout à leurs prières. Ils apprenaient, au pied de ce calvaire, les deux vertus dont ils avaient le plus de besoin : le courage dans les périls, la patience dans les épreuves. Quand Mme de Lescure fut entrée à Bressuire, elle se promena dans la ville avec ses femmes. Les paysans lui demandaient son nom, et elle leur racontait son histoire. Elle leur disait comment elle était prisonnière, et comment leur arrivée l'avait sauvée. Ils étaient ravis d'avoir été les libérateurs d'une noble dame. Alors ces héros naïfs voulurent la présenter à leur fameuse pièce de canon, *Marie-Jeanne*, comme ils l'appelaient, qu'ils avaient couverte de rubans en signe de réjouissance. Elle les rendit heureux en se prêtant à leur désir, et elle embrassa même Marie-Jeanne, parce qu'ils l'en pressaient. Le 4 mai 1793, Mᵐᵉ de Lescure partait avec sa mère, sa tante, M. d'Auzon, M. et Mᵉˡˡᵉ Desessarts, pour le château de la Boulaye.

CHAPITRE SIXIÈME

PREMIÈRE PHASE DE LA LUTTE

Nous n'avons pas l'intention d'écrire l'histoire des guerres de la Vendée, à l'occasion de la vie que nous retraçons. Quelque belle que soit cette vie, le tableau serait trop étendu pour le cadre. En outre, M. de Lescure tint sa femme éloignée de la première partie de ces guerres. Tant qu'il y eut en Vendée un lieu sûr et à l'abri des excursions des Bleus, on y envoya les femmes et les enfants. Ce fut seulement lorsque la Vendée fut arrivée à la période de ses revers, que l'armée fut suivie par un cortége de femmes, d'enfants, de blessés, de vieillards, qui cherchaient à échapper aux révolutionnaires. A cette époque la Vendée fut tout entière où se trouvait l'armée : elle n'avait plus d'autre territoire que celui que couvraient ses soldats. Ceci explique comment Madame de Lescure, qui n'avait pas assisté aux victoires, assista aux défaites. Ces défaites, le marquis de Donnissan, son père, les avait prévues au milieu même des succès qui remplissaient d'espoir tous ceux qui l'entouraient. Il comprenait qu'il était bien difficile, presque impossible que la Vendée ne succombât pas. Ce qu'il y eût de merveilleux, c'est qu'elle triomphât si souvent avant de succomber, et qu'elle fit payer la victoire si cher aux révolutionnaires. Il faut en effet ajouter à la disproportion des forces déjà si considérable, puisque quatre départements à peine, luttaient contre lés dictateurs qui tenaient dans leurs mains toutes les armées de la France, la différence des ressources et des positions. Les révolutionnaires pouvaient, en effet, organiser à loisir leurs armées dans des départements où la guerre ne pénétrait pas. La Vendée, au contraire, était à la fois un camp et un champ de bataille. Non-seulement le pays s'épuisait, parce qu'il était obligé de produire, chaque jour, de nouveaux soldats, mais parce qu'il était le théâtre des ravages de la guerre. Les Vendéens ne pouvaient avoir la cohésion et la permanence des armées républicaines. Les paysans étaient contraints de défendre et à la fois de nourrir la Vendée. Après une victoire comme après une défaite, il fallait quitter le fusil pour prendre le manche de la charrue, ou la faulx du moissonneur, et quand on reprenait le fusil, souvent le fruit de la victoire était perdu.

Les conséquences de la défaite étaient devenues plus graves. Cependant, malgré cette inégalité de ressources, de forces, de situation, la Vendée résista à cinq invasions successives. Quatre fois elle dévora les armées républicaines qui venaient la dompter. Elle fit connaître la défaite à l'intrépide Kléber et à ses redoutables mayençais. On l'épuisa plutôt qu'on ne la vainquit. C'est dans les mémoires laissés par celle dont nous écrivons la vie, qu'on trouvera la peinture la plus exacte de cette grande lutte. Nul n'a mieux peint cette guerre, parce que nul n'a mieux partagé les sentiments de ceux qui la faisaient. C'est elle qui a dit dans ses mémoires : « Il n'y avait ni ambition, ni vanité. On se battait tous les jours, ou du moins à peu près; il ne restait pas de temps pour se disputer, pour soutenir des prétentions, pour les étaler en conversation. La diversité des conditions était oubliée. Un brave paysan, un bourgeois d'une petite ville, étaient les frères d'armes d'un gentilhomme; ils couraient les même dangers, menaient la même vie, étaient presque vêtus des mêmes habits et parlaient des mêmes choses qui étaient communes à tous. Cette égalité n'avait rien d'affecté, elle était réelle par le fait; elle l'était de cœur aussi pour tout honnête gentilhomme qui avait du sens. »

Si Mme de Lescure n'accompagna pas son mari sur les champs de bataille où il devait acquérir en si peu de temps une si grande gloire; — il fallait s'immortaliser vite en effet, car on vivait peu dans l'armée vendéenne, —les évènements de la guerre venaient du moins retentir dans sa retraite, remplie des mêmes espérances, agitée des mêmes craintes que le camp Vendéen. Quelle vie d'émotions, d'attente, d'anxiété, de joie, d'appréhensions, d'incertitude douloureuse, et par-dessus tout de prières ferventes et continuelles! La Vendée était partagée en deux moitiés : les hommes combattaient, les femmes, les enfants, les vieillards priaient. — «Mon Dieu, faites vaincre nos maris, nos pères, nos fils et nos frères! Mon Dieu, faites-les vaincre, mais aussi ramenez-les nous après la victoire, ô mon Dieu! Qui pétrira le pain de la femme de Cathelineau et de ses cinq enfants, si le Saint de l'Anjou ne rentre pas dans son humble demeure? Qui fauchera ces champs d'épis mûrs, si la main du pauvre métayer ouverte par la mort pendant qu'elle manie le mousquet, ne peut plus se fermer pour saisir le manche de la faulx suspendue au-dessus du foyer à la place accoutumée? Quoi! lorsqu'à la Pâque dernière, il vint embrasser sa femme et ses enfants et se joindre à sa famille pour recevoir le Pain des Forts, l'adieu qu'il adressa aux siens, aurait été un dernier adieu! Hélas! hélas! son nouveau né marche à peine et ses petites mains auront besoin longtemps encore pour s'appuyer, de la large et forte main de son père. Nous avons préparé la chemise blanche pour le chef de la famille, viendra-t-il la chercher, mon Dieu? Celle qu'il mit en partant n'est-elle pas devenu son linceul? Dieu des femmes, Dieu des mères, Dieu des enfants, ramenez-nous nos maris, nos frères, nos fils et nos pères ! »

Ainsi se lamente et prie le chœur des femmes vendéennes, et la prière et les larmes de Mme de Lescure se mêlent à ces larmes et à ces prières. Mais elle a aussi ses jours de consolation et de joie. Avec quelle fierté elle relève la tête quand elle entend raconter les premiers combats de son mari lors de la marche sur Thouars. Il est chargé de l'attaque du pont de Vrine qui traverse le Thoué, aux eaux verdâtres et dormantes. Le pont est fortement barricadé et défendu par les bataillons de la Nièvre et du Var. Une artillerie en bonne position commande le terrain d'attaque. Après une forte canonnade qui a épuisé les munitions, Henri de La Rochejacquelein s'est un moment éloigné de son cousin pour aller chercher de la poudre. Dans ce moment même, Lescure croit apercevoir quelques symptômes d'hésitation chez les Bleus. Son courage n'a rien de commun avec celui de La Rochejacquelein quoiqu'il soit aussi intrépide. C'est un héroïsme de sang-froid qui calcule ses témérités, que l'impétuosité de son caractère n'emporte pas, mais qu'aucun péril n'arrête quand il y a intérêt pour sa cause à braver ce péril. Avec le coup-d'œil d'un général, il a jugé qu'on n'emporterait pas le pont si l'on s'en tenait à cette canonnade impuissante qui dure déjà depuis longtemps sans rien décider. Il saisit un fusil armé d'une baïonnette et s'engage sur le pont au milieu d'une grêle de mitraille et de balles. Personne ne l'a suivi. Il se retourne alors, revient aux siens, les exhorte, les appelle et s'élance de nouveau sur le pont. Il est seul encore, ses habits sont percés de balles. Rien ne peut le décourager. Il revient encore à ses soldats, leur montre la barricade et s'élance de nouveau à la charge. Cette fois un paysan l'a suivi. Henri de La Rochejacquelein qui arrive en cet instant avec Forest, court à son aide ; ces quatre hommes, comme les héros des romans de chevalerie, traversent au pas de course le pont de Vrine qui a quatre-vingts pieds de longueur. Les républicains multiplient leur feu, le paysan est blessé, mais les trois chefs arrivent jusqu'à la barricade. A cet aspect les paysans éprouvent un sentiment de honte ; ils s'encouragent les uns les autres, ils s'ébranlent, ils se précipitent, le pont est emporté. Les vainqueurs et les vaincus arrivent presqu'en même temps à Thouars. Lescure et son cousin Henri sont toujours en tête de la poursuite. La ville de Thouars n'avait pour enceinte qu'un vieux mur mais on n'avait ni échelles ni canons, tant on s'était hâté dans la poursuite. N'importe, Lescure et La Rochejacquelein veulent donner l'assaut. Alors Henri se fait hisser sur les épaules du brave Toussaint Texier, l'un des plus grands et des plus vigoureux gars de la paroisse de Courlay. Atteignant ainsi le faîte de la muraille à un endroit où elle était dégradée, il tire quelques coups de fusil et se met à arracher des pierres avec ses mains. Cette manière épique de faire une brèche ne ressemble-t-elle pas à tout ce que vous avez lu de Renaud et de Tancrède, dans le Tasse? Lescure et Henri de La Rochejacquelein réussissent pourtant à passer par cette brèche faite à force de bras; ils sont suivis, la ville est prise.

C'est ainsi que M. de Lescure paya sa bienvenue, à l'armée vendéenne. On comprend quelle était la joie de Madame de Lescure, en apprenant la belle conduite de son mari. Elle était ravie de voir ce grand cœur qu'elle lui connaissait, paraître aux yeux de tous. Elle n'était pas moins touchée en apprenant sa conduite avec le général républicain Quetineau qui avait été obligé de se rendre. Lescure qui oubliait toujours les injures, jamais un bon office, se souvint que Quetineau qui commandait à Bressuire, avait eu la générosité de l'y laisser quand les républicains avaient été contraints d'en sortir, afin de ne pas l'exposer à être massacré par les Marseillais. Lescure fit donner à Quetineau sa liberté en lui demandant seulement sa parole, de ne point porter les armes contre les Vendéens, tant qu'un échange ne l'aurait pas affranchi de sa promesse; mais il lui conseilla de ne pas retourner avec les républicains qui, malgré le courage dont il avait fait preuve, ne lui pardonneraient pas son revers. Quetineau qui était un homme de cœur, tout en le remerciant de son avis, refusa de le suivre : « Monsieur, lui dit-il, si je m'en allais avec vous, je passerais pour un traître. On dirait que j'ai livré la ville,

quoique je n'aie signé la capitulation qu'au moment
où elle était prise d'assaut. » C'est ainsi que l'honneur et le courage se retrouvaient sous les drapeaux français qui se heurtaient dans ces luttes
civiles. Les chefs vendéens traitèrent le général républicain Quetineau avec les plus grands égards ; Bonchamp voulût partager sa chambre avec lui. Les
paysans plus défiants et pleins d'alarme pour la vie
de leur chef, ne pouvaient comprendre qu'il se con-
fiât ainsi à un républicain. Bonchamp reçut fort
mal leurs représentations offensantes pour son hôte.
Mais, quand la nuit fut venue et que tout le monde
fut profondément endormi, le garde-chasse de Bonchamp, se glissant furtivement dans la chambre,
vint, comme un chien fidèle, se coucher par terre
au pied du lit de son maître. Pendant ce temps-là
les autres paysans veillaient dans l'escalier tout prêts
à entrer dans la chambre à la première alerte. Bonchamp, mécontent de cette défiance, mais touché
de cette affection, ne put gronder ces braves gens,
sans en même temps les remercier.

C'est ainsi que tous les évènements heureux ou
malheureux qui se passaient dans l'armée vendéenne
venaient retentir au château de La Boulaye où se
trouvait Mme de Lescure. Elle apprit donc les détails
de la journée du 16 mai 1793, dans laquelle les
Vendéens attaquèrent inutilement la ville de Fontenay, et éprouvèrent une défaite qui aurait été un désastre, si Lescure et La Rochejaquelein qui commandaient l'aile gauche que les républicains ne purent

entamer, n'avaient pas couvert la retraite précipitée
du centre et de la droite. Cet échec ne découragea
pas les Vendéens, qui avaient perdu cependant
leurs munitions et leurs canons, et même Marie-
Jeanne qu'ils regardaient comme un talisman de
victoire. Mme de Lescure apprit bientôt, que, le
25 mai, la grande armée vendéenne un moment
dispersée, s'était rassemblée de nouveau pour marcher contre Fontenay. La plupart des soldats n'a-
vaient pas de cartouches. Les chefs leur disaient :
« Mes enfants, il n'y a pas de poudre; il faut prendre les canons avec des bâtons ; il faut reprendre
Marie-Jeanne; c'est à qui courra le mieux. » Ainsi
firent les paysans; les batteries furent emportées
au pas de charge, et la nouvelle d'une grande victoire arriva bientôt au château de La Boulaye. Mme de
Lescure eut encore le droit d'être fière. Lescure,
dans cette bataille de Fontenay, s'était une fois de
plus couvert de gloire. Comme à la première attaque, ses paysans hésitaient. Il s'élance seul contre
une batterie de six pièces qui tiraient à mitraille ;
ses habits sont percés, sa botte droite est déchirée,
son éperon emporté; mais il n'est pas blessé. Alors
il se tourne vers les siens : « Mes amis, leur dit-il,
vous le voyez, les bleus ne savent pas tirer. » A
ces mots, les paysans s'élancent sur ses traces;
mais à mi-chemin de la batterie, ils rencontrent
un calvaire, et tous, sans se préoccuper du canon
qui tonne, tombent à genoux. Un des lieutenants
de Lescure veut les faire lever. Mais celui-ci qui sait

à quelle source les Vendéens puisent leur courage, lui dit tranquillement : « Laissez-les prier. » Ils prient, ils se relèvent, courent à la batterie et l'emportent.

Pendant ce temps, Henri de La Rochejaquelein tombe sur le flanc de l'aile gauche de la cavalerie et l'enfonce, la bataille est gagnée. C'est Lescure qui entre le premier à Fontenay. Ses paysans hésitent à le suivre; il avance sans être suivi. Ce n'est point par témérité de caractère qu'il s'expose ainsi, c'est par bonté de cœur. Il sait que les prisons de la ville regorgent de royalistes, il craint qu'avant de s'enfuir, les républicains ne les massacrent. Il se hâte d'arriver pour ne pas arriver trop tard. Il connaît d'expérience les angoisses de l'attente quand on est captif et qu'on ne peut être sauvé que par la victoire de ses amis : il veut rendre aux prisonniers de Fontenay le service que Henri de La Rochejaquelein a rendu aux prisonniers de Bressuire. Poursuivant sa course sans faire attention aux Bleus qui fuient et jettent leurs fusils qui partent sous les pieds de son cheval, Lescure arrive aux portes de la prison; il ordonne de par le Roi que ses portes soient ouvertes, que les prisonniers soient libres. Ils attendaient la mort, et se barricadaient déjà pour vendre au moins chèrement leur vie, lorsque leur libérateur paraît. Quelle joie mutuelle! quel noble triomphe pour ce héros chrétien! quel bonheur aussi pour Mme de Lescure! Cette victoire de Fontenay a relevé d'un seul coup les affaires vendéennes. Canons, munitions, vivres, armes, rien ne leur manque à présent. Pour comble de bonheur, Marie-Jeanne, malgré la résistance énergique des républicains, a été reprise. Pour les paysans, c'est le plus beau trophée de la journée. Les vainqueurs se montrent généreux ; ils n'appliquent pas la cruelle loi des représailles aux trois mille prisonniers républicains qui sont demeurés dans leurs mains, et cependant dans la situation où ils sont, ils ne peuvent garder de prisonniers. Que faire donc? Le marquis de Donnissan a ouvert un avis qui, sur-le-champ, a été adopté : on tondra les prisonniers républicains et on les punira s'ils sont repris les armes à la main.

Ce fut un amusement pour les paysans que de voir tomber leurs cheveux sous les ciseaux. C'était une singulière guerre. Quand une victoire venait d'être remportée, il semblait aux paysans que tout était fini. Il fallait qu'ils revinssent chez eux, qu'ils allassent chanter un *Te Deum,* revoir leurs femmes, leurs enfants, donner un coup d'œil à leurs granges et à leurs étables. Mais s'ils s'éloignaient, ce n'était pas sans esprit de retour. Lescure, qui a profité de cet instant de répit pour aller passer quelques jours avec sa femme au château de La Boulaye, se retrouve bientôt à la tête des siens. Le voilà devant Saumur. Selon son habitude, pour entraîner les paysans, il paie de sa personne. Il franchit le pont de Fouchard, quand une balle l'atteint au bras. En le voyant couvert de sang, les paysans lâchent pied ; mais lui, toujours intrépide, se fait bander le bras avec des mouchoirs, leur crie que ce n'est rien, et ne quitte pas le feu. Cependant une charge de cuirassiers achève de porter la terreur parmi les paysans. Ils ne savent comment arrêter ces colosses de fer qui s'avancent invulnérables sous leurs balles. Ils fuient donc, et leur retraite va devenir une déroute lorsque, à l'autre extrémité du pont Fouchard, deux caissons, venant à verser, forment une barricade naturelle derrière laquelle s'embusquent de bons tireurs. Ne pouvant abattre les hommes, ils visent aux chevaux : une batterie, placée par M. de Marigny, achève de foudroyer cette cavalerie. Le combat se rétablit ; les Bleus fuient.

Pendant ce temps, Henri de La Rochejacquelein a attaqué le camp républicain établi dans les prairies de Varin. Il a jeté son chapeau dans le retranchement en criant : « Qui va me le chercher ? » C'est le mot de Condé en face des retranchements espagnols. Où allait-il prendre, ce simple jeune homme, ces façons de parler héroïques ! La suite ne démentit pas cette éloquence à la Condé. Henri s'est précipité le premier, le camp est forcé. Aussitôt il se met à la poursuite des républicains, lui deuxième ; il entre dans la ville au galop, la traverse avec M. de Beaugé et voit toute l'armée des Bleus fuyant sur le grand pont de la Loire. Un dragon républicain eut seul, dans cette armée en fuite, l'idée de revenir sur ces deux hommes ; il leur tira

un coup de pistolet presque à bout portant, il les
manqua. Henri l'abattit d'un coup de sabre. Les
batteries du château qui se défendait encore, leur
envoyèrent plusieurs volées. M. de Beaugé, blessé
d'une forte contusion, fut jeté par terre ; La Rochejacquelein le remit à cheval. Ils trouvèrent des pièces
abandonnées, et tournèrent contre le château deux de
ces pièces qui étaient chargées. On eût dit que ces
deux hommes voulaient prendre Saumur à eux seuls,
et renouveler ces histoires des anciens âges, où l'on
voit deux chevaliers mettre en fuite toute une armée.
Enfin ils sont rejoints par l'armée, le château de
Saumur capitule, les Vendéens restent maîtres de
la ville pendant que les Bleus fuient sur la route de
Tours. Cette victoire du 9 juin 1793 était une
grande victoire. Des troupes régulières, des généraux destinés à une renommée historique, entr'autres Berthier et Menou, avaient été battus par une
armée de paysans. En cinq jours de combats les
Vendéens n'avaient pas fait moins de onze mille
prisonniers. Ils ne pouvaient pas les garder, ils ne
voulaient pas les tuer ; ils les tondirent et les ren-
voyèrent.

Lescure apprit que Quetineau, enfermé dans la
citadelle de Saumur par les républicains, attendait
son jugement, il le fit venir dans la chambre où il
était retenu par sa blessure dont il souffrait cruellement : — « Eh bien, Quetineau, lui dit-il, vous
voyez comment vous traitent les républicains, vous
voilà accusé, traîné dans les prisons, vous périrez

sur l'échafaud. Venez avec nous pour vous sauver ; nous vous estimons malgré la différence des opinions, et nous vous rendrons plus de justice que vos patriotes. — Monsieur, répondit Quetineau, si vous me laissez en liberté, je retournerai me consigner en prison ; je me suis conduit en brave homme, je veux être jugé. Si je m'enfuyais, on croirait que je suis un traître et je ne puis supporter cette idée. » Puis il ajouta avec un retour vers les sentiments de la nature qui, sans rendre son stoïcisme politique moins méritoire, y mêle un intérêt touchant : « D'ailleurs, en vous suivant, j'abandonnerais ma femme et on la ferait périr. » Lescure n'insista plus et Quetineau ajouta avec l'accent d'une profonde tristesse : « Messieurs, voilà donc les Autrichiens maîtres de la Flandre, vous êtes aussi victorieux, la contre-révolution va se faire ; la France sera démembrée par les étrangers. » M. de Lescure lui dit alors que les royalistes ne le souffriraient jamais, et qu'ils se battraient pour défendre le territoire français. — Ah ! messieurs, s'écria Quetineau, c'est alors que je veux servir avec vous. J'aime la gloire de ma patrie ; voilà comme je suis patriote. »

Ici l'admiration se partage entre cette tristesse républicaine qui gémit de voir le territoire envahi, et cette indignation royaliste qui proteste qu'elle saura le délivrer. Cœurs généreux, divisés par les opinions, mais tous deux dévoués à la France ; tous deux prêts à mourir plutôt que de la voir humiliée

et amoindrie! Ce noble républicain et ce noble
royaliste se retrouvaient Français, quand il s'agissait de maintenir l'intégrité du territoire, et l'unité
des cœurs se refaisait pour protéger l'unité maté-
rielle de la France. Après cette conversation, Lescure et Quetineau se quittèrent. Ils ne devaient plus
se revoir. Les champs de bataille attendaient le
premier; les insatiables échafauds de la république
réclamaient le second. La blessure de Lescure était
grave, on craignit même un moment que l'ampu-
tation du bras ne devint nécessaire. Un jeune
chirurgien des armées de la république, Canuet,
fait prisonnier pendant qu'il secourait les blessés
sur le champ de bataille, s'opposa seul à l'opéra-
tion. Il avait le sentiment de la dignité de sa noble
profession qui ne connaît plus ni amis ni ennemis
politiques quand la souffrance s'est assise au chevet
auprès duquel on l'appelle; les blessés à ses yeux
n'avaient plus de drapeau. Il avait parlé en conscience, et Lescure qui croyait facilement à la
noblesse du cœur, eut à se féliciter d'avoir suivi les
conseils du chirurgien patriote.

L'état de souffrance de Lescure fut cause que le
conseil des chefs Vendéens se tint dans sa chambre.
Il avait passé sept heures à cheval malgré sa blessure, et ses souffrances étaient si vives que tous les
généraux lui conseillèrent de se retirer quelque
temps au château de La Boulaye pour se faire soigner. Avant de se résoudre à suivre cet avis, il dit
aux officiers : « L'insurrection prend trop d'impor-

tance, nos succès ont été trop grands pour que
l'armée continue à rester sans ordre ; il faut nommer un général en chef. Comme tout le monde
n'est pas rassemblé, sa nomination ne saurait être
que provisoire, je donne ma voix à M. Cathelineau. » L'assemblée ratifia ce choix à l'unanimité. A
l'heure où nous parlons, les demeurant de la famille
Cathelineau possèdent encore la feuille de papier,
jaunie par le temps et tachée par l'humidité de la
cache où elle fut longtemps enfouie, sur laquelle on
lit le procès-verbal de cette mémorable délibération. Il est ainsi conçu : « Aujourd'hui 12 juin 1793,
l'an premier du règne de Louis XVII, nous sous-
signés, commandant les armées catholiques et
royales, voulant établir un ordre stable et convenable dans notre armée, nous avons arrêté qu'il
sera nommé un général en chef de qui tout le
monde prendrait l'ordre. D'après le scrutin, toutes
les voix se sont portées sur M. Cathelineau qui a
commencé la guerre, et à qui nous avons tous
voulu donner des marques de notre estime et de
notre reconnaissance. En conséquence il a été arrêté que M. Cathelineau serait reconnu en qualité
de généralissime et que tout le monde prendrait
l'ordre de lui. — Fait à Saumur en conseil au
quartier général, lesdits jour et an que dessus. —
Signé : Lescure, Bernard de Marigny, Stofflet, de
Beauvollier (aîné), Dehargues, de Laugrenière, de
Laville de Beaugé, de La Rochejacquelein, de Beauvollier (le chevalier), d'Elbée, Duhoux d'Hauterive,

Tonnelet, Dessessarts, de Boissy, de Bonchamp. »

Quelques autres noms ont disparu sous la rouille du temps qui efface toutes choses; celui du marquis de Donnissan, les mémoires de sa fille en font foi, était du nombre. Ce que le temps n'effacera pas, c'est ce témoignage donné au respect de la véritable égalité par les chefs de l'armée qu'on appelait l'armée du privilége. Cathelineau avait été le premier au péril, ses compagnons voulurent qu'il fut le premier à l'honneur. Le conseil des armées vendéennes composé, en grande majorité de gentilshommes, élut pour généralissime un paysan. Ce choix que Lescure eut le bon esprit et la justice de proposer, fut accueilli avec un sympathique enthousiasme dans le Bocage. Les paysans comprirent que c'était eux-mêmes qu'on honorait dans la personne du glorieux voiturier de Pin-en-Mauges. Par un singulier contraste, tandis que les armées royalistes de la Vendée étaient conduites par un paysan, l'armée républicaine qui venait attaquer la Vendée, était commandée par le duc de Biron, déserteur de la cause de la royauté et transfuge de son ordre. Cette époque étrange est pleine de ces confusions.

Tous ces grands évènements allaient disparaître pour Madame de Lescure dans une seule nouvelle : « M. de Lescure est blessé! » Cet homme d'une bravoure héroïque sur le champ de bataille, était plein d'une tendre compatissance pour la faiblesse de sa jeune femme. Il avait défendu à tous ses amis de lui écrire qu'il était blessé ; il voulait le lui apprendre lui-même, pour que sa vue la rassurât. Quand il arriva au château de Laboulaye, elle n'y était pas ; elle était allée au-devant de sa petite fille, qui était restée avec sa nourrice dans la paroisse de Courlay, et qu'elle voulait faire venir au château. Comme les chemins étaient impraticables, elle était partie à cheval ; mais elle avait si peur, c'est elle qui l'a raconté, qu'un homme à pied lui tint la bride pendant toute la route. Elle était à Pommeraye-sur-Sèvre, et elle dînait, quand un exprès lui apporta une lettre de M. de Lescure, qui, arrivé à Laboulaye, avait voulu lui écrire lui-même. A la lecture de cette lettre, cette jeune femme si faible et si tremblante tout-à-l'heure, n'a plus qu'une pensée, celle de revoir son mari. Qui sait ? par pitié pour elle, il l'a trompée peut-être ! Cette blessure qu'on dit légère, est peut-être mortelle. Elle s'élance hors de la maison, et trouvant un petit cheval dans la cour, elle se met à la hâte en selle, et sans donner le temps d'appareiller les étriers inégaux, elle part au galop, et franchit en trois quarts-d'heures une distance de trois grandes lieues, par les plus affreux chemins. « Depuis, ajoute-t-elle avec une touchante modestie, je n'ai eu aucune frayeur de monter à cheval. »

Madame de Lescure trouva son mari debout, mais en proie à une fièvre ardente. Il ne profita pas moins de ce répit pour chercher à nouer des rapports avec Charette, auquel il écrivit pour le féliciter de la prise de Machechoult. Charette lui répondit en félicitant la grande armée du dernier succès qu'elle venait d'obtenir à Saumur. Les relations se trouvèrent ainsi établies entre la grande armée et celle de Charette, et l'on combina ensemble des expéditions dans un intérêt général. Le repos forcé de Lescure, profitait donc encore à la cause de la Vendée. C'est ainsi que l'on concerta avec Charette une attaque contre Nantes. La possession de Nantes était extrêmement importante pour l'armée de ce dernier, car c'était de cette ville que sortaient tous les corps expéditionnaires que la Révolution lançait contre le Bas-Poitou. L'armée de Charette devait donc se trouver au grand complet, lorsqu'on attaquerait un point si important pour elle. Les paysans de la grande armée vendéenne, au contraire, étaient obligés, pour aller attaquer Nantes, de s'éloigner beaucoup de chez eux. Ce n'était pas de ce côté que venaient les corps révolutionnaires lancés contre le Bocage. Les chefs avaient un motif politique pour attaquer Nantes. Ils espéraient par la prise de cette ville, déterminer le soulèvement de la Bretagne entière. Mais les motifs politiques n'étaient pas ceux qui agissaient le plus puissamment sur les paysans. Ils étaient admirables d'héroïsme, quand il s'agissait de combattre pour leurs autels et pour leurs foyers ; mais ils interrogeaient d'un œil inquiet, la longue distance qui les séparait de Nantes. Un autre motif contribuait à rendre leur empressement moins grand : plusieurs des chefs dans lesquels ils avaient le plus de confiance, ne pouvaient prendre part à l'expédition. Lescure était blessé, La Roche-Jacquelein avait accepté, quoique avec répugnance, la mission de conserver la ville de Saumur, mission d'autant plus difficile, que la plupart des paysans l'abandonnaient successivement pour retourner chez eux. On ne peut pas dire qu'ils désertassent, car ils étaient bien décidés à reprendre les armes, quand il s'agirait de combattre les Bleus; mais ils ne pouvaient se résoudre à demeurer éloignés de leurs familles, pour tenir garnison dans une ville.

De graves obstacles, on vient de le voir, s'opposaient au succès de l'expédition contre Nantes. L'armée de Cathelineau ne comptait guère que vingt mille hommes quand elle arriva devant la ville; c'était cependant cette armée qui devait opérer la principale attaque que Charette, séparé de Nantes par plusieurs bras de la Loire, ne pouvait qu'appuyer. Malgré ces obstacles, on faillit réussir. L'intrépide Cathelineau, qui attaquait la porte de Vannes, sur la rive droite de la Loire, voyant, vers la fin de la journée, qu'il faut faire un effet décisif, s'entoure de ses parents et de ses amis comme d'un bataillon sacré; et, après leur avoir adressé quelques-unes de ces paroles énergiquement éloquentes qui viennent du cœur et vont au cœur, il fait comme eux un grand signe de croix, et se précipite à leur tête contre les retranchements. Rien ne peut résister à cette attaque impétueuse. La batterie qui défend le faubourg est emportée. Cathelineau

arrive avec les siens jusqu'à la place des Viarmes ;
les Bleus commencent à fuir par la porte de Vannes ; un cri s'élève : « *Les brigands sont entrés :
nous sommes perdus !* » Un effort de plus, Nantes
est aux royalistes. Mais le prince de Talmont, par
une ardeur inconsidérée, charge les fuyards qui
sortent par la porte de Vannes, quoiqu'il eût été
décidé qu'on laisserait cette route ouverte à la fuite,
pour ne pas contraindre les républicains à une défense désespérée. Presque en même temps, Cathelineau est atteint d'une balle qui, après lui avoir
fracassé le bras, va se perdre dans la poitrine. Il
tombe, et le courage des siens tombe avec lui,
comme si tous avaient été frappés. Ils ont perdu
l'espoir de prendre Nantes ; leur âme consternée
n'a plus de ressort. En vain les généraux leur demandèrent un dernier effort qui mettra Nantes dans
leurs mains : ils sont tout entiers à leur douleur, et
se retirent en emportant leur général. Les autres
corps sont obligés de suivre ce mouvement ; l'attaque de Nantes est manquée.

Ce qu'il faudrait pouvoir peindre, ce sont les émotions et les angoisses qu'éprouvèrent, pendant ce long
et infructueux combat, les royalistes qui habitaient
la ville de Nantes, courbée alors sous l'homicide
dictature de Carrier. A l'aide de renseignements
intimes fournis par une main amie, nous essaierons
au moins d'esquisser la situation de cette ville malheureuse, et, en peignant la situation d'une famille,
de faire entrevoir un coin de cet effroyable tableau.

A cette époque, une famille royaliste habitait le premier étage d'un hôtel situé au coin de la rue Saint-Clément et de la place qu'on devait appeler plus tard la place Louis XVI. Cet hôtel, que la marquise de Becdelièvre occupait avec ses enfants, faisait face à l'hôtel de Belle-Ile, où Carrier avait établi le quartier général de ses meurtres. La maison des proscrits n'osait regarder la maison du proscripteur en face; on avait soin de tenir les croisées hermétiquement fermées, comme si elles eussent donné sur un endroit pestiféré. Parmi les filles de Mme de Becdelièvre, il s'en trouvait une qui, sans égaler les longs jours de celle dont nous écrivons la vie, devait égaler ses vertus et ses malheurs (1). Quand par hasard les volets de ces fatales croisées restaient entr'ouverts, si l'on venait par malheur à s'en approcher, savez-vous quels spectacles la marquise de Becdelièvre et ses filles avaient sous les yeux? C'était comme un flux et un reflux de victimes qui, de tous les côtés de la ville, étaient amenées à Carrier, et qui, de la maison de Carrier, allaient à l'échafaud dressé sur cette même place; car quiconque avait vu Carrier ne devait plus voir que le bourreau, et de toutes les paroles qu'avait sues cet homme, il n'en savait plus qu'une, aussi courte que terrible : La mort! La terreur

---

(1) Elle épousa plus tard M. de Bourmont, en 1830, maréchal de France. Nous devons ces renseignements à M. le comte Charles de Bourmont.

éloignait donc Mlle de Becdelièvre, ainsi que sa mère et ses sœurs, de cette fatale croisée ; mais un intérêt douloureux l'y ramenait quelquefois. Ceux que l'on conduisait à l'échafaud, c'étaient peut-être ses amis, ses proches. Si elle pouvait du moins leur adresser un dernier regard, et dans ce dernier regard, un dernier adieu ! Et puis, dans ces temps homicides, on n'était sûr de la vie de ses amis, de ses parents, que lorsqu'on ne les avait pas vus mourir.

Plusieurs fois donc Mlle de Becdelièvre et, avec elle, les habitantes, disons mieux, les captives de l'hôtel, jetèrent un coup d'œil sur cette terrible place où se dénouaient dans le sang tant et de si horribles tragédies. Plusieurs fois elles reconnurent des parents, des amis, dans ces malheureuses victimes qu'on traînait au supplice ; et c'est ainsi que Mlle de Becdelièvre, éperdue, palpitante de douleur encore plus que d'effroi, vit passer Mme de la Biliais qui marchait à l'échafaud avec ses deux filles, dont la plus jeune n'avait pas encore seize ans. Dans ces temps horribles, c'était peu qu'une mort ; et pour tuer deux fois les mères, on les obligeait à voir mourir leurs enfants avant de leur accorder à elles-mêmes le coup fatal. L'aînée des filles de Mme de la Biliais était donc morte tranquillement, courageusement, comme mouraient dans ce temps-là les chrétiennes et les royalistes. Quand ce fut le tour de la seconde, l'amour de la vie, si belle et si riante à cet âge, lui revint ; elle jeta un coup d'œil de regret sur sa verte jeunesse moissonnée dans sa fleur,

comme la captive sur laquelle André Chénier laissa
tomber ses larmes et ses vers, avant d'aller lui-
même où allaient, à cette époque, le génie comme
la beauté, l'innocence et la vertu. Se tournant vers
sa mère, cette jeune fille, qui n'était encore qu'une
enfant, lui dit avec un accent profond : « Oh !
maman, il faut donc mourir ! » Alors Mme de la
Biliais se redressa comme la mère des Machabées :
« Mon enfant, lui dit-elle, regarde ce beau ciel où
nous serons tous bientôt réunis ! » Alors la jeune
enfant fit son sacrifice ; elle monta résolument le
fatal escalier, et mourut en chrétienne. Quelques
instants après, sa mère, posant sa tête sur le billot
où étaient tombées ces deux têtes si chères, allait
rejoindre ses filles dans le sein de Dieu.

Voilà les douloureux spectacles que Mlle de Becdelièvre avait sous les yeux à Nantes, pendant que
Mme de Lescure avait sous les yeux le terrible spectacle de la guerre. C'est ainsi que son cœur s'affer-
missait, et qu'elle s'accoutumait à regarder en face le
malheur et le péril. Dans l'intérieur de l'hôtel qu'elle
habitait, elle trouvait des épreuves aussi grandes
et des enseignements aussi beaux. La marquise de
Becdelièvre cachait alors chez elle son beau-frère,
le chevalier de la Roche-Saint-André, dont les deux
frères combattaient en Vendée, ce qui rendait son
nom suspect et le faisait rechercher. Tous les jours de
nouvelles visites domiciliaires venaient troubler cette
demeure dénoncée par la vertu de ceux qui l'habitaient comme un asyle ouvert aux proscrits et aux

malheureux. Chaque fois qu'on frappait, la marquise de Becdelièvre appelait ses enfants autour d'elle, et leur disait : « Allons, mes chers enfants, recommandons-nous au bon Dieu avant d'ouvrir, car sans doute notre tour est arrivé, et l'on vient nous chercher. » C'est ainsi que Mlle de Becdelièvre vivait dans l'attente de la mort. Telle était, dans ce temps-là, la situation de toutes les familles chrétiennes et royalistes de Nantes, nous pourrions dire de la France, et en traçant cette histoire particulière, c'est l'histoire générale que nous écrivons.

Par un conseil de la Providence, la famille de Becdelièvre fut sauvée, et Dieu qui se sert de tous les instruments, employa à cette œuvre un des auxiliaires les plus furieux du grand exterminateur de la Vendée. Joly, cet homme plein de fanatisme révolutionnaire, qui était un des auxiliaires de Carrier, se trouvait avoir épousé une ancienne femme de chambre de la marquise de Becdelièvre. Cette femme ayant conservé pour son ancienne maîtresse un respectueux attachement, employait toute l'influence qu'elle pouvait avoir sur son mari à l'empêcher de dénoncer la marquise et ses filles. Quelque chose de plus, il devint secrètement leur protecteur. Cet homme qui avait commis tant de meurtres, n'était pas étranger à tout sentiment d'humanité ; chez lui les excès révolutionnaires étaient une affaire de fanatisme, et non un goût naturel pour le sang. Il se mettait donc à la tête des bandes insurgées, pour faire les visites domiciliaires qui recommençaient tous les jours, et souvent se renouvelaient plusieurs fois dans la même journée ; comme ceux qui le suivaient, il entrait le sabre à la main, les manches retroussées, souvent couvert de sang, l'injure et la menace à la bouche ; mais si quelques-uns de ses féroces suivants, proposaient d'en finir avec les aristocrates, et de conduire la marquise et ses filles au comité révolutionnaire, il les en dissuadait en disant : « A quoi bon ? Elles n'ont rien, pas même de pain, ma femme est obligée de leur apporter quelquefois un peu de riz par pitié, pour qu'elles ne meurent pas de faim. D'ailleurs, nous les retrouverons toujours ; si elles bougent, ce sera bientôt fini. » Alors la troupe homicide se retirait en annonçant qu'elle reviendrait le lendemain.

C'est ainsi que Joly sauvait Mme de Becdelièvre et ses filles en les menaçant. Cependant Mlle de Becdelièvre faillit succomber à cette vie terrible qui se composait de serrements de cœurs et d'agonies ; ces secousses sans cesse renaissantes, ces poignantes émotions altérèrent profondément sa santé. Une toux continuelle faisait craindre que sa poitrine ne fut attaquée. Pour mettre le comble à la douleur de sa mère, dans la triste situation où elle se trouvait, il était impossible de donner à Mlle de Becdelièvre les soins qu'aurait exigés son état. Tous les biens de sa famille étaient sous le séquestre, et c'est à peine si l'on pouvait se procurer chaque jour, un peu de pain noir à moitié cuit. Tout manquait à la fois. On était trop pauvre pour se chauffer et c'est à peine si l'on était vêtu. Pendant le rigoureux hiver de 1793, Mlle de Becdelièvre et ses sœurs portèrent pour tout vêtement une petite robe d'indienne d'une étoffe si légère qu'elles étaient toutes transies. La vie qu'elles menaient était profondément triste. Elles n'auraient pu sortir de chez elles, sans marcher dans le sang. Pour éviter ce spectacle de mort, elles se tenaient constamment enfermées, et au fond de cette solitude leurs heures s'écoulaient dans une douloureuse monotonie de craintes, de regrets et de pressentiments sinistres.

Qu'on se représente ce que ressentirent, ce que souffrirent la marquise de Becdelièvre et ses filles pendant l'attaque de Nantes par les Vendéens! Quelle attente affreuse ! Quelle anxiété ! quelles craintes ! Quand le bruit du canon approche, quelles espérances! Quand il s'éloigne, quel désespoir! Est-ce l'heure de leur délivrance qui va sonner? Est-ce l'heure de leur mort? Ces décharges dont le bruit arrive à leurs oreilles atteignent peut-être leurs amis, leurs parents les plus chers. Elles écoutent en retenant leur haleine ; elles ont peur du bruit, peur du silence, et c'est à peine si elles conservent la force de prier. Enfin la nouvelle du triste dénouement de ce fatal combat arrive jusqu'à elles par les cris de triomphe des révolutionnaires. Les Vendéens sont repoussés, Nantes est sauvé ! C'est-à-dire que l'échafaud est toujours debout, que le sang continue à couler, que la marquise de

Becdelièvre et ses filles sont hors la loi, que les honnêtes gens sont perdus !

Il nous suffira d'ajouter que cette famille fut encore sauvée par Joly. Il fallut bien des démarches, mais ce sanglant protecteur était au-dessus du soupçon par sa mauvaise renommée, et la force qu'il avait acquise dans le mal, servit cette fois au bien. Il obtint des passeports à la marquise de Becdelièvre et à ses filles, mais il leur fut notifié qu'elles auraient à se présenter devant le tribunal révolutionnaire, pour que leur identité fut constatée et qu'on leur délivrât des passeports. Il fallut se décider. Le chemin qui conduisait à ce grand atelier de massacres était semé de cadavres : la cour, le vestibule, l'escalier de cet hôtel qui est aujourd'hui celui de la préfecture de Nantes, en étaient remplis, digne avenue d'un édifice où la révolution en permanence fabriquait ses arrêts de mort ! Mme de Becdelièvre et ses filles passèrent en frémissant, à travers ces corps mutilés : c'étaient ceux des royalistes qu'on avait égorgés, et qu'on n'avait pas pris la peine d'enlever.

Parmi ces malheureux, il y en avait qui respiraient encore, et on laissait là, avec une cruelle indifférence, les mourants avec les morts. En même temps que Mme de Becdelièvre et ses filles entraient dans la salle du tribunal, un grand nombre de personnes y étaient introduites pour le même objet. Immédiatement avant elles, on appela M. Cébert, qui se présenta accompagné de sa femme. Au moment où son passe-port allait lui être délivré, une voix s'éleva dans l'assemblée et s'écria : « Celui-ci est un brigand! » Cette parole suffit. Au lieu d'un passe-port, les juges signèrent une sentence de mort; et sans autre preuve, sans qu'on sût même qui accusait, et si l'accusé avait quelque chose à dire pour sa défense, il fut immédiatement conduit à l'échafaud, malgré les supplications de sa femme, dont on entendait les cris déchirants.

Voilà quelle était la situation de Nantes au moment où l'armée vendéenne, découragée par la mort de Cathelineau, renonçait à prendre ou plutôt à délivrer cette malheureuse ville.

Au moment où ces nouvelles arrivaient à M. de Lescure, le Bocage était menacé par une armée républicaine commandée par le duc de Lauzun-Biron ; et Mme de Lescure, qui ne pouvait se résoudre à quitter son mari qui partait blessé et le bras en écharpe, pour défendre Parthenay, se mit en route avec lui pour Amaillou. Mme de Lescure eut le bonheur de contribuer à sauver dans cette ville deux déserteurs républicains que quelques paysans parlaient de fusiller, et qui, comme on le vit par la suite, venaient se réunir franchement à l'armée royale. M. et Mme de Lescure firent une courte visite à Clisson, c'était la dernière fois qu'ils devaient voir cette demeure où ils avaient passé les premiers mois de leur séjour dans le Bocage. Lescure ne voulut pas que sa femme l'accompagnât à Parthenay où il s'attendait à être attaqué; elle retourna donc à

Clisson; ce fut une heureuse inspiration de son mari. L'officier, qu'il avait chargé de faire partir des patrouilles d'heure en heure pour éclairer la route à une lieue, ayant négligé de surveiller l'exécution de cet ordre, Parthenay fut surpris pendant la nuit par Westermann. M. de Lescure qui, à cause de son bras blessé, avait beaucoup de peine à s'habiller, fut au moment d'être pris. Il s'échappa néanmoins, et envoya aussitôt un cavalier à Clisson avertir en toute hâte Mme de Lescure de ce qui venait de se passer à Parthenay. Cet exprès, encore tout effaré de la prise de Parthenay, entra vivement dans la chambre de Mme de Lescure, et lui cria sans préambule : « Madame, de la part de M. de Lescure, sauvez-vous! Nous avons été battus à Parthenay, sauvez-vous! » Il y a quelque chose de contagieux dans la terreur. Le cavalier, qui arrivait de Parthenay, communiqua la sienne à Mme de Lescure. Elle descendit dans la cour sans se donner le temps d'attacher sa robe, et fit réveiller tout le monde; elle voulait envoyer au combat une troupe de moissonneurs qui partaient pour aller faire la moisson. Ce ne fut que lorsqu'on lui eut appris que M. de Lescure avait pu se retirer sans être poursuivi, qu'elle réussit à se rendre maîtresse de ce premier mouvement qu'elle a raconté dans ses Mémoires, avec cette véracité naïve qui leur donne tant de charme et tant de prix. Elle monta alors à cheval, et se rendit à Châtillon où elle arriva à cinq heures du soir. Son entrée dans cette ville fit événement. Tout le monde l'entourait en criant : « C'est elle ! c'est elle ! » Le bruit s'était répandu qu'elle avait été prise à Parthenay avec M. de Lescure. Elle alla raconter au conseil supérieur ce qu'elle savait, puis elle repartit pour le château de La Boulaye.

Au moment où elle arriva, elle rencontra sa mère qui, dans son désespoir, allait se rendre à Niort, afin, disait-elle, de mourir sur l'échafaud avec sa famille. Quel ne fut pas le bonheur de cette fille si tendre et de cette mère si dévouée, en se retrouvant dans les bras l'une de l'autre ? La marquise de Donnissan ne pouvait se rassasier de cette chère vue, qu'elle croyait avoir perdue pour jamais. Cependant Lescure avait été rejoint à Amaillou par son cousin Henri de La Rochejacquelein, qui, resté, lui neuvième à Saumur, avait été obligé, général sans garnison, de quitter cette ville. Les deux généraux, après avoir examiné leur situation, reconnurent qu'ils n'avaient pas assez de forces pour défendre ce canton, et résolurent de se replier sur Châtillon et de réunir la grande armée. Westermann entra sans coup férir à Amaillou, et le fit brûler. Tel fut le début des incendies révolutionnaires qui allaient systématiquement désoler les provinces de l'ouest, et que, dès Bressuire, un commissaire général du département avait annoncé à M. de Lescure. Westermann, tenté par le voisinage de Clisson, se dirigea sur ce château pour le livrer aux flammes. M. de Lescure avait eu, longtemps auparavant, la

pensée de le démeubler; mais, voyant la panique
que le bruit de cette résolution avait répandue
parmi les métayers, qui voulaient tous abandonner
leurs métairies, il y renonça, et fit ce sacrifice de
plus à la cause royale. Les révolutionnaires avaient
fini par être les dupes de la fantasmagorie qu'ils
évoquaient contre les Vendéens. Westermann ne
s'avança qu'avec des précautions infinies vers le
repaire du chef des brigands, c'est ainsi qu'il l'appelait, s'attendant à trouver à chaque pas des souterrains, des trappes et des oubliettes; et dans le
rapport qu'il adressa à la Convention en lui envoyant
le testament et le portrait de Lescure, qu'il avait
trouvés au château, il fit l'historique de ses terreurs plutôt que celle des faits, en décrivant les
obstacles, les défilés et les embûches de tout genre
qu'il avait été obligé de surmonter, disait-il, pour
arriver au repaire du monstre. Dans la langue révolutionnaire du temps, le Saint du Poitou était un
monstre, et Santerre un héros ; Louis XVI un
tyran, et Marat un dieu.

M. et Mme de Lescure apprirent au moment où
ils se mettaient à table à Chatillon, l'incendie de
leur château de Clisson. Ils y étaient depuis longtemps préparés. Ce qui les préoccupa bien davan-
tage, ce fut la marche de Westermann qui, maître
de Bressuire, menaçait Chatillon. On avait bien
peu de forces à lui opposer. Au retour de l'expédition de Nantes, la grande armée s'était dispersée, suivant son habitude, après les campagnes

heureuses ou malheureuses. Les incendies que Westermann allumait partout sur son passage inquiétaient d'ailleurs les paysans. Avant de reprendre les armes, ils voulaient conduire leurs femmes et leurs enfants plus avant dans le Bocage, et mettre leurs bestiaux en sûreté. Les chefs envoyèrent de tout côté des réquisitions. M. de Lescure chargea sa femme d'aller près de La Boulaye, dans les paroisses de Treize-Vents et de Mallièvre, porter l'ordre de la prise d'armes. Mme de Lescure, tout en s'accusant de faiblesse, presque de pusillanimité, dans ses *Mémoires*, était toujours à la hauteur du devoir qu'elle avait à remplir. Elle partit au galop, fit sonner le tocsin à Treize-Vents, remit la réquisition au conseil de la paroisse, harangua les paysans réunis, et remontant à cheval elle courut en toute hâte s'acquitter de la même mission à Mallièvre. Cette tâche remplie, elle se rendit à La Boulaye où elle trouva son mari. Le trait qui donne à son caractère un intérêt particulier et un charme naïf contre lequel il est impossible de se défendre, c'est que, dès qu'elle n'avait plus un devoir à remplir, elle redevenait femme, elle avait peur.

Westermann continuait le cours de ses dévastations, et Lescure et La Rochejacquelein qui avaient à peine trois mille hommes essayèrent en vain de l'arrêter au Moulin-aux-Chèvres, sur les hauteurs boisées qui conduisent de Bressuire à Chatillon. Il fallut faire retraite, et le conseil supérieur quitta Chatillon, ce centre où étaient établies l'imprimerie

et toutes les administrations vendéennes. Pendant
ce combat, les femmes priaient, suivant leur habitude, et le bruit du canon qui se rapprochait de
quart d'heure en quart d'heure, les avertissait assez
que les leurs étaient obligés de plier. Il devint si
proche que Mme de Lescure, éperdue, se mit à
courir, et traversant la Sèvre à Mallièvre, elle entra
dans une cabane pour se faire habiller de la tête
aux pieds en paysanne. Sa mère et les autres personnes qui habitaient La Boulaye l'avaient suivie d'un
pas plus tranquille, et elle les rencontra à la sortie
de Mallièvre. Elle s'arrêta une nuit au château de
Concise où elle trouva son père et le prince de
Talmont qui venaient de Nantes. Mme de Concise,
toute neuve dans le pays, simulait une attaque
de nerfs et mettait du rouge, étrange anachro-
nisme de mœurs au milieu des scènes qui déso-
laient la Vendée. Le lendemain on se rendit aux
Herbiers. La marquise de Donnissan y fut très-
malade. Elle était plus maîtresse d'elle-même au
moment du danger que sa fille, mais quand le
péril était passé elle payait cher cet effort. Mme de
Lescure, qui avait au contraire un caractère de
premier mouvement, ne songeait plus au péril dès
qu'il était passé. Cependant Westermann qui avançait toujours avait voulu brûler le château de la
Durbellière comme il avait brûlé le château de Clisson. Il réussit moins, les Bleus, après y avoir mis
le feu, se retirèrent trop vite et les paysans arrivèrent à temps pour éteindre les flammes. Ces ravages

avaient jeté l'indignation dans la Vendée, les paysans se levaient. Bientôt il y eut vingt mille hommes sous les armes; ils vinrent attaquer Westermann qui les attendait devant Chatillon. Il était plein de confiance. Cette confiance fut déçue. Les Vendéens, faisant un grand détour par Mortagne et Saint-Malo-du-Bois, arrivèrent à la faveur des blés qui étaient déjà grands, jusques auprès de l'armée républicaine. Surpris à Parthenay, ils la surprirent à leur tour. Leur attaque fut si furieuse qu'en une heure la défaite des Bleus fut décidée. Leur fuite devint un désastre: Westermann put s'échapper à la tête de sa cavalerie; mais leur infanterie tout entière fut tuée, blessée ou faite prisonnière. Dans Chatillon surtout le carnage fut effroyable. Les paysans indignés des incendies allumés par cette armée qui portait mieux la torche que l'épée, ne voulaient accorder aucun quartier. Plusieurs chefs, d'Elbée lui-même, avaient été mis en joue par leurs soldats. Lescure averti revint sur ses pas; les prisonniers s'attachaient à ses vêtements, se plaçaient sous les pieds de son cheval, en implorant sa pitié et sa protection. Pour la première fois peut-être, le noble cœur de ce héros chrétien s'ouvrit à la colère. Il marche aux paysans et leur ordonne de cesser le massacre; le respect qu'il inspire est si grand que les paysans, malgré leur fureur s'arrêtent avec un sourd frémissement. Marigny seul, l'épée haute, le visage enflammé de colère, veut continuer à frapper les prisonniers : « Laisse-moi tuer ces monstres, lui crie-t-il, ce sont eux qui ont brûlé ton château. » Pour l'arrêter il faut que Lescure se place entre les républicains et lui, en déclarant que s'il persiste, il les défendra contre lui l'épée à la main : « Marigny, ajoute-t-il, tu es trop cruel, Dieu ne te bénira pas, tu périras par l'épée. »

Ce combat, si glorieux qu'il fût, éloignait la perte de la Vendée, mais il ne la sauvait pas. Elle était entourée de plusieurs armées formant ensemble plus de 240,000 hommes qui l'assiégeaient de toutes parts comme une forteresse héroïque dont la révolution était décidée à s'emparer à tout prix. Les chefs de l'armée vendéenne faisaient face sur tous les points à la fois. Quelquefois ils éprouvaient des revers, mais ces revers étaient bientôt réparés par des succès. Quand les chefs, presque tous blessés, étaient obligés de s'absenter du combat, leurs lieutenants conduisaient les colonnes avec leurs noms, en faisant croire aux paysans qu'ils étaient présents. C'est ainsi que la bataille de Vihiers fut gagnée par Piron, Forêt, Forestier, et que Lescure et La Rochejaquelein, arrivant malgré leurs blessures au bruit du canon, apprirent de leurs paysans que l'armée avait cru être conduite par eux à la victoire. Il est vrai que les Vendéens étaient excités par une circonstance extraordinaire, ils savaient que Santerre commandait l'armée enne-mie, Santerre qui sur la place du 21 janvier, avait ordonné le fatal roulement de tambour qui avait couvert les dernières paroles de Louis XVI! A tout prix ils voulaient le prendre pour l'enfermer dans une cage de fer comme une bête féroce. Santerre donna le premier l'exemple de la fuite. Ce n'était point un soldat; il avait épuisé son courage contre un roi captif et déjà entouré de bourreaux; il n'osa point regarder les Vendéens en face. Renou, Forêt et Loiseau le suivaient de près dans sa fuite rapide, et Forêt allait l'attendre, quand le fuyard révolutionnaire qui montait un excellent cheval, lui fit franchir un mur de six pieds. Ce fut son seul fait d'armes pendant toute cette campagne. Mais à peine une armée républicaine était-elle vaincue, il fallait courir à une autre qui venait attaquer sur un autre point la Vendée. Le 14 juillet 1793, *le bon Cathelineau* selon les belles paroles prononcées par le paysan Blon, son parent, devant le peuple assemblé qui assiégeait avec anxiété la porte de sa maison, *avait rendu l'âme à celui qui la lui avait donnée pour venger sa gloire*. On avait procédé à la hâte à une nouvelle élection. D'Elbée qui désirait le titre de généralissime plutôt que la réalité du commandement, l'avait obtenu, Lescure, n'avait ni prétention, ni orgueil, La Rochejaquelein ne demandait qu'à se battre; Bonchamp était absent. Du reste cette nomination changea peu l'état des choses, chacun des chefs ne songeait qu'à défendre la partie du territoire où sa division avait été levée. Ils éprouvèrent un échec à Luçon. Lescure répara cet échec en s'emparant de Parthenay. Les habitants appréhendaient une exécution militaire, deux mille d'entre eux s'étaient joints aux soldats de Westermann et avaient pris part aux incendies qu'ils avaient allumés dans la Vendée. Ils avaient été au nombre des incendiaires du château de Clisson; ils craignaient des représailles. Ils connaissaient bien mal la grande âme de leur vainqueur. Lescure les rassemble et leur dit : « Vous êtes bien heureux que ce soit moi qui prenne votre ville. Suivant notre proclamation, je devrais y mettre le feu, mais comme vous l'attribueriez à une vengeance personnelle pour l'incendie de Clisson, je vous fais grâce. »

On eût dit que Lescure se hâtait, comme s'il eût pressenti que les moments qui lui étaient donnés pour combattre, pour vaincre et pardonner, devaient être courts.

Après la perte de la bataille de Luçon, réparée par les combats de la Roche-d'Érigné, de Martigné, de Doué, de Thouars et de Coron, il fallut songer à une lutte plus sérieuse. La République, qui comprenait enfin que la grande partie était pour elle en Vendée, venait d'envoyer à Nantes un de ses meilleurs généraux, Kléber, qui, à la tête de la redoutable garnison de Mayence, composée de quatorze mille hommes d'élite, venait de rejoindre les troupes régulières que Beysser commandait. Il avait avec lui deux officiers d'une grande distinction, Haxo et Beaupuis. Ce fut à Chollet que la grande armée vendéenne se réunit

pour marcher à cette terrible lutte. Tous les
chefs étaient présents, sauf La Rochejacquelein et
Stofflet, retenus par de graves blessures. Lescure
et Bonchamp y vinrent, le bras en écharpe. Tous
sentaient que le moment était arrivé de vaincre ou
de périr. Charette n'avait pu arrêter cette redoutable invasion qui menaçait d'envahir le Bocage.
Il avait reculé en combattant de Légé à Montaigu,
de Montaigu à Tiffauges ; et, laissant ainsi derrière
lui tout le terrain où il avait fait jusque là la guerre,
il se repliait en fugitif vers le Bocage, emmenant
avec lui femmes, enfants, vieillards, car les Bleus
massacraient tout, et il demandait du secours. Le
mercredi 18 septembre 1793, un peu avant minuit, au moment où les armées réunies de la Vendée, qui comptaient près de quarante mille hommes dans leurs rangs, se disposaient à quitter
Chollet pour marcher sur Torfou, l'abbé Bernier
prononça un discours où l'extrémité des circonstances et la grandeur du devoir que les Vendéens
avaient à remplir envers Dieu, le Roi, leurs femmes
et leurs enfants menacés, leurs foyers envahis, venaient s'écrire en traits éloquents. Les hommes
n'ont point de peine à bien parler, quand les situations parlent ainsi d'elles-mêmes. Il bénit ensuite un grand drapeau que Mme de Lescure avait
fait broder pour l'armée de son mari, et il exhorta
chacun à bien faire son devoir. Les paysans l'écoutaient, appuyés sur leurs armes, avec un recueil-
lement religieux auquel se mêlait l'enthousiasme

militaire. La présence de Lescure et de Bonchamp accourus malgré leurs blessures, leur disait assez la gravité des circonstances et l'importance du combat qu'ils allaient livrer; cette affluence de femmes et d'enfants qui suivaient l'armée de Charette, ces troupeaux de bestiaux échappés des métairies en flammes, leur annonçaient le sort de leurs familles, s'ils ne les protégeaient point par une victoire.

Le jeudi 19 septembre, l'armée vendéenne avait pris position le long de la Sèvre; ses avant-postes occupaient les bourgs de Boussay et de Torfou. On avait oublié de reconnaître un ancien chemin qui conduisait à ce bourg. Bonchamp, qui connaissait parfaitement la topographie du pays, demanda, en arrivant le matin à sept heures, si l'on avait poussé des reconnaissances de ce côté. On lui répondit négativement. Aussitôt il prévit que l'ennemi déboucherait dans cette direction; et, montant à cheval avec MM. d'Elbée et de Labouère, il alla lui-même reconnaître le chemin oublié. A peine avaient-ils fait quelques pas, que les balles commencèrent à siffler autour d'eux. C'étaient les Bleus qui, déjà maîtres de Torfou et de Boussay, où ils avaient surpris les postes avancés des Vendéens, continuaient leur mouvement offensif. Dans la colonne qui marchait ainsi au pas de charge se trouvaient deux troupes d'élite, les chasseurs de Cassel et la légion des Francs, qui s'étaient fait une réputation par la

manière dont elles combattaient en tiraillant dans
les pays boisés. Les Vendéens, qui croyaient attaquer, se trouvant attaqués eux-mêmes, furent dé-
concertés et faiblirent bientôt. L'armée de Charette surtout, découragée par ses précédents revers,
ne tint pas et lâcha pied. Toute cette partie de la
grande armée vendéenne, qui ne prenait les armes que dans les circonstances extrêmes, et qui
ressemblait un peu à l'arrière-ban des armées féo-
dales, se mit aussi à fuir. On était dans un de ces
moments décisifs où se fixe le sort des batailles.
L'armée entière était ébranlée; si quelque incident ne rétablissait pas le combat, la déroute allait
commencer. Lescure voit d'un coup d'œil l'extrémité du péril. Il met pied à terre avec quelques-
uns des officiers, et, se tournant vers les soldats
d'élite qui se pressaient derrière lui, il s'écrie avec
cet accent qui fait pénétrer les paroles jusqu'au
fond des cœurs : « Y a-t-il ici quatre cents hommes assez braves pour venir mourir avec moi? »
Les gens de la paroisse des Échaubroignes, qui
étaient ce jour-là dix-sept cents sous les drapeaux,
répondirent à grands cris : « Oui, Monsieur le
marquis, nous vous suivrons partout où vous voudrez. » Ces dix-sept cents hommes, conduits par
Bourasseau leur capitaine, étaient les meilleurs
soldats de l'armée de Lescure; on les avait sur-
nommés les grenadiers de la Vendée. Treize cents
autres paysans se joignent à eux. A la tête de ces
trois mille hommes, Lescure soutient pendant deux

heures l'effort de l'armée républicaine tout entière ;
le terrain accidenté et boisé, théâtre de ce combat,
en favorisant sa résistance héroïque, cache en même
temps aux Bleus la déroute commencée. Pendant
que Lescure couvre ainsi toute l'armée, Bonchamp
arrive avec sa division, Charette rallie la sienne,
les autres chefs font les plus grands efforts pour
ramener leurs hommes au combat. Les femmes,
qui, selon l'habitude des Vendéennes, priaient en
arrière de l'armée, pendant que leurs maris, leurs
fils, leurs frères combattaient, se lèvent indignées,
ferment le passage aux fuyards, les exhortent, les
excitent ; et, armées de fourches, de pierres et de
bâtons, les menacent même, les traitent de lâches
et s'écrient qu'elles vont les remplacer au combat
et aller soutenir Lescure. La déroute est arrêtée.
Les Vendéens retournent de tous côtés prendre
part à la lutte. A la faveur des haies et des accidents de terrain, ils se répandent en foule sur la
gauche de l'ennemi. Les républicains commencent
à s'étonner de cette fusillade qui les décime et qui,
gagnant toujours du terrain, éclate derrière eux.
Un cri s'élève dans leurs rangs : « Nous sommes
coupés ! » Le chef de bataillon Boisgérard, craignant pour son artillerie, veut envoyer un bataillon
pour la couvrir. Ce mouvement augmente le désordre. Kléber, blessé dès le commencement de
l'action d'un coup de feu, fait des efforts déses-
pérés pour empêcher sa défaite commencée de
se changer en déroute. Ses colonnes en retraite,

engagées dans des chemins profondément encaissés, ne peuvent maintenir leurs rangs. Les Vendéens ne leur laissent point de relâche. Les Mayençais ne peuvent même réussir à sauver leurs canons. Les Vendéens tuent les canonniers sur leurs pièces, et s'en emparent. Les républicains sont au moment d'être complètement détruits, lorsqu'une inspiration militaire de Kléber, le dévouement du commandant de bataillon Chevardin et l'arrivée de Canclaux avec toutes les forces de réserve, arrêtent enfin la poursuite des Vendéens à Gétigné, c'est-à-dire à trois lieues du champ de bataille. Kléber a dit à Chevardin, en lui ordonnant d'occuper avec deux pièces de canon et le bataillon de Saône-et-Loire, le pont de Boussay : « Fais toi tuer là avec ton bataillon ; il y va du salut de l'armée. » Chevardin exécuta de point en point la consigne ; ce brave soldat se fit tuer, et l'armée républicaine fut sauvée. Ainsi se termina cette journée si glorieuse pour les Vendéens et en particulier pour Lescure ; elle coûta deux mille trois cents hommes, six canons et deux obusiers aux Mayençais, étonnés d'être battus par une armée de paysans. Kléber a dit lui-même dans ses Mémoires, en parlant de ce combat : « On ne vit jamais un acharnement plus terrible. »

Le lendemain Lescure et Charrette attaquèrent le général Besseyr à Montaigu, de concert avec Bonchamp, pour l'empêcher d'opérer sa jonction avec Kléber. Il fut surpris, mis en déroute, perdit

quatorze bouches à feu et jusqu'à ses équipages
Les débris de sa division ne se rallièrent qu'
Nantes. Malheureusement à la suite de cette vic
toire, Lescure et Charette au lieu de persiste
dans le plan convenu, qui consistait à attaque
l'armée du général Canclaux qui, se concentran
à Clisson, devait, en apprenant la double défait
de Kléber et de Besseyr, opérer sa retraite su
Nantes, convinrent ensemble de marcher contre l
division Mieszkowski qui, sortie des Sables, s'avan
çait dans le Bocage en portant partout le fer et l
flamme, et était déjà arrivée à Saint-Fulgent. Plu
malheureusement encore, l'officier chargé d'averti
Bonchamp de cette nouvelle disposition, n'arriv
pas à temps, de sorte que Bonchamp, croyant êtr
appuyé, attaqua le général Canclaux et échoua
Pendant ce temps, Lescure et Charette rempor
taient une victoire signalée à Saint-Fulgent; mai
quelque éclatante que fût cette victoire, elle fu
loin de compenser l'échec qu'avait éprouvé Bon
champ. On avait laissé échapper l'occasion presqu
certaine d'attaquer et de détruire la meilleure et l
plus redoutable armée que la république eût dan
la Vendée. En outre, les récriminations occasion
nées par ce changement de plan dont la nouvell
n'avait point été apportée en temps opportun
devinrent l'occasion de divisions funestes entre l
haute et la basse Vendée, dont l'accord suffisait
peine pour faire tête aux immenses périls qui con
tinuaient à menacer le Bocage. La Convention avait

outre la supériorité du nombre et des ressources, un avantage qui devait achever de décider la victoire en sa faveur : elle avait l'unité de la volonté, et elle établissait dans l'Ouest l'unité du commandement. Pour faire cesser des rivalités qui s'étaient élevées dans l'état-major des armées de l'Ouest, elle nomma l'Echelle général en chef. C'était le dernier des hommes il est vrai, et Kléber l'a peint en trois mots en disant de lui : « C'est le plus lâche des soldats, le plus mauvais des officiers et le plus ignorant des chefs. » Mais il imprimait à tout ce qui l'approchait, la passion révolutionnaire, et les lieutenants habiles qui commandaient sous lui, Kléber, Beaupuy, Vimeux, Scherb, Haxo, suppléaient à son insuffisance militaire.

Il faut ajouter que les Vendéens justement fiers des cinq victoires qu'ils avaient remportées en une seule semaine, fiers surtout d'avoir vaincu ces redoutables Mayençais, l'élite des armées républicaines, étaient retournés chez eux, selon leur habitude, pour chanter le *Te Deum* et revoir leurs femmes et leurs enfants. C'est ainsi que la Vendée devenait plus faible après tant de victoires, tandis que les armées républicaines se recrutant après leurs défaites au lieu de se dissoudre, menaçaient de plus en plus le Bocage et y faisaient même des progrès. Pour achever de rendre la situation de la Vendée plus critique, Charette mécontent d'avoir été oublié dans le partage du butin fait sur les républicains en munitions, en

effets d'habillements et en vivres, ne concertait
plus ses opérations avec celles de la grande armée,
et, s'éloignant du théâtre de son action, était alle
attaquer l'île de Noirmoutier.

M. de Lescure qui avait compté sur sa coopéra-
tion se trouvait désormais trop faible pour défendre Bressuire. Les troupes d'ailleurs lui manquaient.
Les paysans effrayés du nouveau système de guerre
inauguré par la Convention qui faisait marcher l'incendie devant ses armées, étaient occupés à sauver
leurs femmes, leurs enfants, et à éloigner leurs
bestiaux de ce théâtre de désolation. Son cousin
Henri de La Rochejacquelein était venu le rejoindre. Ils perdirent et reprirent Chatillon. Puis il y
eut dans cette ville une surprise de nuit, qui fu
suivie d'un massacre épouvantable. Westermann
qu'ils avaient battu se voyant suivi par un peti
nombre de cavaliers seulement, fit prendre à cen
de ses hussards cent grenadiers en croupe, il revin
sur ses pas. Châtillon n'était pas gardé; les paysans
qui s'étaient emparés de fourgons remplis de barils d'eau-de-vie, s'étaient enivrés : point d'avant-
postes, point de sentinelles. La troupe de Westermann pénétra sans obstacles dans la ville. Alors
commença une scène d'une confusion inexprimable. Les soldats de Westermann, ivres de sang,
égorgeaient tout ce qu'ils rencontraient, les paysans
dans les rues, les habitants dans les maisons quoique la plupart de ceux-ci fussent républicains
Bientôt ils éprouvèrent de la résistance : des coups

de fusils, des coups de pistolets, des coups de
sabres s'échangeaient au milieu des ténèbres, à la
lueur rougeâtre des incendies que les républicains
allumaient. Le plus grand nombre d'entre eux périrent. Comme les chefs Vendéens ne pouvaient
faire entendre leur voix ni prendre aucune disposition au milieu de cet horrible tumulte, ils firent
évacuer Châtillon et n'y rentrèrent que le lendemain. Le jour éclaira le spectacle des affreux désastres de la nuit. Des morts, des mourants, partout du sang, des maisons dévastées, d'autres qui
brûlaient encore, voilà l'aspect que présentait la
ville. On courut de là à Chollet pour arrêter une
nouvelle invasion républicaine. L'Echelle, après
avoir occupé Tiffauges et Mortagne qu'il livra au
pillage et à l'incendie, marchait vers cette ville.

Lescure commandait l'avant-garde des Vendéens.
Avant de partir, il avait envoyé dire à sa femme
de quitter Beaupréau et de se rendre à Vézin.
Mme de Lescure touchait à l'époque la plus malheureuse de sa vie. Sa mère venait d'avoir la fièvre
maligne, elle était à peine convalescente; il avait
fallu sevrer sa petite fille à neuf mois; l'inquiétude
avait fait tarir le lait de sa nourrice. Avec sa mère
malade, sa tante l'abbesse si avancée en âge, son
enfant nouvellement sevré, elle était condamnée à
errer de bourg en bourg, de château en château,
avertie, souvent au milieu de la nuit, par le bruit
du canon, qu'il était temps de fuir et que les républicains approchaient. Mais la pire de ses inquiétudes

était celle que lui inspirait le sort de M. de Lescure. Cette témérité de sang-froid qui lui faisait toujours chercher le poste le plus périlleux, parce qu'il était du devoir des chefs de donner l'exemple, et que ce noble chrétien faisait toujours son devoir, causait à sa jeune femme des transes mortelles. Elle avait peur de ce courage qui faisait son orgueil. Elle savait qu'une fois le combat commencé, Lescure n'était plus mari, n'était plus père, il était soldat.

Elle avait raison de trembler. Le 15 octobre 1793, elle avait couché à Trémentine. Le 16 octobre au matin, elle se rendit à l'église. Cette église était pleine de femmes qui priaient. Pendant ce temps on entendait le bruit du canon qui retentissait dans la direction de Cholet. C'était la bataille qui commençait. Mme de Lescure ne savait qu'une chose, c'est que son mari commandait l'avant-garde. Au bout d'un peu de temps quelques fuyards vinrent jeter l'alarme, puis un officier de l'armée Vendéenne, M. de Perrault, arriva. Quand il reconnut Mme de Lescure, ses yeux se remplirent de larmes; puis, comme il vit qu'elle ne savait rien, il lui dit que c'était la perte de la bataille qu'il pleurait. Elle demanda alors où était M. de Lescure. Il répondit en détournant la tête qu'il le croyait à Beaupréau, et la quitta sans rien ajouter. Cependant il revint un moment après pour lui conseiller de se rendre elle-même à Beaupréau, parce que les hussards arriveraient d'un moment à l'autre à Trémentine,

Pendant qu'on cherchait une voiture et des bœufs, pour la vieille tante de Mme de Lescure, elle monta elle-même à cheval avec sa mère, emportant sa petite fille dans ses bras. L'inquiétude et la peur troublaient ses idées, et elle avait la tête comme perdue. A peine était-on arrivé à Chemillé qu'il fallut repartir. Elle avait mis sa petite fille dans la voiture de sa tante qui l'avait rejointe à Chemillé. A chaque instant c'étaient de nouvelles alertes. « Voici les Bleus! A la déroute! » criait-on, et elle s'enfuyait par des chemins où, de sang-froid, elle n'aurait point osé passer. Ce n'était cependant qu'une panique qu'avaient donnée des canonniers vendéens, pour faire déblayer la route encombrée de charrettes. On s'égara dans les chemins de traverse, et au lieu d'arriver à Beaupréau il fallut coucher dans le village de Beausse, à une lieue et demie de la Loire. Mme de Lescure coucha dans une chambre pleine de soldats qui allaient rejoindre l'armée de M. de Bonchamp. A trois heures et demie du matin, le canon retentissait à la fois dans la direction de Saint-Florent et dans celle de la Loire, à la hauteur de Mont-Saint-Jean. Rien de plus lugubre au milieu des ténèbres de la nuit que ce bruit lointain du canon, annonçant lui-même de sa grande voix les funérailles qu'il sème, aux veuves et aux orphelins qui ne savent s'ils doivent prier pour la conservation de ceux qu'ils aiment sur la terre, ou pour le repos éternel de l'âme de ceux qu'ils ont aimés.

Mme de Lescure éprouvait ces mortelles angoisses. Il fallut se lever pour entendre la grand'messe que le curé disait pendant la nuit afin que les soldats pussent, à la pointe du jour, aller rejoindre l'armée de Bonchamp. Pendant toute la messe, le canon ne cessa de faire entendre ses sourds et lugubres roulements qui retentissaient douloureusement dans le cœur des femmes et des mères. Quand le saint sacrifice fut achevé, le curé, viéillard à la figure vénérable, monta en chaire; il trouva des paroles éloquentes à force d'être simples et vraies, pour exhorter les paysans qui, graves et recueillis, l'écoutaient en s'appuyant sur leurs armes, à aller défendre Dieu, le Roi, leurs femmes et leurs enfants que les révolutionnaires égorgeaient. Il y avait comme un étrange dialogue entre la voix de la religion qui les exhortait à aller combattre en chrétiens et en hommes de cœur pour les objets les plus sacrés qui puissent émouvoir l'âme humaine, et la voix du canon qui les appelait au secours de leurs frères. La plupart de ceux qui écoutaient les paroles du saint prêtre, allaient mourir. Ces paroles venaient se graver dans leur cœur, et ils se recueillaient devant Dieu avant d'aller combattre leur dernier combat. C'était une de ces scènes douloureusement solennelles qui laissent d'ineffaçables souvenirs à ceux qui en ont été témoins.

Quand le prêtre eut terminé son exhortation, toutes les têtes se courbèrent et il donna l'absolution

à ceux qui partaient pour combattre. Mme de
Lescure qui avait partagé l'émotion générale voulut
après la messe se confesser ; accablée du poids de
ses inquiétudes, elle allait à celui qui a dit : « Venez à moi, vous tous qui êtes chargés. » On avait
averti le vieux prêtre de la mort de M. de Lescure
dont le bruit s'était répandu, et on l'avait prié de
préparer Mme de Lescure à son malheur. Le prêtre
avec cette autorité que lui donnait son caractère,
l'onction et les ménagements que lui donnait sa
charité, lui parla longtemps de la reconnaissance
qu'elle devait à Dieu qui lui avait accordé pour
mari M. de Lescure, cet homme d'une si grande
piété et d'une si haute vertu. Ces éloges l'effrayaient
sans qu'elle se rendît compte de ses craintes ; c'est
que le prêtre parlait de M. de Lescure comme
l'Église parle de ces morts qu'elle honore devant
Dieu. Peu à peu la voix du prêtre s'élevait dans
l'église silencieuse. Le bruit du canon, plus triste
encore que celui de la cloche qui sonne un glas
funèbre, et auquel répondaient les battements du
cœur de Mme de Lescure, arrivait seul du dehors.
Le ministre du Dieu crucifié insistait sur la doctrine du sacrifice et sur celle des épreuves dont
Dieu mesure la grandeur à la grandeur des dons
qu'il accorde à ses élus. Tremblante, éperdue,
éplorée, Mme de Lescure courbait la tête sous
cette voix de prophète qui semblait, en se lamen-
tant, lui annoncer des malheurs, sans oser l'inter-
rompre, sans même oser arrêter sa pensée sur le

coup dont elle était menacée, et le canon tonnait toujours ; les coups se rapprochaient et semblaient de quart d'heure en quart d'heure retentir de plus près. Les ennemis arrivaient, il était temps de sortir de l'église. Quand on mit Mᵐᵉ de Lescure à cheval, elle était à demi évanouie. En cet état il fallait fuir.

A une lieue de là, elle apprit par l'abbé Jagault qu'on avait cru M. de Lescure mort et qu'il était grièvement blessé. Alors elle comprit tout et voulut tout savoir. On lui dit que c'était cette blessure qui avait décidé la perte de la bataille de Cholet. Lescure avait rencontré, en conduisant l'avant-garde, les Bleus qui s'avançaient dans les avenues du château de la Tremblaye, à une égale distance de Mortagne et de Cholet. Il avait gravi un tertre avec le jeune Beauvolliers afin de reconnaître l'ennemi. Il avait aperçu à vingt pas de lui un détachement de républicains ; il s'était aussitôt écrié : « En avant, mes amis ! » En cet instant même une balle le frappant au sourcil gauche était sortie derrière l'oreille. Les paysans qui avaient pris leur élan avaient passé sur le corps de Lescure sans l'apercevoir. Mais le petit Beauvolliers, cet enfant de quinze ans, comme jadis le neveu de Turenne, s'était jeté sur le corps de son général en criant : « Oh mon Dieu, il est mort, il est mort ! » Ces cris avaient jeté l'alarme parmi les Vendéens. Une réserve des Mayençais ayant marché contre eux, la déroute commença. Dans cet intervalle le domestique de M. de Lescure, Bontemps, étant arrivé, le trouva baigné dans son sang, mais respirant encore. M. Renou, penché sur lui, cherchait à arrêter le sang malgré une grêle de balles qui pleuvait autour de lui. Il aida le fidèle Bontemps à placer son maître sur la croupe de son cheval; deux soldats soutenaient Lescure. C'est ainsi que, par une sorte de miracle, il était arrivé vivant au milieu de la déroute jusqu'à Beaupréau.

Mme de Lescure écoutait ces détails avec une douloureuse avidité et une impatience fiévreuse; épouvantée de savoir son mari blessé, heureuse encore d'apprendre qu'il était en vie après l'avoir cru mort, elle n'avait plus qu'une idée dans l'esprit, c'était de le rejoindre, qu'une question sur les lèvres : Où est-il? Quelqu'un lui apprit qu'il était à Chaudron. Ce village n'était pas éloigné, elle y courut. Elle trouva M. de Lescure dans un état affreux, la tête fracassée et entourée d'un bandage tout taché de sang. A ses souffrances physiques, venait s'ajouter une torture morale : il était presque aussi inquiet du sort de sa femme que celle-ci l'avait été du sort de son mari; il lui avait envoyé trois courriers, aucun ne l'avait rencontrée; et ne recevant pas de ses nouvelles, il la croyait tombée dans les mains des Bleus qui n'épargnaient pas plus les femmes que les hommes. Malgré son état, il se montra très-sensible au bonheur de revoir sa femme qu'il croyait avoir perdue, pendant que de son côté elle pleurait sur lui. Leur réunion

avait lieu sous de bien tristes auspices, au milieu
d'une retraite qui ressemblait à une déroute dans
un village encombré de fuyards et de blessés, à la
veille d'un nouveau combat.

CHAPITRE SEPTIÈME

M. ET Mme DE LESCURE DANS LA CAMPAGNE D'OUTRE-LOIRE

Jusqu'ici nous avons suivi comme malgré nous, le mouvement des armées vendéennes ; et sans vouloir raconter ces guerres, nous nous sommes trouvé souvent conduit sur le champ de bataille. Le regard, la pensée, le cœur de Mme de Lescure, sa vie même était où était son mari ; et M. de Lescure, on l'a vu, se trouvait toujours au premier rang. Maintenant, elle regarde sans voir, elle écoute sans entendre, tant elle est absorbée par sa douleur ! Elle avoue elle-même dans ses Mémoires, qu'elle n'a pas conservé un souvenir distinct de ce qui se passait autour d'elle, et qu'elle a dû consulter les souvenirs de ses amis pour retracer cette période de son histoire. Nous passerons donc plus vite sur les évènements militaires : La guerre est finie; la vie va bientôt finir pour Lescure.

Après la terrible et infructueuse bataille que les Vendéens au nombre de quarante-mille, livrèrent sur la lande de Cholet aux républicains qui leur étaient supérieurs en nombre, le passage de la Loire fut résolu : ce fut la Bérésina de la Vendée. Quatre-vingt mille personnes, soldats, blessés, femmes, vieillards, enfants, se pressaient sur le bord du fleuve ; il semblait que le salut fût de l'autre côté. Ce qu'il y avait de l'autre côté, c'était l'inconnu ; et ce qu'on connaissait était si triste, on avait tant souffert sur ce rivage, fait tant d'efforts infructueux, livré tant de combats stériles en versant le sang le plus pur de la Vendée, que l'on croyait trouver de meilleures destinées sur l'autre rive. Il était impossible de retenir les paysans. Ils n'espéraient plus que dans le soulèvement de la Bretagne. Tous les officiers Poitevins, surtout Lescure et Henri de La Rochejacquelein étaient contraires au passage de la Loire. Henri de La Rochejacquelein voulait rester sur le rivage et se faire tuer par les Bleus. M. de Lescure s'écriait aussi qu'il voulait mourir en Vendée ! C'était une scène navrante. On représentait à M. de Lescure son état, il ne pouvait se tenir debout ; il fallait suivre le torrent qu'on ne pouvait arrêter. On représentait à Henri de La Rochejacquelein qu'il fallait être où l'on pouvait être utile, il ne pouvait être utile que là où était l'armée, il fallait donc la suivre, car il était aussi impossible de faire revenir ceux qui avaient passé la Loire, que de retenir ceux qui voulaient la traverser. On disait vrai. Sous le coup des circonstances extraordinaires, il s'établit dans les populations de grands courants, aussi irrésistibles que ceux de l'océan. Les moments étaient courts. On apercevait à l'horizon le reflet des incendies, qui, allumés par les républicains, chassaient la Vendée militaire de son territoire. Si l'on attendait encore, les colonnes infernales qui poursuivaient cette malheureuse population, arriveraient avant qu'on eut effectué le passage et pour ne pas avoir voulu traverser la Loire, on y serait précipité.

Cependant avant de passer le fleuve, il y avait une grave détermination à prendre. Il restait à la Vendée un trophée de ses anciennes victoires, une colonne de cinq mille prisonniers républicains marchaient tristes et mornes, au milieu de deux files de paysans qui attachaient de temps à autre sur eux de sombres regards, après avoir détourné les yeux vers l'horizon où brillaient les flammes qui dévoraient leurs métairies et en se rappelant leurs camarades blessés, égorgés, par les républicains, et les femmes et les enfants brûlés dans leurs demeures. On enferma ces prisonniers dans l'abbaye de Saint-Florent. Le conseil s'assembla dans la chambre de Lescure, qui pâle et sanglant était couché sur un matelas. Sa femme était agenouillée à côté de lui. On entendait retentir au dehors les voix menaçantes des paysans qui, exaspérés par

les cruautés des Bleus, demandaient qu'on usât de
représailles envers eux. La vie de ces cinq mille
hommes était suspendue à un fil. La délibération
s'ouvrit. Le malheur exaspère les âmes. L'avis qui
domina d'abord, fut celui de la rigueur. L'inflexible loi des représailles devait, disait-on, être appliquée. On savait d'expérience que l'on ne pouvait
compter sur la parole des Bleus. Les laisser libres,
c'était grossir l'armée républicaine, augmenter le
nombre des meurtriers des femmes et des enfants,
le nombre des incendiaires. La conclusion qui semblait devoir l'emporter c'était donc la mise à mort
des cinq mille républicains. Lescure était si faible
qu'il n'avait pu prendre aucune part à cette délibération, mais en se penchant vers lui sa femme entendit
ces mots sortir de sa bouche : « C'est une horreur ! »
C'en était une en effet, et l'horreur de cette action
apparut bientôt aux chefs Vendéens quand il fut
question de fixer le mode d'exécution de la résolution qu'on devait prendre. Chacun recula devant
cette besogne de meurtre. Marigny lui-même qui
avait souvent trempé ses mains dans le sang des
républicains, refusa de s'en charger. Peu à peu les
opinions revinrent à des idées plus humaines.
Quelques-uns représentèrent que ces républicains
prisonniers depuis plusieurs mois, n'avaient pas
pris part aux horreurs qu'on voulait venger sur
eux. Ce serait une injustice que de faire couler
leur sang par représailles du sang vendéen qu'ils
n'avaient pas personnellement versé. La religion

chrétienne interdisait une si cruelle vengeance qui servirait uniquement à rendre la guerre plus atroce.

C'est ainsi que les cœurs revenaient au parti de la clémence qui honore les causes victorieuses, et qui honore encore plus les causes vaincues, car la clémence est une vertu plus difficile dans l'adversité que dans la prospérité. Il restait à faire accepter par les paysans ce grand parti du pardon qui prévalait maintenant dans le conseil. Dieu qui bénit les résolutions magnanimes, vint au secours des chefs Vendéens. Pendant que cette scène se passait autour du lit de douleur de Lescure, une autre scène avait lieu auprès du lit de mort de Bonchamp. Ce héros touchait en effet à son heure dernière. Ses officiers l'entouraient et leurs regards interrogeaient avec anxiété la plaie profonde qu'une balle républicaine avait creusée dans la partie inférieure de sa poitrine. Quand le chirurgien eut terminé, il garda un morne silence, qui parlait pour lui : il n'y avait plus d'espoir. Bonchamp avait cependant conservé toute sa connaissance. Les cris furieux des paysans qui demandaient la mort des prisonniers républicains arrivaient jusqu'à son oreille, sans qu'il pût distinguer ce qu'ils réclamaient par ces clameurs confuses. Il voulut savoir quel était ce bruit et ce que demandait ce peuple. Un officier qui entrait dans cet instant même lui raconta ce qui se passait. Alors Bonchamp élevant sa voix mourante : « Grâce dit-il, grâce pour les prisonniers ! »

Puis, se tournant vers d'Autichamp : « Mon ami, poursuivit-il, c'est sûrement le dernier ordre que vous recevrez de moi. Laissez moi espérer qu'il sera exécuté, grâce pour les prisonniers ! »

A l'instant plusieurs officiers sortirent de la chambre et, montant à cheval, ces hérauts de miséricorde et de pardon qui portaient le testament de clémence, dans lequel Bonchamp mourant venait d'écrire sa suprême et sublime volonté, allèrent répéter de proche en proche à la foule émue, ces mots qui sauvaient cinq mille vies. « Grâce aux prisonniers ! Bonchamp mourant le veut ! Bonchamp l'ordonne ! Grâce aux prisonniers ! » A ces paroles qui leur annonçaient en même temps la mort prochaine d'un chef bien-aimé et sa dernière et magnanime volonté, les paysans sentirent leur colère tomber. La plupart d'entre eux faisaient partie de l'armée de Bonchamp et le vénéraient comme un père. Ils n'avaient rien à refuser à son agonie suppliante. Et puis la grandeur de l'action imposée à leur obéissance filiale par le héros mourant, leur apparaissait : la Vendée à cette heure de défaite et de revers où l'on implore la pitié du vainqueur, ne demandait point grâce, elle pardonnait. Bientôt des milliers de voix répétèrent : « Grâce aux prisonniers, Bonchamp l'ordonne. » Cette clameur arriva jusqu'à Lescure, sa femme toujours agenouillée près de lui l'entendit prononcer ces paroles à voix basse : « Ah ! je respire. » Cette entente de miséricorde et de clémence entre le lit de souffrance de Lescure et le lit de mort de Bonchamp, est une des plus belles pages de la Vendée. Les prisonniers étaient sauvés. Quand on évacua la petite ville de Saint-Florent, on les laissa libres de rejoindre les républicains.

Pendant cet incident, les Vendéens avaient continué à passer la Loire. Il était temps de transporter Bonchamp et Lescure sur l'autre bord. Bonchamp avait besoin de bien peu de temps pour échapper à la poursuite des républicains, car il avait bien peu de temps à vivre. On plaça dans un bateau le matelas sur lequel il était étendu, et on le conduisit ainsi jusqu'au hameau de la Meilleraie, situé dans le troisième bras du fleuve, de sorte qu'il forme une île quand ce bras est rempli par les grandes crues de la Loire, et qu'il tient à la côte bretonne pendant les crues ordinaires. Là on le déposa dans une maison de pêcheur. Deux prêtres, l'abbé Martin, et l'abbé Courgeon curé de la chapelle Saint-Florent, lui apportèrent les dernières consolations de la religion. Bonchamp, si digne de recevoir les pardons descendus de la croix, lui qui venait de pardonner de son lit de mort, s'éteignit dans une sorte de pieuse extase jetée comme une transition entre les ombres de la vie, et les clartés ineffables de l'éternité. Il mourut le 18 octobre 1793, deux jours après celui où la reine, qu'il aurait voulu délivrer l'épée à la main, avait porté sa tête sur l'échafaud. On l'enterra à la hâte pendant la nuit à la clarté des flambeaux.

Pendant que la barque qui portait Bonchamp mourant, traversait la Loire pour aller aborder à la Meilleraie, on enveloppait M. de Lescure dans des couvertures et on le posait sur un fauteuil de paille garni d'une espèce de matelas, pour le transporter jusqu'au bateau qui l'attendait. Il fallut descendre ainsi la pente assez rapide, qui conduit de Saint-Florent, bâti en amphithéâtre, jusqu'à la rive du fleuve. La foule était si grande et si pressée, que les officiers de Lescure, craignant qu'il ne fut renversé par le flux et le reflux qui s'établissait dans cette population, mirent l'épée à la main et firent cercle autour de lui. Quand on fut arrivé sur la plage, on embarqua d'abord M. de Lescure, puis un de ses officiers, M. Durivault blessé comme lui ; Mme de Lescure, sa petite fille, son père, prirent place dans la barque avec leurs domestiques, on chercha partout la marquise de Donnissan. Ce fut en vain, elle avait disparu. Sa fille qui était dans une inquiétude mortelle, ne sut que plus tard à Varades, qu'elle avait traversé le fleuve à cheval, et n'était arrivée sur l'autre bord, qu'après avoir couru les plus grands dangers. Le marquis de Donnissan aurait voulu que le patron de la barque la conduisit directement à Varades sans s'arrêter à l'Ile Batailleuse, afin d'épargner à M. de Lescure les souffrances que devaient lui causer un débarquement et un embarquement dans l'état où il se trouvait. Ses prières, ses promesses et ses menaces échouèrent, le patron s'y refusa. Alors M. de Donnissan se lais-

sant emporter à sa colère, mit le sabre à la main :
« Hé ! Monsieur, s'écria le patron, je suis un pauvre
prêtre ; je me suis mis par charité à passer les
Vendéens ; voilà huit heures que je conduis cette
barque ; je suis accablé de fatigue, et je ne suis pas
habile dans ce métier : je courrais risque de vous
noyer si je voulais traverser le grand bras de la
rivière. » On descendit donc dans l'île. Là on trouva
un bateau qui transporta Lescure et les siens de
l'autre côté. On s'arrêta un instant sur la rive
droite de la Loire. Le marquis de Donnissan alla à
la recherche de sa femme sur le sort de laquelle
on avait les plus graves inquiétudes, et Mme de
Lescure envoya un domestique dans un hameau à
demi brûlé situé sur les bords de la Loire, afin de
demander un peu de lait pour sa petite fille. M. de
Lescure, qui souffrait cruellement du vent et du
froid, demanda à être porté à Varades, éloigné
d'un quart de lieue du fleuve. On passa deux
piques sous le fauteuil et les soldats le portèrent ;
Mme de Lescure et sa femme de chambre soutenaient ses pieds enveloppés dans des serviettes.
M. Durivault, souffrant de ses blessures, les suivait péniblement à pied. Pendant que ce triste
cortége traversait lentement la plaine, M. d'Autichamp vint à passer à cheval et chercha à rendre
quelque espoir à Mme de Lescure en lui disant
qu'il allait tâcher de rassembler trois mille hommes
afin de s'emparer d'Ancenis et de s'assurer d'un
gué pour le passage de l'artillerie. Presque aussitôt

après on entendit crier aux armes dans Varades
dont on approchait, puis le bruit des tambours, de
la mousqueterie retentit en même temps. Ce bruit
d'armes qui effrayait Mme de Lescure, ranima son
mari accablé par ses souffrances. Il releva la tête
et demanda qu'on le laissât là : — « Les Bleus,
disait-il, lui rendraient service en l'achevant ; leurs
balles lui feraient moins de mal que le froid et le
vent. » Mme de Lescure le fit porter dans un petit
bois voisin et s'y cacha avec sa fille. Ce n'était
qu'une alerte. Un détachement de hussards ne
sachant pas que Varades était occupé par les royalistes, s'était présenté devant cette petite ville,
mais s'était retiré en toute hâte en se voyant reçu
à coups de fusils. On put donc introduire M. de
Lescure dans Varades. Au moment où il entrait
dans le bourg, un paysan s'approcha de Mme de
Lescure et lui dit avec le cordial dévouement des
hommes du Bocage : « Nous avons quitté notre
pays, nous voilà à présent tous frères et sœurs,
nous ne nous quitterons pas : je vous défendrai
jusqu'à la mort et nous périrons ensemble. »

Varades était encombré d'une population immense qui fut presque toute entière obligée de coucher dehors. On donna une petite chambre à M. de
Lescure ; sa femme, le marquis et la marquise de
Donnissan qu'on avait enfin retrouvée et sa tante
l'abbesse vinrent l'y rejoindre. C'était une pitié
que de voir dans les rues de cette petite ville et
ses alentours, cette multitude de quatre-vingt mille

personnes, hommes, femmes, enfants, vieillards
qui, désormais sans feu ni lieu, bivouaquaient sur
la terre nue par une froide nuit d'octobre, sans
savoir où elle irait le lendemain. On a souvent reproché l'émigration volontaire à ceux qui quittèrent la France au commencement de la Révolution;
ceux qui leur ont adressé ce reproche, n'ont point
assez songé à l'émigration forcée de la Vendée. Ces
pauvres gens qui mouraient de faim, étaient si
honnêtes qu'ils refusèrent d'arracher des pommes
de terre dans un jardin, quoique Mme de Lescure
les y invitât, jusqu'à ce que le propriétaire qui était
absent fut rentré et le leur eut permis.

Bonchamp était mort, d'Elbée, grièvement blessé,
avait disparu, il n'y avait plus de général en chef.
Lescure dont l'âme vigoureuse résistait à la décadence progressive de ses forces physiques, ne ces-
sait de penser aux moyens qui pouvaient assurer
le salut de l'armée. On voulait le nommer général
en chef, mais il avait la conscience de son état; il
fit réunir les officiers supérieurs dans sa chambre
et il leur dit : « Messieurs, je suis blessé mortellement, et même si je dois vivre, ce que je ne crois
pas, je serai longtemps hors d'état de servir. Il
est nécessaire que l'armée ait sur le champ un
chef, actif, aimé de tout le monde, connu des
paysans, ayant la confiance de tous; c'est le seul
moyen de nous sauver. M. de La Rochejacquelein
est le seul qui se soit fait connaître des soldats
de toutes les divisions. M. de Donnissan mon

beau-père, n'est pas du pays; on ne le suivrait pas si volontiers, de plus il ne s'en soucie pas. Le choix que je propose ranimera le courage des Vendéens : je vous conseille et je vous propose de nommer M. de La Rochejacquelein. Quant à moi si je vis, vous savez que je n'aurai pas de querelles avec Henri : je serai son aide-de-camp. »

Le conseil de guerre se forma et Henri de La Rochejacquelein fut élu à l'unanimité. C'est ainsi que Lescure voulant faire encore quelque chose sur son lit de mort pour la Vendée qu'il ne pouvait plus servir lui-même, fit nommer général d'une retraite, ce héros d'avant-garde. Henri de La Rochejacquelein protesta seul, il alléguait sa jeunesse, son inexpérience, le rôle peu important qu'il avait jusque-là joué dans le conseil. Sans ambition, sans vanité, ne demandant que sa part de périls, Henri qui se montrait toujours le premier au feu s'était caché dans un coin pour se dérober aux honneurs qu'on venait de lui déférer. Il fallut que Mme de Lescure allât chercher cet enfant héroïque qui pleurait à chaudes larmes en songeant à la responsabilité qu'on voulait lui imposer. Il se jeta au cou de M. de Lescure en répétant qu'il ne savait que se battre, et comme celui-ci lui faisait un devoir d'accepter les fonctions que lui seul pouvait remplir, Henri le supplia de lui promettre au moins de reprendre le commandement dès qu'il serait guéri. Lescure ne lui cacha point qu'il ne croyait pas à sa guérison; mais il ajouta : « Si cela arrive

je serai ton aide-de-camp, je t'aiderai à vaincre
cette timidité qui t'empêche de te livrer à la force
de ton caractère et d'imposer silence aux brouillons
et aux ambitieux. »

Nous ne nous traînerons point sur cette route
du Mans où l'armée vendéenne s'avançait lentement, suivie d'un cortège de vieillards, d'enfants
et de femmes, en laissant à chaque pas une em-
preinte sanglante derrière elle. C'était comme une
longue agonie de la Vendée montant à son calvaire.
Cette agonie ne fut pas sans gloire ; la mourante se
relevait de temps en temps pour férir un dernier coup
d'épée et, dans cette fuite d'un nouveau genre, chaque
étape s'achetait au prix d'un triomphe. Jamais Henri
de La Rochejacquelein ne fut plus admirable qu'à cette
époque. Aux qualités héroïques qu'il avait, vinrent
s'ajouter celles qui lui avaient manqué jusque-là.
Le sentiment de sa responsabilité lui donna la prévoyance qui prépare et combine toutes choses, la
prudence qui gouverne et modère l'élan. Dès qu'il
y eut un général en chef il fallut délibérer sur la
route que l'on suivrait. M. de Lescure qui avait
conservé le bon souvenir de ses rapports avec Charette aurait voulu qu'on se dirigeât sur Nantes ; il
pensait qu'on pourrait ainsi rallier ensemble toutes
les armées vendéennes et rentrer dans le Bocage
par un point sur lequel on n'était point attendu.
Mais les paysans avaient gardé un si triste souvenir
de la journée du 29 juin qui avait vu échouer leurs
efforts devant Nantes, et tomber Cathelineau, qu'on

leur aurait ôté le peu d'espoir qui leur restait, en voulant les conduire vers cette ville. On choisit donc la route de Rennes. C'était la capitale de la Bretagne, et l'on espérait, si l'on s'en rendait maître, provoquer le soulèvement de la province entière et transporter ainsi la guerre contre la République sur un nouveau théâtre où l'on trouverait des ressources et de nombreux auxiliaires. Malheureusement les Vendéens se présentaient en fugitifs. Ils n'étaient plus au temps, où libres de tout embarras, ils laissaient leurs femmes et leurs enfants dans leurs foyers, au milieu des profondeurs du Bocage, encore inaccessibles aux républicains, et pouvaient précipiter leur marche en avant ou leur retraite, sans être arrêtés par cette population de femmes et d'enfants qu'ils traînaient maintenant derrière eux. Ceux qui voyaient le malheur auquel ils étaient réduits, devaient être peu tentés de s'associer à leur destinée. En outre le prince de Talmont avait demandé qu'on marchât sur Laval par Segré et Château-Gontier. Ce n'était pas la route la plus courte, mais l'armée vendéenne se trouvait ainsi conduite sur les domaines de la famille de Talmont et le prince faisait espérer qu'elle y trouverait de nombreux auxiliaires.

Lescure qui avait fait un effort pour rendre un dernier service à la Vendée en déterminant la nomination de Henri de La Rochejacquelein, était retombé dans un état de prostration douloureuse. Cependant il sortit de cet état d'anéantissement pour repousser les offres généreuses d'un jeune homme des environs de Varades, qui offrait de le cacher, ainsi que Mme de Lescure sa mère et sa tante. Il ne voulut à aucun prix se séparer de l'armée. Mme de Lescure fut tentée d'accepter cette offre pour sa fille, mais elle craignit que plus tard on ne la portât aux enfants trouvés et on ne la gardât. Elle ajoute dans ses Mémoires avec un sentiment profond : « On ne pouvait se résoudre à se séparer de ce qu'on aimait; on éprouvait le besoin de courir les mêmes dangers et d'avoir un sort commun. » Il fallait songer à transporter M. Lescure; il souffrait horriblement, on ne put cependant se procurer de voiture, il fallut le mettre dans une charrette, dont les cahots, par ces chemins affreux, lui arrachaient des cris de douleur. Il arriva à Ingrande presque sans connaissance. Il fallut le lendemain construire un brancard avec un vieux fauteuil, au-dessus duquel on plaça des cerceaux pour soutenir des draps qui garantissaient tant bien que mal le blessé contre le froid. Mme de Lescure marcha à pied avec sa femme de chambre à côté du brancard de son mari. Une toux violente causée par un gros rhume, augmentait les souffrances presque intolérables du pauvre blessé; sa patience demeurée jusque là inaltérable, commençait à s'épuiser. Lescure était ainsi porté entre deux files de cavaliers qui lui servaient d'escorte. Un corps assez nombreux d'infanterie marchait derrière. Mme de Lescure que les bottes qu'elle portait faisaient cruellement souffrir, demanda au bout de quelque temps à Forêt qui commandait l'escorte, de lui prêter son cheval, car elle ne pouvait plus avancer. Heureusement, M. de Beauvollier parvint à se procurer une berline, on démonta un canon et on le brisa pour en atteler les chevaux à cette voiture, où l'on plaça Lescure sur un matelas; M. Durivault y entra avec lui. Agathe, femme de chambre de Mᵐᵉ de Lescure, soutenait la tête de son maître, avec lequel elle avait été élevée, Mᵐᵉ de Lescure qui ne pouvait panser son mari à cause de sa vue qui était très-basse et de son émotion qui faisait trembler sa main, cheminait à cheval à côté de la voiture. Les souffrances du blessé étaient si grandes, que souvent on était obligé d'arrêter la voiture; alors l'arrière-garde le rejoignait. Puis, lorsque la plaie s'entr'ouvrant, laissait s'épancher quelques gouttes d'un liquide séreux, les douleurs devenaient moins aigues, et l'on pouvait reprendre la marche.

On n'était plus qu'à une lieue de Condé, lorsque tout-à-coup un cri s'éleva sur la route: « Voici les hussards! » Le premier mouvement de Mᵐᵉ de Lescure fut de s'enfuir, mais dans le moment même son devoir lui apparut, et la vive tendresse qu'elle portait à M. de Lescure parla plus haut que la peur. Elle entra dans la voiture pour être sûre de mourir avec son mari, si les républicains arrivaient. Elle craignait la mort, mais elle avait encore plus de religion et d'amour pour son mari que de crainte de la mort, et elle se privait ainsi elle-même de tout moyen de fuir. Lescure, réveillé par ces clameurs, comme il l'était toujours par les bruits d'armes, demandait un fusil, et voulait qu'on le descendît de la voiture. Il assurait qu'il pourrait combattre encore, si quelqu'un voulait le soutenir. Sans sa faiblesse, qui était extrême, il aurait quitté la voiture, malgré toutes les représentations de sa femme. Ce n'était qu'une fausse alerte. Le soir, on arriva à Condé, et le lendemain à Château-Gontier. L'émigration vendéenne n'avait de militaire que son avant-garde et son arrière-garde; le centre ne présentait qu'une multitude confuse qu'une attaque de flanc eût trouvée sans défense. Seulement, quand Mme de Lescure voulait traverser à cheval cette multitude, elle était obligée d'écarter d'une des mains les baïonnettes qui pointaient de toutes parts, comme en cheminant dans un champ de blé, on écarte les épis qui cachent le sentier qu'on veut suivre. À toutes les souffrances morales qu'éprouvait Mme de Lescure venaient s'ajouter l'épuisement de la fatigue et les tortures de la faim. Quand elle arriva à Château-Gontier, elle n'avait mangé de toute la journée que deux pommes. Cette multitude, entrant dans des villes et des bourgs où elle n'était pas attendue, ne trouvait aucuns vivres rassemblés pour sa nourriture. On vivait un peu au hasard. Combien de fois la jeune femme, qui avait été élevée dans les splendeurs et les magnificences du château de Versailles, ne fut-elle pas obligée de demander à ses hôtes des hardes grossières,

mais propres, pour remplacer son linge et ses vêtements? Il y eut un combat aux portes de Laval; un
rassemblement de quinze mille gardes nationaux
voulurent arrêter les Vendéens, mais ils ne purent
soutenir leur choc. Ce fut dans ce combat que
Henri de La Rochejacquelein, qui portait toujours
le bras droit en écharpe, depuis le combat de Martigné, se trouva seul dans [un chemin creux aux
prises avec un fantassin; il le saisit au collet de la
main gauche; il gouverna si bien son cheval avec
ses jambes, qu'il le mit hors d'état de lui faire aucun mal. Les Vendéens accoururent et voulurent
tuer ce soldat; mais Henri ordonna qu'on le laissât
aller. « Retourne vers les républicains, lui cria-t-
il, et dis-leur que tu t'es trouvé seul avec le général des brigands, qui n'a qu'un bras et point d'armes, et que tu n'as pu le tuer. »

Les premiers jours que l'armée passa à Laval,
améliorèrent sensiblement l'état de Lescure. Le
repos et les bons soins qu'on put lui donner, ame-
nèrent un mieux notable et le cœur de Mme de
Lescure se rouvrait déjà à l'espérance. Jusque-là,
l'émigration vendéenne avait rencontré peu d'obstacle. Les gardes nationaux et les détachements
de troupes de ligne qui avaient essayé de lui barrer
le passage, n'avaient pu soutenir son choc. Mais
l'armée républicaine qui l'avait obligée à passer la
Loire la suivait de loin et avec une certaine lenteur, parce qu'elle restait indécise sur la question
de savoir si les Vendéens se dirigeaient sur Angers

ou sur Nantes. Peu reconnaissants de la clémence
que les Vendéens avaient montrée à Saint-Florent
envers les prisonniers républicains, les Bleus jetèrent dans la rivière à Château-Gontier, quatorze
blessés royalistes que l'on avait été obligé de laisser dans l'hôpital. Peut-être, ceux qui commirent
cette indignité, étaient-ils au nombre des auditeurs
dont Merlin disait dans son rapport du 19 octobre,
au comité de salut public. « Quelques-uns d'entre
« les nôtres, se laissaient toucher par ce trait
« d'incroyable hypocrisie des brigands, ces lâches
« ennemis de la nation qui ont épargné plus de
« quatre mille républicains qu'ils tenaient prison-
« niers. Je les ai pérorés, et ils ont bientôt com-
« pris qu'ils ne devaient aucune reconnaissance
« aux brigands. Mais comme la nation n'est pas
« encore à la hauteur de nos sentiments patrioti-
« ques, vous agirez sagement en ne soufflant pas
« mot sur une pareille indignité. Des hommes li-
« bres, acceptant la vie de la main des esclaves,
« ce n'est pas révolutionnaire. Il faut donc ense-
« velir dans l'oubli cette malheureuse action. N'en
« parlez pas même à la Convention. Les brigands
« n'ont pas le temps d'écrire, ou de faire des
« journaux : cela s'oubliera comme tant d'autres
« choses. Nous allons maintenant marcher contre
« eux, mais je regretterai longtemps de n'avoir pu
« leur faire prendre un immense bain de pied dans
« la Loire. »

Ainsi parlait Merlin, et les sanglantes exécutions

que les républicains attachés aux traces des Vendéens, accomplirent partout sur leur passage, prou-
vèrent une fois de plus que dans les temps de
révolution, il n'y a pas que les balles et les baïonnettes qui tuent, et que les paroles allument une
fièvre de meurtre qui se désaltère dans le sang.

Le 25 octobre 1793, l'avant-garde de l'armée
républicaine arriva à une heure avancée de la soirée, non loin de la ville de Laval. Le bruit de son
approche s'était répandu et Mme de Lescure fit
transporter son mari dans le faubourg le plus éloigné de la porte de la ville qui donne sur la route
de Château-Gontier, par laquelle devaient arriver
les Bleus. On voulut d'abord lui faire croire que
c'était une fausse alerte, mais il entendit les préparatifs du combat. On exhortait les paysans à bien
faire. M. de Lescure qui, depuis la faible amélio-
ration qui s'était manifestée dans sa santé, recom-
mençait à s'occuper avec son dévouement ordinaire
de tout ce qui pouvait être utile à la cause vendéenne, avait envoyé successivement deux officiers
pousser de fortes reconnaissances dans la direction
de Château-Gontier. Cette avant-garde républicaine
qui croyait surprendre la ville, fut au contraire surprise sur la lande de la Croix-Bataille, à moins de
deux lieues de Laval, par l'armée vendéenne. Il
était minuit quand le combat s'engagea. Les sombres éclairs de la fusillade et de la canonnade éclai-
raient seuls cette lutte furieuse qui se termina pour
les républicains par un échec grave, qui les obligea

à retrograder jusqu'à Château-Gontier. Il arriva plus d'une fois pendant ce combat, que les Bleus et les royalistes prirent des cartouches dans le même caisson. Quelques-uns tendirent la main à un ennemi, en le prenant pour un ami, et puis le reconnaissant à son uniforme, le frappèrent d'un coup mortel. Ce n'était là qu'un premier engagement. Les Bleus ne parurent pas dans la journée du lendemain ; ils se concentraient à Château-Gontier pour attaquer avec toutes leurs forces qui se montaient à près de trente mille hommes, et ils se contentèrent de prendre position dans la soirée du 26 octobre, à Villiers, à mi-chemin de Laval. Les Vendéens se préparèrent à une action générale qui devait décider de leur sort. Ils étaient en présence de ces redoutables Mayençais qui, après avoir éprouvé de graves échecs, avaient fini par les chasser de leur pays, Ils avaient à prendre une revanche. En outre, chacun sentait bien que la vie de sa femme et de ses enfants qui suivaient l'armée, était au prix d'une victoire. Lescure, qui s'était trouvé assez bien pour revenir à cheval à son premier logis, manifesta le désir d'aller au combat. Sa femme eut beaucoup de peine à lui faire abandonner cette idée que son état rendait irréalisable.

Mais on ne put empêcher l'agitation générale de réagir sur lui. Debout à sa fenêtre, il exhortait les soldats, qui partaient pour le combat, à faire leur devoir en chrétiens et en hommes de cœur, en appelant par leurs noms ceux qu'il reconnaissait,

Il portait envie à ceux de ses compagnons d'armes qui avaient encore du sang à donner pour la cause qu'il avait si valeureusement défendue. Le mouvement de la bataille était dans son cœur et dans son esprit. Cette matinée d'émotion devait lui être fatale. Cette fièvre morale qui le dévorait devait détruire en quelques heures le bénéfice de ces trois journées de repos physique, qui semblaient l'avoir mis en voie de convalescence.

Le 27 octobre 1793, à onze heures du matin, la bataille commença, en avant d'Entrames, bourg situé sur la petite rivière de Jouanne qui, à peu de distance, se jette dans la Mayenne. L'Echelle, qui commandait en chef l'armée républicaine, n'avait, on l'a dit, ni talent ni courage; mais il avait d'habiles et courageux lieutenants : il suffit de nommer Kléber, Marceau, Beaupuy, Dembarère. Deux commissaires de la Convention, Merlin et Turreau, étaient là pour aiguillonner, par la crainte des supplices, ceux que leur courage ne précipiterait pas au devant de tous les périls. Les Vendéens, qui comprenaient que leur salut était dans la victoire, attaquèrent les républicains avec une impétuosité irrésistible, s'emparèrent en un moment de deux pièces de canon qui couvraient l'avant-garde ennemie, et rejetèrent cette avant-garde sur Entrames. Kléber soutenait vigoureusement son avant-garde, commandée par Beaupuy; se trouvant en face de Henri de La Rochejacquelein, qui dirigeait en personne les mouvements de son armée, il frémissait d'être obligé de reculer devant son jeune adversaire. Henri de La Rochejacquelein, entouré de Royrand, d'Autichamp, de Beaugé, de la Marsonnière, s'était placé en tête de ses colonnes d'attaques, à côté d'une batterie qu'il faisait avancer à mesure que les royalistes gagnaient du terrain. Les pièces conquises sur les Bleus étaient à l'instant tournées contre eux, et augmentaient la force de la batterie royaliste, qui avançait toujours en rompant les rangs des Bleus toutes les fois qu'ils tentaient de se réformer. Tous les feux des républicains se concentraient sur cette batterie mobile, et sur ceux qui l'entouraient. Le péril était si grand qu'il fallait faire marcher à coups de fouet les conducteurs de la batterie.

La Rochejacquelein, au plus fort du feu, dirigeait tout. La Marsonnière, de Royrand étaient tombés blessés, mais les Vendéens avançaient toujours. Pendant cette attaque de front, une forte colonne, dérobant sa marche, s'avançait silencieusement par des sentiers que les accidents de terrain dérobaient aux Bleus. Jean Chouan, homme du pays, et qui connaissait merveilleusement les lieux, conduisait cette colonne. Elle parvint à tourner les républicains, qui tout-à-coup entendirent retentir sur leurs flancs et sur leurs derrières les cris de « Vive le Roi » suivis d'une vive fusillade. La seconde ligne des républicains fut ébranlée, puis elle prit la fuite. Leur généralissime l'Echelle était au nombre des fuyards. Les redoutables Mayençais eux-mêmes sont entraînés dans la déroute. Kléber a dit, dans ses Mémoires, en parlant de cette journée : « Cris, « exhortations, menaces sont vainement employés. « Le désordre est à son comble, et, pour la pre- « mière fois, je vois fuir les soldats de Mayence. « L'ennemi nous poursuit; il s'empare successive- « ment de nos pièces, qu'il dirige contre nous. La « perte des hommes devient considérable. »

Les Bleus avaient espéré se rallier dans la ville de Château-Gonthier, forte position couverte par la Mayenne. Les bataillons de grenadiers étaient res- tés en réserve dans cette ville, mais Henri de La Rochejacquelein savait trouver de ces paroles qui électrisent le soldat. — « Eh bien, mes amis! leur « cria-t-il, est-ce que les vainqueurs coucheront « dehors, et les vaincus dans la ville. » Les Ven- déens prirent encore une fois leur élan, enlevèrent au pas de course la batterie qui défendait le pont, culbutèrent les Mayençais et les poursuivirent à tra- vers la ville. Kleber, frémissant de fureur, essaya de reformer encore une fois ses bataillons au sortir de Château-Gonthier. Mais La Rochejacquelein fait établir une batterie sur une hauteur et foudroie les républicains. C'est alors que Beaupuy, le corps tra- versé par une balle, repousse ceux qui veulent le panser, et s'écrie avec désespoir : « Qu'on me laisse ici et qu'on présente ma chemise sanglante à mes grenadiers! « Ces fiers grenadiers se reconnais- sent vaincus, rien ne peut les arrêter. Ils fuient jusqu'à l'embranchement des routes de Segré et du

Lion-d'Angers, à huit lieues du point où la bataille avait commencé. Il faut que Kléber lui-même proclame sa défaite. Les républicains, c'est lui qui l'a dit, ne s'arrêtèrent que là où ils n'entendirent plus le bruit du canon. Cette armée était tellement dispersée, que c'est à peine s'il restait le lendemain sept ou huit mille hommes réunis. Il fallut ramener ces débris jusqu'à Angers pour les réorganiser. Cette terrible bataille qui dura douze heures, et dans laquelle Henri de Larochejacquelein, ayant en tête les plus habiles généraux de la république, montra une habileté égale à son ardeur, et sans rien donner au hasard où à la témérité, tira de son succès tout ce qu'il pouvait en tirer, fut terminée par une des plus belles victoires de la Vendée. Un écrivain militaire, dont le jugement fait autorité, le général Jomini a écrit au sujet de cette journée : « Cette « grande bataille place bien haut ce jeune homme « dans l'estime des gens de guerres. »

Malheureusement Henri de La Rochejacquelein ne trouvait cette force de caractère que sur le champ de bataille. Dans le conseil, la timidité et la modestie de la jeunesse venaient ressaisir cette vive intelligence ; il n'imposait plus son avis comme un général en chef, il le proposait comme un simple officier. Son avis eut été de marcher sur Angers, de prendre cette ville et de repasser la Loire. Dans le premier moment d'étourdissement où les républicains avaient été jetés par leur défaite de Laval, ce plan eut été réalisable. Mais, pour ne pas accepter la responsabilité d'une détermination si grave, La Rochejacquelein voulut recueillir les avis. L'occasion qu'il aurait fallu saisir s'évanouit, et comme celui qui avait le droit de commander consultait, de tous côtés des opinions contraires surgirent. Les uns voulaient qu'on marchât sur Rennes, d'autres sur Granville, afin d'être en communication avec la mer; il y en avait même qui proposaient de marcher sur Paris, roman chevaleresque, qui plaisait à quelques imaginations héroïques, mais qui n'en était pas moins impraticable pour une armée chassée de son propre pays.

Il est vrai que Henri ne pouvait plus s'appuyer sur la sagesse et la fermeté de Lescure, pour résister aux intrigues et aux ambitions qui commençaient à s'agiter autour de lui, car, hélas! dans les meilleures causes, l'ambition et la vanité humaine trouvent leur place, et il se rencontre des gens pour se disputer l'honneur de présider à un désastre, comme il s'en rencontre pour se disputer la gloire de présider à un triomphe. Depuis la bataille de Laval, l'état de Lescure n'avait cessé d'empirer. L'agitation fiévreuse à laquelle il avait été en proie pendant la durée de la lutte, l'émotion, l'attente, l'anxiété, la joie même du succès, puis bientôt après les inquiétudes et la tristesse que lui causèrent les mésintelligences qui se manifestaient dans le conseil, exercèrent une influence fatale sur sa santé. Cet homme si calme et si posé d'ordinaire, était en proie à une surexcitation continuelle. Son esprit, tiraillé

entre les souvenirs glorieux du passé et les douloureuses prévisions de l'avenir, s'exaltait. Il avait
comme une espèce de transport facile à expliquer
par sa terrible blessure ; l'os du front, on s'en aperçut à Laval, après avoir coupé ses cheveux, était
fendu jusqu'à la partie postérieure du crâne. Sa malheureuse compagne commençait à craindre, sans
se l'avouer à elle-même, le funeste évènement qui la
menaçait. Effrayée de l'agitation de Lescure, elle
cherchait à la calmer par ces douces paroles que
les épouses chrétiennes trouvent au chevet de leurs
époux mourants. Dieu lui réservait du moins une
consolation, il allait lui rendre pour quelques instants, le Lescure de ses premiers beaux jours, hélas
trop rapidement écoulés! avec cette patience que
rien ne lassait, cette bonté que la souffrance ne pouvait altérer, cette affection si tendre et si pure, cette
confiance en Dieu et cette résignation qui grandis-
saient avec les épreuves. L'armée avait séjourné
neuf jours à Laval; c'était la surveille de son départ. Mme de Lescure était couchée sur un matelas
près du lit de son mari. Elle était seule avec lui,
ce qui lui était arrivé bien rarement depuis sa blessure. Elle a raconté elle-même dans ses Mémoires,
la scène que nous transcrivons avec un pieux respect : qui pourrait espérer de dire mieux qu'elle,
qui voudrait essayer de dire autrement qu'elle, ce
qui se passa dans cette scène suprême, les dernières paroles de Lescure mourant, les mutuels et
tristes épanchements des deux époux?

« —Je le croyais assoupi, dit-elle ; il m'appela et me dit avec sa douceur accoutumée, qu'il reprit alors et qui ne le quitta plus : « Ma chère amie, ouvre les rideaux. » Je me levai et je les ouvris. « Le jour est-il clair ? continua-t-il. — Oui, répondis-je. — J'ai donc comme un voile devant les yeux ; je ne vois plus distinctement. J'ai toujours cru que ma blessure était mortelle. Je n'en doute plus. Chère amie, je vais te quitter : c'est mon seul regret, et aussi de n'avoir pu mettre mon roi sur le trône. Je te laisse au milieu d'une guerre civile, grosse et avec un enfant : voilà ce qui m'afflige. Tâche de te sauver ; déguise-toi, cherche à passer en Angleterre. » Quand il me vit étouffer de larmes : « Oui, continua-t-il, ta douleur seule me fait regretter la vie ; pour moi, je meurs tranquille. Assurément j'ai péché, mais cependant je n'ai rien fait qui puisse me donner des remords et troubler ma conscience. J'ai toujours servi Dieu avec piété, j'ai combattu et je meurs pour lui ; j'espère en sa miséricorde. J'ai souvent vu la mort de près, et je ne la crains pas ; je vais au ciel avec confiance. Je ne regrette que toi ; j'espérais faire ton bonheur. Si je t'ai jamais donné quelque sujet de plainte, pardonne-moi. » Son visage était serein ; il semblait qu'il fût déjà dans le ciel. Seulement, quand il me répétait : « *Je ne regrette que toi,* » ses yeux se remplissaient de larmes. Il me disait encore : « Console-toi en songeant que je serai au ciel ; Dieu m'inspire cette confiance. C'est sur toi que je pleure (1). »

Mme de Lescure était comme suffoquée par ses larmes. Elle s'enfuit un moment pour pleurer en liberté. Mais bientôt son mari l'envoya chercher; il voulait la voir encore, et lui consacrer les dernières heures du temps qui allait lui échapper. Il lui parla avec une piété et une tendresse admirables. Elle recueillait ses paroles dans son cœur avec cette religieuse attention qu'on porte aux derniers accents d'une voix bien chère qui va bientôt s'éteindre. Plein d'une tendre pitié pour la douleur de sa jeune femme, Lescure, qui ne pouvait lui donner sa résignation, feignit de partager un moment les illusions qu'elle tâchait de conserver. Il lui dit donc que peut-être il se trompait sur son état, et qu'il fallait faire une réunion de médecins. Quand ils furent réunis : « Messieurs, je ne crains pas la mort, leur dit-il; dites-moi la vérité : j'ai quelques préparatifs à faire. » Les médecins donnèrent un peu d'espoir. Lescure répondit sans s'émouvoir : « Je crois que vous vous trompez; mais ayez soin de m'avertir quand le moment approchera. »

La victoire de Laval avait au moins procuré un sursis aux Vendéens. Ils purent ne quitter cette ville que le 2 novembre 1793. On marchait sans être très-certain du but vers lequel on se dirigeait. Sur la route qui conduit à Mayenne, quelqu'un,

(1) Mémoires.

qui s'était procuré un journal, vint lire à Lescure les détails du supplice de la reine. Il ignorait que cette grande reine qu'il avait connue, servie et à laquelle il était si profondément dévoué, eût suivi Louis XVI sur l'échafaud. Un cri de douleur, d'indignation et de vengeance lui échappa. Le lendemain 3 novembre, l'armée, après avoir couché à Mayenne, s'arrêta pour une nuit à Ernée. Mᵐᵉ de Lescure, accablée de fatigues, s'endormit profondément sur un matelas placé, comme à l'ordinaire, au pied du lit de son mari. Pendant ce sommeil, qui lui rendait des forces dont elle allait avoir un si grand besoin, on s'aperçut tout-à-coup que l'état du malade empirait visiblement. L'agonie commençait. On appela le médecin ; le malade demanda lui-même un prêtre. Mais presque aussitôt après sa parole s'éteignit. Il ne put recevoir que l'absolution et l'Extrême-Onction. On avait fait le moins de bruit possible, afin de ne pas réveiller Mᵐᵉ de Lescure, qui ne devait être que trop tôt rendue à la terrible réalité de sa situation. C'était un lamentable spectacle que celui de cette jeune femme paisiblement endormie, et peut-être bercée de songes heureux, au pied du lit de douleurs où agonisait son mari. A une heure du matin, le sommeil la quitta. Quel douloureux réveil !

M. de Lescure avait encore sa connaissance, mais il ne parlait plus. Il regarda sa femme, leva les yeux au ciel, lui serra la main et pleura. Il voulait sans doute lui marquer le lieu où il n'y a

plus ni larmes, ni séparations. Il y a des douleurs
qu'il faut renoncer à peindre. Mme de Lescure n'a-
vait même pas la triste consolation qui reste à ceux
qui assistent aux derniers moments d'une personne
aimée, la consolation d'assurer à ses derniers moments, le repos et la tranquillité, suprême service
que les vivants peuvent rendre à ceux qui vont
mourir. Rien n'était inviolable pour les Bleus, ni
la majesté d'un lit de mort, ni celle d'un tombeau,
Ils poursuivaient les Vendéens jusque dans les angoisses de l'agonie, et quand ils n'avaient pas pu
les atteindre vivants, ils mutilaient leurs restes.
Mme de Lescure le savait, on le lui rappela. Cette
idée la décida à partir, quoiqu'elle eut dit d'abord
qu'elle resterait, coûte que coûte, pour ne pas augmenter les souffrauces du mourant. Quel départ!
Quel voyage! Mme de Lescure s'était couchée dans
la voiture sur un matelas, à côté de son mari ago-
nisant, à qui ses vives souffrances arrachaient souvent des gémissements. Agathe, cette femme de
chambre qui avait été élevée avec M. de Lescure
et qui était habile à lui donner des soins, s'était
étendue de l'autre côté. Mme de Donnissan qui
voyait bien que le dernier moment était proche,
cherchait à arracher sa fille au funèbre spectacle
qu'elle allait avoir sous les yeux. Elle lui repré-
senta que le chirurgien serait plus utile qu'elle dans
la voiture, parce qu'il pourrait donner les soins de
son art au blessé. Mme de Lescure était comme
brisée par le sentiment du malheur inévitable qui

allait l'atteindre. Tant qu'elle avait eu une lueur
d'espoir, elle avait lutté; maintenant sa volonté
n'avait plus de ressort. Elle suivait machinalement
l'impulsion qu'on lui donnait; elle était habituée à
obéir à sa mère, elle lui obéit et se laissa mettre à
cheval. Ce coup de massue qu'elle allait recevoir
sur le cœur, lui causait une sorte d'étourdissement
moral. Elle souffrait horriblement sans se rendre
compte de ses impressions, seulement elle se sentait animée d'une rage désespérée contre les Bleus
qui avaient tué M. de Lescure, et elle a raconté
depuis qu'elle poussa plus d'une fois instinctivement
son cheval pour lui faire fouler le corps de quelques
républicains étendus sur la route, car bien qu'on
n'eut pas rencontré jusque-là de graves obstacles,
l'avant-garde avait toujours quelques engagements
avec les gardes nationales des villes, qui cherchaient
à arrêter la marche de l'armée.

On était dans la matinée du 4 novembre 1793;
il y avait une heure qu'on marchait ainsi; on était
près de la Pélerine, lorsqu'il se fit un mouvement
dans la voiture; un bruit de sanglots vint expirer au
dehors, puis on n'entendit plus rien. Mme de Lescure
s'élança pour entrer. On l'arrêta en lui disant que
M. de Lescure était dans le même état, et qu'il y
aurait de l'inconvénient à ouvrir la portière, parce
que le froid pourrait le saisir et aggraver son état.
Elle essaya de croire à cette objection, et se soumit.
Elle trouvait encore quelque douceur à prolonger
la douloureuse incertitude où elle était; elle aurait

voulu interroger, mais elle avait peur d'apprendre. Pendant sept heures elle chemina ainsi à cheval auprès de cette voiture, ne sachant si elle contenait la vie ou la mort; malade d'esprit et de corps, car elle était dans un état de grossesse avancée, elle éprouvait comme un sommeil de la pensée qui n'excluait pas la douleur.

Pendant que cette triste scène se passait sur la route auprès de la Pélerine, on se battait à l'avant-garde aux portes de Fougères. C'était ainsi, en effet, que l'émigration vendéenne s'avançait dans ce pays inconnu pour elle. Elle ressemblait à une épée dont la pointe marche toujours en avant. La Rochejacquelein entouré des chefs les plus vaillants et des meilleurs soldats lui ouvrait un chemin en triomphant de tous les obstacles; la population qui ne pouvait combattre, les vieillards, les femmes, les enfants, les blessés, suivaient le chemin qu'on leur avait ouvert; derrière eux marchait une vaillante arrière-garde toujours prête à combattre, car l'émigration vendéenne, attaquée de front, devait être bientôt de nouveau poursuivie. Dès quatre heures de l'après midi, les républicains qui avaient voulu défendre Fougères, en construisant à la hâte quelques retranchements, avaient été mis en fuite; leur artillerie était prise et les Vendéens étaient maîtres de la ville. Mais pour y entrer, on avait été obligé d'ouvrir une brèche étroite dans les ouvrages de terre, élevés par les Bleus. Quand Mme de Lescure approcha de cette brèche, la seule par laquelle on put entrer dans la ville, on lui dit qu'il faudrait plusieurs heures pour que la voiture pût passer, si grand était l'encombrement aux abords de cette unique issue. Il était même extrêmement difficile de passer à cheval. Mme de Donnissan qui cherchait avec une sollicitude maternelle à éloigner sa fille de cette triste voiture qu'elle couvait pour ainsi dire des yeux, lui conseilla de descendre de cheval, et de chercher à entrer à pied dans la ville; malgré l'état d'abattement dans lequel elle était tombée, elle refusa d'abord de suivre ce conseil; il lui semblait qu'elle était attachée par un invincible lien à cette voiture qui contenait sa destinée qu'elle ne connaissait pas encore, et que ce lien ne pouvait être rompu, sans qu'en même temps son cœur se brisât. Mais on fit retentir à ses oreilles un mot qu'on ne prononçait jamais en vain devant elle, le devoir : elle se devait à l'enfant qu'elle portait dans son sein et dont elle avait déjà peut-être compromis la vie, par tant d'émotions, de fatigues et de secousses. L'épouse avait résisté à toutes les instances, la mère céda. Mais elle demanda au chevalier de Bauvolliers qui allait l'accompagner, sa parole d'honneur, que dès que la voiture de M. de Lescure serait arrivée, il l'y conduirait. Le chevalier donna la parole demandée, et Mme de Lescure descendue de cheval, essaya de se traîner vers la ville au milieu de la foule qui en obstruait les abords.

Comme il faisait nuit close, elle se trouva bientôt

séparée de sa famille. Son état, la fatigue, ses souffrances physiques et morales l'avaient tellement affaiblie qu'elle crut d'abord qu'elle ne pourrait faire un pas. M. de Bauvolliers voulut essayer de la porter; mais malgré la vigueur de sa constitution, il ne put y réussir tant il était accablé par la fatigue. Ils arrivèrent enfin dans la première maison de Fougères. Les soldats Vendéens qui l'occupaient déjà, firent approcher Mme de Lescure du feu et lui firent boire un peu de vin. Quelque temps après, sa mère l'envoya chercher pour la conduire au logement qu'elle avait dans la ville. Elle trouva un lit préparé et on voulut la faire coucher. Elle s'assit silencieusement près du feu, puis se contenta de demander si la voiture de M. de Lescure était arrivée. Le bruit des roues se fit entendre; elle pria alors qu'on la laissât seule, et rappela à M. de Bauvolliers sa promesse. Il ignorait comme elle si M. de Lescure était encore en vie. Il sortit un instant et rentra bientôt, pâle et morne, et lui prenant les mains dans les siennes, il l'exhorta à se conserver pour son enfant. C'était tout lui dire. Son cœur ne l'avait pas trompée. Quand elle avait entendu dans la voiture un mouvement extraordinaire suivi de sanglots, c'en était fait, M. de Lescure venait d'expirer. Agathe avait eu le courage de rester pendant sept heures dans ce carosse devenu un lit de mort, pour ne pas révéler tout d'un coup la triste vérité à la veuve de Lescure.

Mme de Lescure n'avait plus rien à apprendre,

rien à espérer, rien à craindre. Elle souffrait cruellement; elle crut qu'elle allait faire une fausse couche. On ne savait où se procurer un chirurgien
pour la saigner. Un des chefs Vendéens qui se
trouvait là, M. Allard, descendit dans la rue, et se
mit à la parcourir en criant : « Un chirurgien pour
une femme qui se meurt! » On en trouva un à
grand'peine. C'était un homme de six pieds, à l'air
brusque et féroce, portant à sa ceinture quatre pistolets et un grand sabre. Mme de Lescure lui laissa
voir sa peur, il lui répondit brusquement que pour
lui il n'avait pas peur, qu'il avait tué plus de trois
cents hommes à la guerre et coupé le matin même
le col à un gendarme, et qu'il saurait bien tirer
quelques gouttes de sang des veines d'une femme.
Cette saignée sauva probablement Mme de Lescure.
Le lendemain, Henri de La Rochejacquelein et
d'autres amis de Lescure, entrèrent dans la chambre de sa triste veuve. Ils ne trouvèrent pas une
parole à lui dire et s'assirent loin d'elle en pleurant. Enfin Henri se leva et vint l'embrasser. « Vous
avez perdu votre meilleur ami, lui dit-elle; après
moi, vous étiez ce qu'il avait de plus cher au
monde. » Il lui répondit avec un accent qu'elle
n'oublia jamais : « Ma vie peut-elle vous le rendre,
prenez-là! » Dans cette chambre tout le monde
pleurait, car les qualités de Lescure l'avaient rendu
cher et respectable à toute l'armée.

Mme de Lescure dans le premier accès de sa douleur, ne voulait pas se séparer des restes de celui

qu'elle avait tant aimé. Sa tendresse ingénieuse à trouver des prétextes alléguait l'abominable habitude qu'avaient les républicains de mutiler les corps des chefs Vendéens et d'insulter dans la mort même, ceux qu'ils avaient persécutés pendant leur vie. Elle demandait donc qu'on embaumât le corps et qu'on lui permît de ne pas se séparer de cette chère dépouille, qu'elle emporterait dans sa voiture. Son père, jugeant les choses avec plus de sang-froid, lui objecta l'impossibilité d'un tel projet et lui parla encore de la nécessité d'éviter les émotions pour conserver la vie de son enfant. L'abbé Jagault célébra au milieu des larmes de toute l'armée, un service funèbre à Fougères, où l'on resta trois jours. En embaumant le corps on reconnut les traces d'un cilice que le saint du Poitou, c'est ainsi que le respect des Vendéens avait surnommé Lescure, avait porté dans sa jeunesse. Le cercueil suivit l'armée jusqu'à Avranches. Là M. de Donnissan le fit disparaître et enterrer d'une manière si secrète que les restes du héros Vendéen échappèrent aux profanations des républicains.

CHAPITRE HUITIÈME

Mme DE LESCURE APRÈS LA MORT DE SON MARI

Tant que Lescure a vécu, nous nous sommes laissé allé à suivre de plus ou moins loin les évènements de la guerre. L'intérêt de cette lutte avait diminué pour Mme de Lescure depuis la blessure de son mari dont l'état absorbait toute son attention. Cet intérêt cesse d'une manière presque absolue pour elle depuis la mort de Lescure. Cette noble et malheureuse veuve n'est plus, pour ainsi dire, qu'une épave du naufrage de la Vendée. Elle va où l'entraîne la vague humaine qui roule de Pontorson à Avranches, puis va se briser contre les murs de Granville, et qui, ainsi repoussée, roule vers Dol où l'armée vendéenne gagne encore, avant de succomber, deux grandes batailles, se dirige sur Antrain, Fougères et la Flèche, contre Angers enfin dont elle ne peut franchir les murailles, et vient expirer au Mans. Après cette journée, il n'y a plus que celle de Savenay, la journée du 23 décembre 1793, qui fut la dernière de la Vendée.

Pendant ces six semaines qui s'écoulèrent depuis la mort de Lescure jusqu'à la dispersion définitive de l'armée Vendéenne, Mme de Lescure souffrit tout ce qu'il est possible de souffrir du froid, de la fatigue, de la faim, de la misère, de la douleur surtout. Ne pouvant trouver des habits de deuil, elle avait voulu exprimer d'une autre manière le désespoir profond que lui causait la mort de son mari, et renonçant aux ajustements des femmes de son rang; elle portait l'humble costume d'une paysanne. Le chagrin et la fièvre lente qui la consumaient la rendaient encore plus méconnaissable que son vêtement. Sous ce costume elle fut plusieurs fois injuriée par les soldats Vendéens qui, ne la reconnaissant pas, lui reprochaient comme aux autres paysannes, leurs défaites qui, disaient-ils, étaient dues à la poltronnerie des femmes.

Il y a peu de faits particuliers à raconter à cette époque de sa vie. A Pontorson, on lui avait donné un écureuil d'une espèce étrangère, qu'on avait trouvé dans la chambre de la femme d'un officier républicain. Elle le tenait sur ses genoux, lorsque Henri de La Rochejacquelein entra. Il pâlit à cette vue, et lui dit qu'il éprouvait pour ce petit animal une horreur invincible. Elle le pria de passer la main sur son pelage rayé de noir et de gris. Il le fit, mais sa main tremblait. On eût dit que c'était un coin donné à la peur, dans ce grand caractère, par la nature qui se plait à ces sortes de jeux. A Dol, elle eut le bonheur de sauver la vie à un jeune homme qu'on allait fusiller, parce qu'il avait pris une pièce d'étoffe chez un marchand de drap. Dans cette même ville, elle s'était endormie de fatigue, quoiqu'elle souffrît de la faim; elle fut réveillée par une alerte. Sa mère lui dit alors qu'elle trouverait à manger dans un sceau de puits qui était sur la table. On avait fait cuire du mouton et des pommes de terre et, comme on avait trouvé ce ragoût trop salé, on l'avait porté à la fontaine pour y ajouter de l'eau. Elle pêcha avec son couteau quelques pommes de terre. « C'était là, ajoute-t-elle simplement, le souper que j'étais heureuse de trouver. »

Dans cette bataille de Dol, elle se trouva un moment poussée au milieu de trois ou quatre cents cavaliers, qui se ralliaient en criant d'un ton lugubre : « Allons, les braves, à la mort ! » Un de ces cavaliers leva son sabre sur elle, en disant : « Ah ! poltronne de femme, tu ne passeras pas ! — Ah ! Monsieur, répliqua-t-elle, je suis grosse et mourante; prenez pitié de moi. — Pauvre malheureuse, je vous plains, » répondit-il; et il la laissa passer. A quelques pas de là, elle rencontra un enfant de seize ans, M. du Chesne de Denan, aide-de-camp de M. de Talmont, qui ralliait les fuyards. Il ne la reconnut pas et s'écria : « Que les femmes s'arrêtent aussi, et qu'elles empêchent les hommes de fuir. » Elle se plaça à côté de lui, et resta silencieusement là pendant trois quarts d'heure. Quelques minutes après, elle rencontra le soldat qu'elle avait empêché d'être fusillé, et l'exhorta à aller se battre. Justifiant la protection qu'elle lui avait accordée, il ramassa un fusil, courut au feu, et se conduisit en homme de cœur. Les femmes furent admirables dans ce combat. Mme de Bonchamp rallia les gens de l'armée de son mari, qui s'enfuyaient. Mme de Donnissan témoigna son étonnement à Stofflet, qui s'était laissé un moment emporter dans la déroute, de le trouver en une telle place. Stofflet courut à l'avant-garde, et répara cet instant d'oubli par des actes d'une héroïque valeur. Il y eut même des femmes qui combattirent comme des soldats. Mme de Lescure vit la femme de chambre de Mme de la Chevalerie prendre un fusil et mettre son cheval au galop dans la direction de l'ennemi, en criant : « Au feu, les Poitevines ! » En racontant ce fait elle ajoute, avec une touchante simplicité : « Malgré mon peu de bravoure, j'eus bien le désir de m'opposer à la déroute ; mais j'étais si faible et si malade, que je ne pouvais me soutenir. Je voyais de loin quelques personnes de connaissance ; je n'osais me remuer pour aller les rejoindre, dans la crainte de paraître fuir, et d'ajouter ainsi au désordre. »

Dans la situation désespérée où se trouvait l'armée vendéenne, Mme de Lescure aurait certainement suivi le dernier conseil que lui avait donné son mari, si elle avait pu trouver le moyen de passer la mer pour se réfugier en Angleterre. Mais elle ne connaissait personne dans ce pays et elle n'avait pas même l'espoir d'arriver jusqu'au littoral depuis que l'expédition de Granville avait échoué. Elle se résigna donc à subir le sort commun de l'armée et elle confondit sa destinée avec celle de la Vendée.

C'est ainsi qu'elle suivit l'armée à Antrain après la seconde bataille de Dol qui fut plus désastreuse pour les Bleus que la première. Les vivres manquaient, elle vécut de quelques oignons qu'elle arracha dans un jardin de cette ville. Ces victoires, semblables à des remèdes impuissants qui prolongent l'agonie des malades, ne pouvaient sauver l'émigration vendéenne. Chacun comprenait qu'un peu plus tôt, un peu plus tard, il faudrait périr. car les républicains si souvent battus se recrutaient sans cesse, et les royalistes ne se recrutaient plus depuis qu'ils avaient passé la Loire. Sauf un petit nombre d'âmes fortement trempées qui voulaient combattre jusqu'au dernier moment par dévouement pour la cause et pour l'honneur du drapeau, on perdait peu à peu la force de lutter en perdant l'espoir de vaincre, et les âmes ordinaires ployaient sous la fatalité du dénoûement sinistre dont l'inévitable force des choses rapprochait chaque jour le moment.

Quand les Vendéens échouèrent devant Angers, Mme de Lescure qui sentait se glisser dans son cœur la contagion du désespoir commun, éprouva le

vague désir d'aller aussi au feu et de risquer sa vie
déjà affligée par tant de douleurs et réservée encore
à tant d'épreuves. Après avoir dormi sur la paille au
bruit du canon, dont les boulets portaient près du
lieu où elle était, elle monta à cheval et voyant que
les Vendéens perdant après une attaque de vingt
heures, l'espoir de prendre la ville, reculaient sur
toute la ligne, elle s'engagea assez avant sur le
champ de bataille, comme si un aimant secret l'attirait au plus fort du péril. Son père qui était au milieu de l'action, l'aperçut et envoya un cavalier qui
prenant son cheval par la bride la ramena en arrière. Mme de Lescure perdit sa tante dans cette
retraite d'Angers, et faillit perdre sa petite fille
qu'elle menait avec elle depuis le passage de la
Loire. A la Flèche, elle chercha en vain quelqu'un
qui consentit à se charger de cette enfant. A cette
époque la pitié témoignée à l'enfant d'une *brigande*
était un crime de lès-république, et la mort seule
pouvait expier un pareil attentat.

Pendant que l'excès des maux détendait les courages dans l'armée vendéenne, car la faible humanité ne peut pas plus supporter le malheur que le
bonheur quand il dépasse une certaine mesure, la
peur fermait devant les fugitifs, sinon tous les cœurs,
au moins toutes les portes. Ils ressemblaient à ces
lépreux du moyen âge que tout le monde évitait dans
la crainte d'être atteint de la maladie hideuse qui
les dévorait. Le malheur aussi est une redoutable
contagion que tout le monde appréhende. En vain

Mᵐᵉ de Lescure voulut-elle confier sa petite fille à une riche républicaine du Mans ; elle lui demandait de l'élever comme une pauvre petite paysanne, et l'assurait de sa reconnaissance pourvu qu'elle lui inspirât des sentiments de vertu et d'honneur. Cette femme refusa autant par esprit de parti que par crainte. Elle haïssait les royalistes, et dans l'exaltation de la passion révolutionnaire, elle se conduisit avec férocité contre les prisonniers après la défaite des Vendéens. Mᵐᵉ de Lescure qui avait perdu tout espoir, profita d'un moment, pendant lequel son hôtesse s'absenta, pour cacher sa petite fille dans son lit. Il lui semblait impossible, que cette femme, mère elle-même de sept enfants, abandonnât une faible et innocente créature ainsi léguée à sa pitié. La Providence en disposa autrement. Bontemps, ce fidèle valet de chambre de M. de Lescure, ne voyant nulle part l'enfant de son maître, rentra dans la maison d'où Mᵐᵉ de Lescure était sortie pour tâcher de se frayer un passage dans la Grande-Rue du Mans, encombrée d'hommes, de chevaux et de voitures traînées par des bœufs qui fuyaient pêle mêle, et ayant trouvé la petite fille, il l'emporta et s'écria en la montrant de loin à la pauvre mère qu'il aperçut dans la foule : « Je sauve l'enfant de mon maître ! » La pieuse ruse de l'amour maternel se trouvait déconcertée par ce dévouement empressé, et il ne lui restait plus qu'à courber la tête et à se résigner.

A quelques lieues du Mans, elle fut rejointe par

son père et par Henri de La Rochejacquelein qui,
après avoir fait les plus grands efforts pour arrêter
la fuite des Vendéens, avaient été obligés de les
suivre. Henri vint à elle et lui dit avec un accent
de surprise où perçait cette nuance affaiblie de joie
qu'on éprouve en rencontrant dans un désastre une
personne qui a pu y périr ! « Ah ! vous êtes sauvée ! » — Je croyais que vous aviez péri, répon-
dit-elle, puisque nous sommes battus. — Il lui
serra la main, et lui dit avec des larmes dans les
yeux : « Je voudrais être mort ! » Rien de plus
navrant que la rencontre du jeune généralissime
de la Vendée avec la jeune veuve de Lescure sur
la route du Mans à Laval. Leur âme était triste
jusqu'à la mort. Elle pleurait sur Lescure; il pleurait sur la Vendée qui venait aussi de recevoir le
coup fatal. Ce ne fut pas dans le combat que l'on
fit les plus grandes pertes. Dans le parcours des
seize lieues qui séparent le Mans de Laval, les
Bleus acharnés à la poursuite de cette troupe épuisée par la faim, la fatigue, les blessures et les maladies, n'avaient que la peine d'égorger. On n'é-
pargnait ni le sexe, ni l'âge; les enfants et les
femmes furent impitoyablement massacrés. Les
paysans républicains aidaient les soldats de Westermann dans cette besogne sanglante et le représentant Garnier écrivait à la Convention : « Dans
quatorze lieues de chemin, il n'y a pas une toise
de terrain qui ne soit couverte d'un cadavre. » On
estime à quinze mille le nombre des personnes

égorgées dans cette déroute. En outre, on avait perdu persque toute l'artillerie et toutes les munitions.

Mme de Lescure passa la nuit qui suivit la déroute du Mans dans un petit village situé à quatre lieues avant Laval. Elle était tellement accablée par la fatigue qu'elle ne pouvait se soutenir sur son cheval. A cette fatigue venait se joindre une inquiétude mortelle : elle ne savait ce que sa fille et sa mère étaient devenues et elle ne devait les retrouver qu'à Laval. C'était encore une des épreuves les plus cuisantes qu'on avait à subir dans cette situation désespérée. Il arrivait sans cesse que l'on perdait ses amis ou ses proches au milieu du désordre de ces retraites opérées à la hâte et poursuivies à outrance par les républicains, et comme ceux-ci ne faisaient jamais quartier à personne et réservaient pour l'échafaud ceux qu'ils ne fusillaient pas, on ne savait jamais si l'on reverrait les personnes dont on se trouvait séparé. A Laval, le 16 octobre 1793, Mme de Lescure et sa famille logèrent dans la maison où elles avaient déjà été recues lors du premier passage des Vendéens. Mais elles ne retrouvèrent plus leur hôte; il avait, ainsi que sa mère, expié sur l'échafaud le crime de ne pas avoir fermé sa porte aux ennemis de la République. Le lendemain en sortant de Laval pour se rendre à Craon, Mme de Lescure rencontra Henri de La Rochejacquelein. C'était la dernière fois qu'elle devait le voir. En lisant les journaux dans cette dernière ville elle apprit que la tante qu'elle avait perdue dans la retraite d'Angers, avait été arrêtée et fusillée malgré ses quatre-vingts ans, avec sept cents fugitifs, hommes et femmes, tombés dans les mains des républicains.

Le seul et dernier espoir de l'armée vendéenne, ou plutôt de ses tristes restes était de gagner assez d'avance sur l'armée républicaine qui la poursuivait, pour repasser la Loire et rentrer dans le Bocage. On marchait jour et nuit; il n'y avait en effet pas un moment à perdre, car Westermann, laissant son infanterie en arrière, suivait de près les fugitifs avec sa cavalerie, en tuant tout ce qu'il pouvait atteindre. De Craon on se dirigea par Puancé et Saint-Marc-la-Juelle, sur Ancenis. Les chemins étaient affreux, une pluie glaciale du mois de décembre venait transir les membres des fugitifs affaiblis par la faim. On ne savait comment transporter les malades et les blessés. Mme de Lescure vit un prêtre qui, fléchissant sous le fardeau, en portait un sur ses épaules, pour tâcher de le dérober à la rage des républicains. Elle-même épuisée, endolorie, fut heureuse de se coucher quelques heures avec sa fille mourante de la dentition, dans le chariot qui portait la caisse de l'armée.

Quand les têtes de colonnes de Vendéens atteignirent Ancenis, La Rochejacquelein et Stofflet qui les conduisaient, trouvèrent la ville évacuée par l'ennemi. Par malheur pour les fugitifs, la Loire était dans une de ses grandes crues, et les républi-

cains en s'éloignant avaient attiré les bateaux vers
l'autre bord. Cependant l'armée vendéenne en re-
voyant cette rive qu'elle avait si souvent regret-
tée, eut un moment de joie. Il lui semblait que
tout était sauvé, puisque le Bocage lui apparaissait
de nouveau, et elle oubliait la barrière fatale qui
l'en séparait. La Rochejacquelein ordonna de rassembler des barils et des planches pour construire
des radeaux, et il s'embarqua lui-même sur une
petite nacelle avec Stofflet et Laville-Beaugé, tandis
que dix-huit Vendéens montaient dans un bateau
trouvé à Ancenis, et se dirigeaient avec les trois
chefs vers la rive gauche pour s'emparer de quatre
grandes barques remplies de foin qui devaient servir au passage de l'armée. Pendant ce temps, le
curé de Saint-Laud, prêchait les paysans en plein
air pour les tenir réunis. Les yeux, les cœurs, les
espérances et les craintes de l'armée suivaient
cette frêle barque qui portait les dernières chances
de sa fortune. On la vit avec bonheur traverser le
courant de la Loire et toucher à l'autre bord. Déjà
La Rochejacquelein s'emparant des quatre barques,
jetait le foin dans le fleuve lorsqu'un détachement
de quarante républicains vint attaquer les vingt-et-
un Vendéens qui avaient traversé la Loire. Après
quelques coups de fusils échangés, les paysans se
dispersèrent, et les trois chefs pour ne pas être
faits prisonniers furent obligés de s'enfoncer dans
les bois. En même temps, une chaloupe canonnière
venant à paraître, s'embossa au milieu du fleuve et

commençant à tirer sur les radeaux que l'on construisait, en coula plusieurs.

Ainsi l'armée était séparée de son général, et tout espoir de traverser la Loire disparaissait. On ne savait plus à quel parti se résoudre. Déjà l'avant-garde des Bleus s'approchait d'Ancenis. On ignorait d'une manière absolue ce qui se passait sur la rive gauche. Un officier d'artillerie, M. de Beauvais, réussit à traverser le fleuve avec une vingtaine de paysans et arriva au bourg de Liré, en poussant sa frêle nacelle au-dessus des prairies inondées. Il avait promis de venir dans vingt-quatre heures pour donner des nouvelles, mais il ne reparut pas. Il y avait autant d'empressement, au mois de décembre 1793, à repasser sur la rive gauche de la Loire, qu'il y en avait eu au mois d'octobre de la même année à passer sur la rive droite. Il semblait que le salut de la Vendée fût où elle n'était pas. Ceux qui ont assisté à la catastrophe d'une nation, d'un parti ou d'une armée, peuvent seuls comprendre ces étranges mirages qui finissent par faire illusion aux plus clairvoyants.

La position des Vendéens était affreuse. Devant eux la Loire débordée et, sur cette rive gauche où ils désiraient passionnément être transportés, des ennemis qui les attendaient pour les combattre. Derrière eux le canon de Westermann qu'on arrêtait encore aux portes d'Ancenis, parce qu'on n'avait à faire qu'à son avant-garde, mais auquel il deviendrait impossible de résister quand il aurait rallié le gros de son armée. Il y a dans les partis comme dans les individus qui vont mourir, une heure fatale où la dissolution qui approche, s'annonce par des symptômes manifestes : tout se détraque et se dissout. L'armée vendéenne était arrivée à cette heure. Il n'y avait plus ni commandement ni obéissance, chacun décidait de son sort. Plusieurs domestiques de Mme de Lescure vinrent lui annoncer qu'ils avaient l'intention de se réunir à d'autres personnes qui voulaient aller se rendre aux républicains, pour jouir d'une amnistie que ceux-ci avaient, dit-on, promise à ceux qui se présenteraient à Nantes dans un délai donné. Cette prétendue amnistie n'était qu'une amorce tendue par les républicains pour approvisionner l'échafaud. Mme de Lescure, sans essayer de retenir ses domestiques, car elle pensait que dans cette déroute du parti, chacun recouvrait le droit de disposer de sa destinée, leur fit seulement observer que cette amnistie était peu vraisemblable de la part de gens qui égorgeaient journellement les femmes, les enfants et les blessés. Ils y crurent néanmoins, parce qu'ils avaient besoin d'y croire ; ils allèrent à Nantes, et la plupart y périrent. Un grand nombre d'autres s'éparpillant dans la campagne, cherchaient à se cacher. Quelques-uns remontant le cours du fleuve, tâchaient de découvrir un passage moins difficile : un petit nombre parvinrent à le traverser, un plus grand nombre périrent en tentant l'aventure.

Cette grande émigration vendéenne qui, peu de

mois auparavant, comptait quatre-vingt mille personnes, se trouvait réduite à dix mille à peine,
parmi lesquelles il n'y avait guère que sept mille
combattants. Il fallait à tout prix quitter Ancenis ;
le gros de l'armée républicaine approchait, il était
évident que les Vendéens ne pourraient supporter
son choc. Avant de partir Mme de Lescure eut un
dernier sacrifice à accomplir. Sa pauvre petite fille
était si malade qu'il devenait impossible de l'emporter dans cette fuite précipitée qui, elle le prévoyait bien, allait devenir un désastre. Elle réussit
à obtenir d'honnêtes paysans des environs d'Ancenis, qu'ils garderaient son enfant. Elle leur promit
de leur faire plus tard une pension, si elle le pouvait jamais, et habillant sa petite fille en paysanne,
elle la leur remit dans les mains. Elle pressentait en
l'embrassant que c'était encore un dernier adieu.

Ce qui restait à l'armée vendéenne marchait un
peu au hasard ; on allait où l'on pouvait, et comme
on pouvait, sans but arrêté. C'est ainsi qu'on arriva
à Niort où l'on passa vingt-quatre heures, puis à
Blain où M. de Fleuriot, un des anciens officiers de
Bonchamp, fut nommé général en chef. Il fit quelques préparatifs de défense, ordonna de créneler
les murs et de mettre en batterie, aux abords de la
ville, les canons qu'on avait encore. Westermann
approchait par la route de Nantes, Kléber par celle
de Châteaubriand ; l'infanterie légère de Westermann ayant tenté une pointe sur la ville, fut rejetée
sur la rivière d'Isac. Les Vendéens quittèrent Blain

dans la nuit du 21 au 22 décembre 1793. Ils craignirent de s'engager sur la chaussée étroite qui
mène à Redon, et se dirigèrent vers Savenay situé
à gauche de la grande route de Vannes, non loin
de l'embouchure de la Loire. Les débris de l'armée
vendéenne arrivaient sur le terrain où ils devaient
périr. Enfermés à l'ouest et au sud-ouest, par la
Loire et par l'Océan, au nord-ouest par la Vilaine,
ils trouvaient les autres issues fermées par les baïonnettes des républicains altérées de leur sang.

Cette armée agonisante qui se traînait vers le lieu
de son supplice, présentait le plus étrange aspect.
C'est à peine si les survivants de tant de combats
se reconnaissaient sous les misérables haillons qui
avaient remplacé leurs anciens vêtements, et leurs
figures hâves et amaigries achevaient de les rendre méconnaissables. Mme de Lescure a décrit elle-
même son propre costume. Elle avait sur la tête un
capuchon de laine violet; elle était enveloppée d'une
vieille couverture et d'un grand morceau de drap
bleu attaché à son cou avec des ficelles; elle portait
trois paires de bas en laine jaune et des pantoufles
vertes retenues à ses pieds avec de petites cordes;
son cheval avait une selle à la housarde avec une
chabraque de peau de mouton. Ce n'était point encore le plus étrange de ces costumes. Le chevalier
de Beauvolliers combattait enveloppé d'une robe de
procureur et coiffé d'un chapeau de femme par-
dessus un bonnet de laine. Un des meilleurs officiers de l'armée de M. de Royrand, M. de Verteuil,

s'était fait tuer quelques jours auparavant, vêtu de deux cotillons de femme, l'un attaché autour de son col, l'autre noué autour de sa ceinture. Les scènes nâvrantes qui venaient affliger chaque jour cette armée déguenillée, empêchaient la bizarrerie de ces costumes de prêter au ridicule ; où il y avait tant de larmes à verser, le rire ne pouvait trouver de place. Ce fut dans cette marche qu'on vit M. de Sanglièr, qui avait perdu sa femme peu de temps auparavant, mourir à cheval entre ses deux petites filles qu'il emportait avec lui, et dont l'une seulement lui survécut.

On arriva ainsi à Savenay suivi de près par les républicains. On barricada les portes, et l'avant-garde des Bleus commença presqu'aussitôt l'attaque. Cette première attaque fut repoussée, et les Vendéens, prenant position dans deux bouquets de bois qui se trouvaient en avant de la ville, tinrent bon jusqu'au moment où ils furent tournés par les grenadiers de Kléber ; alors il fallut bien qu'ils rentrassent dans Savenay. Malgré l'extrémité désespérée à laquelle ils étaient réduits, ils imposaient encore aux républicains. Kléber, en effet, raconte dans ses Mémoires, qu'il refusa d'obtempérer au désir du représentant Prieur, qui voulait que le soir même on entrât de vive force à Savenay : « Je vis l'instant où par trop de précipitation et faute de mesure, dit-il, la victoire allait nous échapper. Je dis à Marceau : si tu ne prends sur toi d'arrêter ces criailleries, demain nous serons à Nantes et l'ennemi nous y suivra. »

Quel hommage rendu à la Vendée agonisante, que ces paroles de Kléber, ce soldat sans peur, qui craignait de voir la moribonde héroïque se lever de son lit de mort et ressaisir un tronçon d'épée pour suivre jusqu'à Nantes ces intrépides Mayençais, qu'elle avait si souvent chassés devant elle!

Ce n'était qu'un bien court sursis accordé à la Vendée. Kléber, Marceau, Beaupuy, disposaient tout pour l'attaque du lendemain. Ils avaient une armée de vingt-cinq mille hommes d'élite. Les Vendéens avaient à peine six mille hommes à leur opposer, six mille hommes qui n'avaient plus l'espoir de vaincre, mais qui étaient décidés à vendre chèrement leur vie pour donner aux vieillards, aux femmes et aux enfants le temps de fuir. Fleuriot, Donnissan, Marigny, Piron, Lyrot, sont à leur poste pour ce dernier combat. Mme de Lescure, épuisée de fatigue, s'était jetée sur un lit en arrivant à Savenay, afin de prendre quelque repos. A neuf heures, on l'éveilla, et on la mit à cheval. Entendant la voix de M. de Marigny, elle l'appela et l'interrogea sur la situation de l'armée. Sans prononcer une parole, il prit la bride de son cheval, et la conduisit dans un endroit de la place où, pensant ne pouvoir être entendu : « C'en est fait, lui dit-il alors, nous sommes perdus! nous ne sommes pas en état de résister à l'attaque de demain. Dans douze heures, l'armée sera exterminée. J'espère mourir en défendant votre drapeau...Tâchez de fuir. Sauvez-vous pendant cette nuit. Adieu! adieu! »

Consternée par ces paroles, Mme de Lescure alla retrouver sa mère. Son père, le marquis de Donnissan, était auprès d'elle ; et ils cherchaient, avec l'abbé Jagault, le meilleur parti à prendre dans cette situation désespérée. Celui-ci ne voyait qu'une ressource : c'était de prendre pour guide un homme de la ville qui paraissait sûr, et d'aller chercher un asile sous le toit de paysans honnêtes, chez lesquels on trouverait une inviolable discrétion. Les paroles de M. de Marigny, que rapportait Mme de Lescure, achevèrent de déterminer la volonté encore irrésolue de sa mère. Son père qui, la tête appuyée sur ses mains, gardait un morne silence, le rompit enfin pour leur conseiller de prendre ce parti, le seul qui pût leur offrir une chance de salut, et recommanda sa femme et sa fille aux soins de l'abbé Jagault. Puis il ajouta : « Quant à moi, mon devoir est de rester à l'armée, tant qu'il y aura une armée. » Mme de Donnissan et Mme de Lescure revêtirent alors les habits de deux paysannes bretonnes. Elles embrassèrent le marquis de Donnissan en pleurant, et partirent. Les seuls mots qu'il put prononcer au milieu de leurs sanglots furent ceux-ci, qui restèrent gravés dans le cœur de sa fille : « Ne quitte jamais ta malheureuse mère ! » Ainsi à Fougères, Mme de Lescure avait perdu son mari ; à Ancenis, elle s'était séparée de sa fille ; à Savenay, il lui fallait encore se séparer de son père, et pour ne jamais le revoir. A chaque station de cette funèbre marche, elle laissait un lambeau de son cœur.

Ici la destinée de la veuve de Lescure se sépare de celle de l'armée vendéenne. Elle n'assista pas au désastre de Savenay, dans lequel la Vendée mourut digne d'elle-même, debout, l'épée à la main. Par trois fois Marigny s'élança contre les bataillons de Kléber, en tenant le drapeau brodé par Mme de Lescure, de sorte que cette bannière, qui avait assisté aux victoires de la Vendée, plana une dernière fois sur ses funérailles. Ce fut une lutte terrible, implacable, sans merci. Les républicains, qui combattaient pour vaincre, ne purent soutenir le premier choc des Vendéens qui, conduits par Fleuriot, Marigny, Donnissan, Lyrot, Piron, firent encore une fois plier les grenadiers de Kléber; mais Kléber les ramena à la charge, en les faisant soutenir par ses réserves. Les Vendéens, attaqués à la fois de front et sur les deux flancs, furent enfin obligés de reculer après des prodiges de valeur. Six mille hommes ne pouvaient tenir longtemps en échec vingt-cinq mille hommes de bonnes troupes, pourvus d'une nombreuse artillerie, à laquelle ils n'avaient à opposer que sept canons. Piron et Lyrot venaient de périr; ce furent les heureux de la journée : ils avaient eu du moins la consolation de tomber sur le champ de bataille. Donnissan, Marigny, Fleuriot, Beauvollier, Desessarts, Beaurepaire, Mondyon, luttèrent encore dans les rues. Puis enfin, les républicains restèrent maîtres de Savenay. L'intrépide Marigny avait fait mettre en réserve une pièce de canon, pour protéger la fuite des Vendéens quand tout serait perdu. Il arrêta encore une fois les républicains au-delà de Savenay, près d'un petit bois que traversait la route de Guérande. Pendant une heure, il combattit encore avec Donnissan et quelques hommes d'élite. Puis, quand il fut devenu impossible de tenir, ils se frayèrent, le sabre à la main, un chemin à travers les Bleus et parvinrent, avec deux cents cavaliers, jusqu'à la forêt de Gavre. C'était la fin de la Vendée. Jusqu'ici les républicains avaient eu à combattre ; ils n'avaient plus qu'à égorger.

Avant même que ce dernier combat eût commencé, Mme de Lescure et sa mère, accompagnées de l'abbé Jagault et précédées d'un guide, s'étaient mises en route, vers minuit, pour aller chercher l'asile où l'on avait promis de les cacher ; Mlle Mamet, femme de chambre de la marquise de Donnissan, n'avait pas voulu se séparer d'elles. Toute leur fortune consistait en soixante louis. Elles suivirent le chemin de Guérande. Le guide leur avait fait prendre la grande route ; de temps à autre on entendait dans le lointain des coups de fusil, et les fugitives craignaient de rencontrer des troupes ennemies. Elles pressaient leur guide de quitter la grande route ; celui-ci, qui était ivre, comme elles s'en aperçurent bientôt, refusait d'obtempérer à leur vœu. Il fallut que Mme de Donnissan lui donnât sa montre pour l'y décider. Alors elles commencèrent à marcher dans un terrain entrecoupé de fossés remplis d'eau ; et comme elles n'avaient pas l'habitude de porter des sabots, elles glissaient et tombaient à chaque instant. Elles furent ainsi obligées de s'arrêter à trois quarts de lieue de Savenay. Le paysan auquel elles demandèrent l'hospitalité était un honnête homme ; mais il leur dit que sa maison n'était pas assez éloignée de la grande route pour qu'elles y fussent en sûreté. Il leur proposa donc de les faire conduire au château de l'Écuraye. Le propriétaire était émigré ; mais le régisseur, leur dit-il, était « un brave homme. » Cela voulait dire, en Bretagne, un royaliste.

Elles laissèrent Mlle Mamet chez le paysan, et partirent avec une jeune fille pour guide. Elles arrivèrent à deux heures du matin à la porte du château, épuisées de fatigue. Mme de Donnissan dit à sa fille : « Si l'on ne veut pas nous recevoir, je mourrai ici. » Mme de Lescure, agenouillée, priait Dieu, avec ferveur, de vouloir bien donner un cœur compatissant à leur hôte. Après une assez longue attente, on ouvrit. « Tenez, dit la jeune fille avec cette simplicité de paroles qui vient de la simplicité du cœur, voilà de pauvres brigandes qui se sont sauvées chez nous, mais nous sommes trop près de la route. — Ah ! pauvres gens, s'écrièrent le régisseur et sa femme, entrez, entrez bien vite ; tout ce qui est ici est à votre service. » Elles entrèrent ; on fit sécher leurs habits, on leur donna à manger, on voulut les faire coucher ; mais la crainte des Bleus et les paroles de Marigny, qui retentissaient encore à leurs oreilles, les empêchèrent

d'accepter. Ferret, leur hôte, était un ardent royaliste. Ce brave breton était ravi d'avoir chez lui
des Vendéens. Il dit à Mme de Lescure que tous
les jeunes gens du pays allaient prendre les armes
pour se joindre à l'armée vendéenne. Mme de Lescure, qui savait qu'il n'y avait plus d'armée vendéenne, évita de lui répondre; elle craignait de
glacer les bonnes dispositions de l'hôte en détrui-
sant les espérances du soldat. Les Bretons ne voulaient pas croire à la défaite des Vendéens. La
gloire de la Vendée produisait, aux yeux de la Bretagne, l'effet que produit quelquefois le soleil, dont
on aperçoit encore la clarté reflétée à l'occident,
quelques instants après que son disque a complètement disparu.

Le secret du désastre de la Vendée ne pouvait
être longtemps gardé. Vers huit heures du matin,
Mme de Lescure et sa mère qui s'étaient jetées
tout habillées sur des lits pour prendre du repos,
furent réveillées par le bruit du canon. Ferret entra
dans la chambre en criant : — « Ah! mon Dieu,
qu'arrive-t-il? Voilà le canon qui tire sur le chemin
de Guérande et des gens vêtus de toute couleur
qui s'enfuient sur la Lande. » Mme de Lescure répondit aussitôt : « Au nom de Dieu, sauvez-nous,
nos gens sont perdus! »

Il fallait se hâter, on apercevait la cavalerie des
Bleus qui accourait vers le château. Ferret fit sortir ses hôtesses par une porte dérobée, pendant
que les hussards frappaient à la grande porte, et

les conduisit dans une métairie écartée à trois
quarts d'heure de distance. Les deux fugitives et
l'abbé Jagault furent les bien-venus. Là aussi on
aimait Dieu, le Roi et les Vendéens. Les paysans
bretons qui, comme l'avait dit Ferret, s'apprêtaient
à prendre les armes pour aller les rejoindre, se
consolaient de ne pouvoir combattre à côté d'eux,
en secourant leur malheur. La métayère de Lagrée,
qui était une femme de sens et de résolution, commença par séparer ses hôtes pour ne pas attirer
les soupçons. L'abbé Jagault dont les pieds étaient
ensanglantés par la marche dut aller travailler avec
les hommes. La marquise de Donnissan établie
près du feu dans le coin le plus obscur, commença
à tricoter. Mme de Lescure fut conduite à un moulin et la métayère dit au garçon meunier : « Renaud,
voilà une pauvre brigande que je te donne à garder; si les Bleus viennent, tu diras qu'elle est venue au moulin pour faire moudre son grain. »
Mme de Lescure s'assit sur un sac et resta quatre
heures dans cette position. On comprend quelles
étaient ses craintes et l'amertume de ses pensées. Elle avait laissé son père à Savenay et l'on ne
pouvait douter de la déroute de l'armée vendéenne
puisqu'on entendait dans la campagne des coups
de fusils et même les cris des républicains qui en
poursuivaient les tristes débris; elle se trouvait
séparée de sa mère dont elle ignorait le sort, et
chaque minute qui s'écoulait, pouvait être la dernière de sa vie. A plusieurs reprises en effet, les

17

hussards républicains frappèrent à la porte du moulin et demandèrent à boire et à manger. Un geste du garçon meunier, une exclamation d'effroi, un soupçon des Bleus, pouvaient devenir son arrêt de mort! Elle échappa encore à ce péril. Renaud répondait invariablement aux Bleus qu'il n'y avait rien à manger dans le moulin; puis, quand ils étaient partis, il tâchait de consoler et de rassurer par de bonnes paroles Mme de Lescure avec laquelle il causait familièrement, car elle s'était donnée pour la fille d'une petite marchande de Châtillon. Le soir il arrêta son moulin, et la reconduisit à Lagrée.

Mme de Lescure allait commencer une nouvelle vie. Après avoir suivi l'armée vendéenne, avoir partagé ses périls et ses souffrances, elle allait pendant l'hiver de 1793 à 1794, s'asseoir au foyer hospitalier des bretons, mais ceux qui l'habitaient étaient habitués à une vie de souffrances, de fatigues et de privations, et ils ne pouvaient partager avec leurs hôtes que leur vie frugale, laborieuse et indigente; leur demeure qui n'était séparée de l'étable que par une cloison, leur nourriture qui se composait de soupe aux choux, de bouillie de sarrazin et de lait aigre : sans leur beurre qui était excellent, Mme de Lescure et sa mère auraient eu de la peine à se faire à ce régime, quoiqu'elles eussent été préparées aux privations par celles qu'elles avaient éprouvées depuis six mois. Ce n'était encore là que le côté le moins cruel de leurs

épreuves. Au moins, tant qu'elles suivaient l'armée
vendéenne, elles avaient des bras pour les défendre et elles espéraient la victoire. Maintenant tout
espoir avait disparu; elles vivaient d'une vie troublée; c'étaient des alertes continuelles, et il ne
leur restait plus qu'une ressource, celle de se cacher. Leurs nuits ne valaient pas mieux que leurs
journées. Combien de fois, Mme de Lescure en entendant le piétinement des bœufs dans l'étable
contigue à la pauvre chambre où elle était couchée
avec sa mère sur le même lit, ne crut-elle pas que
c'étaient les Bleus qui venaient les égorger! Quelle
vie d'émotions, de surprises, d'incertitudes, d'angoisses! Le matin, on ne sait jamais où l'on couchera le soir. Au moment où l'on va prendre un
peu de nourriture, un cri s'élève : « Voici les
Bleus! » Il faut fuir et chercher un asile dans les
bois. Quelquefois, on est obligé d'y rester des
journées entières, jusqu'à ce qu'un paysan vienne
avertir les proscrits que le danger a pour le moment disparu. Les républicains ont mis garnison
dans tous les bourgs, ils font des battues dans les
campagnes qui bordent la droite de la route de
Nantes à Guérande; ils savent que ces campagnes
sont royalistes. Mais à côté de ces scènes navrantes, se déroule un spectacle digne d'admiration, c'est la discrétion inviolable, la sollicitude,
à la fois intrépide et ingénieuse, le dévouement
sagace, prévoyant, plein de ressources des paysans
bretons.

Ces hommes dont on accusait jusque là la simplicité candide, sont mieux inspirés par leur cœur
que d'autres ne le seraient par leur esprit,
quand il s'agit de veiller à la sûreté de leurs hôtes.
Rien n'égale leur prévoyance, leurs précautions et,
quand ils viennent à être surpris, leur sang-froid
et leur présence d'esprit. On ne peut comparer
les ruses que leur inspire leur affectueux intérêt
pour « les pauvres brigands, » qu'à celles du plus
sublime des amours, l'amour maternel. Les enfants
même ont bientôt compris le devoir que la Providence a imposé à leur famille envers leurs hôtes.
En gardant les bestiaux dans les champs, ils sont
comme les sentinelles avancées des Vendéens. Du
plus loin qu'ils aperçoivent les républicains, ils
vont crier aux proscrits : « Les Bleus ! voici les
Bleus ! » Jamais ceux-ci ne réussissent à leur arracher un renseignement, une parole imprudente,
un indice, à plus forte raison une dénonciation.
Ils épuisent en vain les promesses et les menaces ;
les promesses trouvent les plus jeunes enfants in-
sensibles, les menaces les trouvent intrépides. Les
plus simples s'élèvent à cette intelligence du cœur
qui devine ce qu'elle n'apprend pas : on raconte
qu'une petite sourde-muette avait compris les
dangers des Vendéens, et que moins suspecte à
cause de son infirmité, elle allait les avertir quand
il y avait une alerte ; elle en sauva ainsi plusieurs.
La bonté a aussi son génie, et le Dieu qui ouvrait
les yeux aux aveugles, quand il parcourait la Judée,

ouvre quand il lui plait, les intelligences dont le regard n'est pas encore allumé ou s'est éteint.

Par suite du privilége qu'a l'homme, ce roi de la création, de communiquer aux animaux qui l'entourent quelque chose de ses sympathies et de ses antipathies, les chiens eux-mêmes se taisent devant les proscrits et les gardent comme si leurs maîtres les leur avaient confiés; ils aboient contre les républicains. On ajoute que, lorsqu'on les signalait, les vaches cessaient de mugir, comme si elles avaient compris le danger. C'est ainsi que dans la forêt de Maulevrier un grand nombre de femmes, d'enfants, de vieillards et des prêtres, cachés dans les profondeurs boisées, furent sauvés d'une manière qui tient du miracle. Les Bleus, venant de massacrer les malheureux procrits cachés dans la forêt de Vezin presque contigue à celle-là, poursuivaient leurs fouilles. Ils criaient même pour engager les Vendéens à se montrer : « La victoire est à nous, les Bleus sont vaincus ! n'entendez-vous pas la voix de Stofflet ? » Hommes sans entrailles qui se faisaient un appeau de ce glorieux nom de Stofflet, cher aux Vendéens ! Mais les ruses et les cruautés des Bleus avaient rendus les Vendéens prudents ; ils ne se montrèrent pas. Deux femmes s'avancèrent en rampant sans être aperçues ; reconnaissant les Bleus, elles revinrent annoncer cette terrible nouvelle à la colonie des proscrits. Les Vendéens se crurent perdus. Ils avaient avec eux soixante jeunes femmes dont les enfants étaient à la mamelle ; en outre une vache qu'on s'était procurée pour suppléer à la nourriture que ne pouvait donner à ces pauvres petits innocents le sein maternel tari par les souffrances, les privations et les angoisses, n'avait cessé, les jours précédents, de mugir. Pendant douze heures, les républicains continuèrent leur fouille; plusieurs fois ils approchèrent si près de la cachette des Vendéens qu'ils étaient séparés d'eux par quelques branchages seulement; pas un enfant ne fit entendre un vagissement, et la vache, comme si elle avait deviné le péril, ne réclama point par ses mugissements, la nourriture accoutumée.

Dans ce tableau de la vie générale des Vendéens, on retrouve les traits principaux de la vie de Mme de Lescure. Elle allait garder les moutons avec la fille du procureur de la commune de Prinquiau qui se nommait Billy, et qui était royaliste comme tous les gens du pays; Marianne, c'était le nom de cette fille, était bonne chrétienne et royaliste comme son père, et quand on lui avait confié la pauvre brigande, elle avait dit résolûment à sa mère, en prenant son bâton : « Ne craignez rien, ma mère, je mourrai à côté d'elle; s'il n'en vient qu'un, je l'assommerai avec mon bâton. » Ce n'était point là une vaine parole dans la bouche d'une bretonne. Peu de jours après leur installation au village de Prinquiau, Mme de Lescure vit arriver Mlle Mamet, que le paysan chez lequel elle était restée n'avait pu garder, dans la crainte des Bleus, et qui avait été obligée de chercher un autre asile à travers bien

des périls. Grâce à son air de jeunesse et à sa
taille d'enfant, elle avait pu s'aventurer jusqu'à
Prinquiau, et elle venait ainsi de temps à autre,
voir ses maîtresses. Une autre femme de chambre
de la marquise de Donnissan, qui était restée à Savenay, parvint aussi à les rejoindre, et leur donna
des détails sur la bataille de Savenay. Elle avait vu
M. de Donnissan quelques minutes avant le commencement de l'action, elle apportait à sa famille
les dernières nouvelles que celle-ci reçut de lui. Elle
ne savait pas quel avait été son sort dans la déroute
générale, mais elle espérait qu'il était du nombre
des cavaliers qui avaient réussi à gagner la forêt de
Gavre. Ces nouvelles intéressèrent et attristèrent à
la fois Mme de Donnissan et Mme de Lescure ; elles
les réveillèrent de l'espèce de torpeur dans laquelle
l'excès du malheur les avait fait tomber. Elles s'étaient
peu à peu habituées à la vie des paysannes bretonnes. Elles avaient appris à répondre à leurs nouveaux noms : M. l'abbé Jagault au nom de Pierrot,
Mme de Donnissan à celui de Marion et Mme de Lescure à celui de Jeannette. Leurs souffrances ache-
vaient de les rendre méconnaissables. Leur aspect
était si misérable que Mme de Donnissan, qui avait
fait si souvent l'aumône, fut plusieurs fois exposée
à la recevoir.

Vers le 1er janvier 1794, trois hommes armés
vinrent demander Marion et Jeannette, qui éprouvèrent une grande frayeur. Ce n'était point cependant des ennemis : c'étaient deux Bretons et un

Vendéen qui venaient leur proposer de passer la
Loire pour rejoindre l'armée de Charette. Les difficultés de l'entreprise les alarmèrent, et elles n'acceptèrent pas. A quelques jours de là, M. Destou-
ches, ancien chef d'escadre, qui avait suivi l'armée
vendéenne, tomba gravement malade; comme il
avait quatre-vingt-dix ans, on comprit que sa mort
était proche, et on alla, à travers bien des périls,
chercher un prêtre pour l'administrer. M. Destou-
ches, qui avait une assez forte somme d'argent, en
laissa une partie à son fidèle domestique, auquel il
remit cent louis qu'il destinait à son fils, alors
émigré. Ce domestique, décidé à passer la Loire
pour aller se battre, ne savait que faire de cet or.
Mme de Lescure lui proposa de se charger du dépôt; comme dans les temps antiques, elle écrivit
la reconnaissance sur une feuille de plomb, qu'on
enterra devant témoins.

Vers cette époque, l'abbé Jagault, dont la santé
devenait de plus en plus mauvaise, ne put supporter plus longtemps la vie rude et fatigante qu'il
était obligé de mener, en travaillant avec les paysans bretons. Il résolut d'entrer coûte que coûte
à Nantes. C'était le moment où Carrier y faisait
régner la terreur. Mais, dans les époques néfastes,
il arrive souvent qu'on trouve les asiles les plus
sûrs dans les grandes villes, où le péril est le plus
grand : on passe, en effet, inaperçu au milieu de
la multitude. Avec une fermeté d'âme peu commune, l'abbé Jagault osa entrer à Nantes en plein

jour, en conduisant les bœufs de la Ferret, qui
traînaient une charrette de réquisition. Une femme
royaliste, Mᵐᵉ de la Ville-Guevray, parvint à lui
trouver un asile, dans lequel il échappa à toutes
les recherches. Mᵐᵉ de Lescure était tombée dans
un tel état de prostration, qu'elle aurait été bien
des fois surprise par les républicains sans la vigilance de sa mère qui, comprenant combien elle
avait besoin d'elle, avait retrouvé, pour protéger
sa jeunesse, la sollicitude maternelle qu'elle avait
autrefois déployée pour élever son enfance. Cependant, au milieu de ce découragement et de cette
espèce d'anéantissement moral, il y avait une pensée qui ne la quittait pas, celle de sa petite-fille,
qu'elle avait laissée à Ancenis. A force de prières,
elle décida l'hôte de Mˡˡᵉ Mamet, Laurent Cochard,
à aller demander de ses nouvelles. Il revint bientôt après lui dire que sa petite-fille était morte six
jours après son départ d'Ancenis. La pauvre mère,
en racontant cette triste époque de sa vie, ajoute
seulement : « Je pleurai beaucoup en apprenant
cette nouvelle : j'étais loin cependant de regarder
la vie comme un bonheur. »

Au milieu de tant d'épreuves, Mᵐᵉ de Lescure
et sa mère eurent cependant une consolation : elles
revirent M. de Marigny. Malgré les violences auxquelles le cousin de M. de Lescure s'était laissé
emporter contre les Bleus, par suite de l'indignation qu'excitait dans son âme leur cruauté, il avait
conservé, toutes les fois qu'il ne s'agissait pas

d'eux, un caractère bienveillant et généreux. C'est ainsi qu'il avait adopté une petite fille orpheline, Mlle de Rechigne-Voisin, dont la mère était morte dans la *tournée de Galerne,* c'est-à-dire dans la campagne du nord, comme on appelle encore aujourd'hui, en Vendée, l'expédition d'outre-Loire. Pendant la nuit, M. de Marigny l'enveloppait dans son manteau, et lui donnait pour lit l'affût d'un canon. Après la déroute de Savenay, il fut obligé de se séparer d'elle, et il la confia à un habitant de la paroisse de Donges, en lui donnant de l'argent, et en le menaçant de le tuer s'il arrivait quelque malheur à sa pupille. Cet homme, qui était républicain, après l'avoir gardée quelque temps, l'envoya à Prinquiau, en lui disant qu'elle pouvait frapper à la première porte venue, attendu que tous les habitants de cette commune étaient aristocrates. Mlle de Rechigne-Voisin retrouva ainsi Mme de Donnissan et Mme de Lescure. Elle avait pris le nom de Rosette, et gardait les moutons. C'est en venant la voir que M. de Marigny retrouva la veuve de celui qu'il avait tant aimé. Il ne put lui donner de nouvelles de M. de Donnissan, qu'il avait quitté quand les cavaliers, réfugiés dans la forêt de Gavre, avaient été obligés de se disperser. Quant à lui, son indomptable courage résistait à tant d'épreuves. Il errait dans la campagne sous des déguisements qu'il changeait sans cesse ; et sa présence d'esprit, sa force physique, son audace, le tiraient de tous les pas périlleux. Après avoir assisté au

désastre de la première insurrection, il en préparait une seconde, et Mme de Lescure raconte que
ni elle ni sa mère ne le détournèrent de cette entreprise, tout impraticable qu'elle pût être : dans
l'état désespéré où se trouvaient les affaires de la
Vendée, on ne pouvait songer qu'à un coup de désespoir. Suivant une légende du temps, Marigny,
qui entra plusieurs fois à Nantes sous des déguisements, aurait pénétré jusque dans l'hôtel Ville-
treux, qu'habitait Carrier; et, montrant au terrible
proconsul, sous son manteau entr'ouvert, un large
poignard et une rangée de pistolets : « Je suis, lui
aurait-il dit, Marigny, le général des brigands. J'ai
besoin de passer quelques heures à Nantes, et je
suis venu te prévenir que je ne voulais pas y être
arrêté. Je ne te demande pas ta parole d'honneur;
je n'y croirais pas : mais je t'avertis que si je suis
arrêté, ta mort précédera la mienne; toutes mes
dispositions sont prises pour cela. » Quelle que soit
l'authenticité de la légende, cette audace était dans
le caractère de Marigny, comme cette lâcheté dans
la nature cruelle et basse de Carrier. Cet homme,
qui avait pris tant de vies, craignait pour la sienne;
et quelque affamé qu'il fût de meurtre, il aimait
encore mieux vivre que faire mourir.

L'entreprise de Marigny ne réussit pas, et l'alarme
qu'elle répandit chez les républicains, rendit les
perquisitions plus actives. Mme de Lescure et sa
mère furent obligées de quitter Prinquiau, dont
les habitants étaient naturellement suspects à cause

de leurs opinions. Elles s'enfuirent dans la paroisse de Pont-Château, au hameau de la Minaye. Mais les Bleus étaient venus visiter ce hameau, il fallut, comme d'ordinaire, aller se cacher dans les bois. Mme de Lescure y passa la nuit, elle dormit la tête appuyée sur les genoux de sa mère qui veillait sur elle. Puis, comme les Bleus séjournaient dans le pays, il fallut songer le lendemain, à aller ailleurs. Leur hôte, père de six enfants, refusa de les conduire. Il craignait de laisser sa famille sans ressource. Alors Mme de Donnissan ramassant un bouquet de jonquilles sauvages, l'attacha au corset de sa fille, et lui dit : « Eh bien ! mon enfant, à la garde de Dieu, j'ai une idée que la Providence nous sauvera aujourd'hui. » Le contraste de cette parure de fête, avec la terrible situation où elles se trouvaient, frappa si vivement Mme de Lescure que, bien des années plus tard, elle ne pouvait voir des jonquilles sans éprouver un frisson involontaire, ressentiment lointain de son émotion passée. Cette fleur lui parlait de proscription, de péril, d'échafaud. La mère et la fille marchèrent longtemps, un peu à l'aventure, s'éloignant seulement des sentiers foulés, et s'enfonçant de préférence dans les lieux les plus écartés et les plus solitaires. Elles franchissaient les fossés pleins d'eau et traversaient les haies épineuses. Les coups de fusils et les cris des Bleus qui fouillaient les bois d'où elles venaient de sortir, précipitaient leur marche. Enfin, à bout de forces, elles s'assirent dans un champ et se soutenant en s'appuyant dos à dos, elles attendirent ainsi leur destinée, à demi-mortes de faim et de froid. Au bout de plusieurs heures, elles virent paraître Marianne. Elle avait demandé au paysan qui avait refusé de les conduire, dans quelle direction elles étaient parties, et elle venait leur apporter de la soupe dans un pot. Cette courageuse fille les ramena chez elle. A peine Mme de Lescure, épuisée de fatigue, s'était-elle jetée sur un lit où elle s'était endormie, qu'il vint une nouvelle alerte : c'étaient les Bleus ! Heureusement qu'ils ne fouillèrent pas la maison. Telle était la vie des proscrits, vie d'inquiétudes continuelles, d'alertes incessantes, de périls et de terreurs de tous les instants.

Cependant Mme de Lescure avançait dans sa grossesse. Heureusement les Bleus mirent à cette époque garnison dans toutes les paroisses, ce qui les rendait moins actifs dans leurs recherches, parce que ne pouvant pas croire que les proscrits se cachassent si près d'eux, ils devenaient moins défiants. Cependant Mme de Donnissan dont l'imagination était toujours en travail pour trouver des précautions de nature à éloigner tous les dangers qui menaçaient la tête de sa fille, dans ce moment critique, avait eu l'idée assez extraordinaire de donner à sa fille le nom d'un paysan breton par un mariage de complaisance avec Pierre Rialleau, vieil homme veuf, père de cinq enfants. L'officier municipal lui avait promis d'ôter la feuille du registre des actes de mariage, quand elle le voudrait.

Rien n'était plus facile, car le registre n'était ni coté ni cousu. Au moment où l'on arrangeait tout pour ce prétendu mariage, Mme de Lescure et sa mère Mme de Donnissan furent dénoncées. Il fallut recommencer cette vie errante qui, dans l'état de Mme de Lescure, lui devenait impossible; aller chercher un autre asile au Bois-Divet, chez le charron Cyprien, puis repartir presque aussitôt pour le hameau de la Bournelière. A peine arrivé, on dut se remettre en route, et comme la veuve de Lescure tout près d'accoucher, ne pouvait plus marcher, on l'aida à se traîner jusqu'à un champ de blé où elle passa la nuit dans un sillon. Elle s'endormit sous la pluie qui tombait, et sa mère qui se réveilla à une heure du matin, entendit une patrouille républicaine passer à cinquante pas. A deux heures du matin, son nouvel hôte Gouret vint la chercher et la conduisit à une cabane, tout près du hameau. Il était temps, les douleurs de l'enfantement la prirent, et sans secours, entourée des deux jeunes filles de Gouret, qui ne pouvaient que crier et pleurer à côté d'elle, tandis que sa mère qui était sortie pour aller chercher un médecin ou une sage-femme, était tombée évanouie dans un champ, elle mit au monde deux petites filles. Rien n'était prêt, car on ne les attendait pas sitôt. On les enveloppa à la hâte de quelques haillons. Trois jours après un prêtre vint les baptiser, car malgré la violence de la persécution, il y avait toujours des prêtres en Bretagne, pour consoler les

mourants et introduire dans le christianisme les
nouveau-nés.

Mme de Lescure appela ses deux filles *Joséphine*
et *Louise*. On écrivit avec un clou leurs noms
sur deux assiettes d'étain devant quatre témoins
et l'on enterra les assiettes, destinées à attester
plus tard ces naissances qu'il fallait à la fois
constater et cacher, pour ne pas compromettre les
jours de la mère. Mme de Lescure aurait voulu
nourrir ses deux enfants, mais sa mère lui fit comprendre ce qu'il y avait d'impraticable dans un
pareil projet, avec la vie d'aventures qu'elles étaient
obligées de mener. Une des deux jumelles fut confiée aux soins d'une vieille femme de Bois-Divet;
après bien des démarches, on réussit à décider
une des cousines de la bonne et courageuse Marianne à s'en charger. La cabane où s'était refu-
giée Mme de Lescure, était inhabitée depuis sept
ans, ce fut ce qui la sauva; elle avait soin de tenir
les fenêtres et les portes fermées pour ne point
attirer l'attention. Grâce à cette précaution, les
républicains n'eurent pas l'idée de visiter cette
maison qu'ils croyaient abandonnée, et elle jouit
d'un mois de repos, ce qui ne lui était pas arrivé
depuis qu'elle avait quitté Savenay. La Providence,
cette bonne mère, l'avait amenée comme par la
main dans cette paisible retraite pour ce moment,
où il lui était impossible de mener la vie errante à
laquelle elle était condamnée depuis son arrivée en
Bretagne. Au bout de quelques jours, on vint

lui annoncer que celle de ses filles qu'elle avait
confiée à la vieille femme de Bois-Divet, la petite
Joséphine, avait le poignet démis. Mme de Lescure
qui avait complètement oublié les jours de son ancienne splendeur et dont l'esprit était fermé à toute
espérance pour l'avenir, conçut le projet d'aller à
pied jusqu'à Bagnères en portant son enfant dans
ses bras, quand elle serait un peu plus grande et
en demandant son pain. La grande dame avait disparu, et il ne restait plus que la pauvre veuve et
la tendre mère. Mais douze jours après la naissance de l'enfant, une des filles de Gouret son
hôte, entra dans sa chambre, et lui cria à la manière des paysans, sans aucun préliminaire : « Votre
fille de Bois-Divet est morte. » Mme de Lescure
répondit : « Elle est plus heureuse que moi. »
Cependant elle ne put retenir ses larmes. Le lien
qui unit une mère à son enfant est si étroit, qu'il
ne saurait être brisé sans qu'il y ait un déchire-
ment dans le cœur, même quand elle sait qu'elle
le rend au meilleur des pères, à Dieu.

Mme de Donnissan avait reçu pendant les cou-
ches de Mme de Lescure, une lettre dans laquelle
on lui offrait l'hospitalité chez Mme Dumoustier, fermière du château de Dréneuf, dans la paroisse de
Feygréac. Cette fermière était une femme d'un courage sans borne, et d'une générosité rare, dont le
bonheur était de secourir et de sauver les Vendéens.
Les temps féconds en grands crimes, sont féconds
aussi en grandes vertus ; lorsqu'en effet, les principes

contraires entrent en lutte, les nobles âmes s'exaltent pour le bien, en raison de l'exaltation que montrent les âmes perverses pour le mal. Mme de Donnissan et sa fille acceptèrent après un moment d'hésitation. Elles craignaient que le long séjour qu'elles avaient fait à Prinquiau ne les eût trop fait connaître. En outre, l'ignorance profonde où elles étaient sur ce qui se passait dans le reste de la France, commençait à leur peser. Pour elles, comme pour les paysans qui les entouraient, l'horison intellectuel finissait aux limites de la paroisse, et surtout depuis que M. de Marigny, désespérant de soulever cette partie de la Bretagne après l'échec de sa première tentative, avait repassé la Loire, aucune nouvelle du dehors ne venait retentir dans leur morne solitude. Pour ceux qui ont vécu au milieu du mouvement des faits et des idées, cette ignorance de toutes choses, cette impossibilité de connaître les évènements et d'échanger des idées, sont une des privations les plus pénibles qu'on puisse éprouver. Les hôtes des deux proscrites cherchaient à les détourner d'accepter cette nouvelle hospitalité. Ils s'étaient attachés à elles par les services mêmes qu'ils leur avaient rendus, ils les voyaient donc partir avec regret. En outre, les républicains avaient depuis quelque temps semés tant de piéges, ourdi tant de trahisons, que les Bretons naturellement défiants, soupçonnaient facilement ceux qu'ils ne connaissaient pas. Enfin, Mlle Félicité des Ressources, qui était venue au nom de la

fermière de Dréneuf, habitait à cinq lieues de Prinquiau le bourg de Guenrouet où les Bleus tenaient
garnison. L'air d'honnêteté et de candeur de cette
jeune fille, les larmes qu'elle versa quand elle se
vit soupçonnée, enfin le peu de probabilité qu'elle
voulût les conduire à Dréneuf pour les livrer, quand
il lui eût suffi de dénoncer leur présence à Prinquiau, prévalurent dans l'esprit de Mme de Donnissan et de Mme de Lescure, sur les soupçons de
leurs hôtes. Elles se résolurent donc à partir.

Comme la municipalité était aussi royaliste que le
reste du pays, on leur donna des passeports sous le
nom de Jeannette et de Marie Jagu. Elles partirent
avec Mlle Félicité des Ressources, qui était à cheval ;
Mme de Lescure et sa mère, vêtues en pauvres paysannes, étaient toutes deux sur un cheval sans selle.
Pierre Rialleau, ce vieux paysan auquel Mme de Donnissan avait songé, quand elle voulait sauvegarder
les jours de sa fille par un mariage supposé, les conduisait. Mme de Lescure voulut se détourner pour
aller embrasser, chez la nourrice, celle de ses filles
qui vivait encore. Au bout d'une lieue elles rencontrèrent, non loin de la paroisse de Cambon, dix
Bleus dans un chemin creux. Elles payèrent d'audace, et passèrent sans être inquiétées. Presque
aussitôt après, un petit garçon de douze ans, neveu d'une habitante de Prinquiau, passa rapidement auprès d'elles, et leur dit, sans s'arrêter, que
les Bleus faisaient la fouille dans le bourg qu'elles
allaient traverser. C'est ainsi que les Vendéens se

trouvaient avertis par une police plus clairvoyante et plus active que celle des républicains ; le dévouement en faisait tous les frais. Félicité des Ressources regarda Mme de Donnissan d'un air troublé. Celle-ci, qui conservait toute sa fermeté dans les circonstances difficiles, lui dit avec un grand sens : « Allons, il faut avancer ; nous sommes perdues si nous retournons sur nos pas. » Rialleau voulait continuer à les accompagner. Elles s'y opposèrent. Comme procureur de la commune, il avait signé leurs passe-ports, et sa présence auprès d'elles aurait pu éveiller les soupçons. Cet honnête vieillard pleura en les quittant ; il ôta une bague d'argent qu'il portait à son doigt, et demanda à Mme de Lescure de vouloir bien la garder en mémoire de lui. Ce noble paysan, qui avait bien des fois exposé sa vie pour elle, semblait lui rappeler ainsi, d'une manière délicate, l'honneur qu'elle avait songé à lui faire, en acceptant pour un moment son humble nom, afin de couvrir le grand nom de Lescure, devenu un arrêt de mort. Mme de Lescure, en racontant la touchante scène de cette bague offerte et acceptée, ajoute ces simples mots : « Jamais je n'ai cessé de la porter depuis. »

Les voyageuses traversèrent sans encombre le village que fouillaient les Bleus. A une lieue de Guenrouet, elles virent venir à elles un officier républicain très-amoureux de Félicité des Ressources, qui était fort jolie. Quoique prévenue, Mme de Lescure eut grand'peur. L'officier fit remarquer en

riant, à Mlle Félicité que, selon ses ordres, il était
venu sans armes; il ajouta qu'un jour ou l'autre
les brigands l'assassineraient, et qu'elle ne porte-
rait pas son deuil. Elle répondit, toujours sur le
même ton, qu'il savait combien les brigands étaient
ses amis, et qu'elle se chargeait de le protéger. Ce
à quoi il répliqua qu'il avait bien peur d'être entre
quatre brigandes. Malgré le ton de plaisanterie sur
lequel ces choses étaient dites, Mme de Lescure
était loin d'être rassurée. Heureusement l'officier
était encore plus amoureux que républicain. Mlle Félicité qui, comme la plupart des femmes, aimait à
montrer son pouvoir, dit tout-à-coup à Mme de Lescure : «Jeanne, donnez le bras au citoyen. » Mme de
Lescure, depuis qu'elle menait la vie laborieuse des
paysannes bretonnes, n'avait gardé de sa première
condition et de sa première fortune qu'une chose,
la blancheur de ses mains. Elle avait bien souvent
tenté de se les noircir avec de la terre; mais rien
n'avait réussi. Enfin, la veille de son départ, elle
avait essayé de les teindre; ce qui leur donnait une
couleur bizarre qui pouvait attirer l'attention. Elle
n'accepta donc pas la proposition, et répondit en
patois. On arriva ainsi à Guenrouet, dans la maison
d'un paysan, où les voyageuses étaient attendues.
Le malheur avait voulu que le soir même on y pla-
çât quatre dragons. Mme de Donnissan qui, dans
les circonstances difficiles, payait d'audace, voulait
souper avec eux; mais Mme de Lescure, effrayée,
supplia sa mère de ne point tenter cette aventure.

On dit aux dragons que deux cousines de la famille étaient arrivées. Ils demandèrent si elles étaient jolies; on leur répondit qu'elles étaient malades, et le vin qu'on leur versa avec profusion leur fit oublier le désir qu'ils avaient exprimé de les voir.

Le lendemain, Mme de Lescure et sa mère arrivèrent sans mésaventure au château de Dréneuf, situé à trois lieues de Guenrouet. Les bâtiments du manoir étaient de pauvre apparence et en mauvais état; mais ils étaient entourés de bois magnifiques. Leur propriétaire était émigré : Mme Dumoustiers en était fermière. C'était une femme d'une vive sensibilité et d'un grand cœur. Le courage des Vendéens avait excité son enthousiasme; leurs épreuves et leurs misères l'avaient touchée jusqu'au fond de l'âme. Elle mettait dans son dévouement pour eux, cette passion qui fait faire les choses héroïques. Comme rien ne lui paraissait impossible quand il s'agissait de les servir, elle réussissait là où d'autres auraient échoué. Elle avait élevé toute sa famille dans ses sentiments. Ses trois fils n'aspiraient qu'au moment où ils pourraient rejoindre quelques bandes vendéennes afin de prendre part à cette grande lutte dans laquelle s'étaient illustrés Cathelineau, Bonchamp, Lescure, La Rochejacquelein, dont ils avaient entendu répéter si souvent les noms. Pour ces cœurs et ces têtes de vingt ans la misère actuelle des Vendéens disparaissait dans leur gloire. Quel bonheur de

frapper aussi son coup d'épée pour Dieu et pour
le Roi! Quel honneur d'écrire aussi son chant dans
cette épopée héroique! La fille de Mme Dumoustiers, la jeune Marie-Louise, qui était d'une beauté
admirable partageait tous les sentiments de sa
mère, et quoiqu'elle eût à peine seize ans, elle
était presque aussi résolue que ses frères. C'était
elle qui se chargeait de porter à manger aux proscrits Vendéens dont plusieurs étaient cachés dans
les bois de Dréneuf, et rien n'égalait son courage
dans cette périlleuse mission. Du reste, toute la
paroisse qui était près de trois mille âmes, partageait les opinions de Mme Dumoustiers. On n'y aurait pas trouvé un seul dénonciateur, pas même un
indiscret. Un fait qui s'était passé peu de jours
avant l'arrivée de Mme de Donnissan et de Mme de
Lescure au Dréneuf, en fournit la preuve. Une
fouille générale avait été ordonnée dans la paroisse
que quinze cents soldats, venus par différents
points, avaient occupée militairement. Pour que
personne n'échappât, les républicains avaient ordonné à tous les hommes de se rendre dans l'é-
glise. Là le commandant des Bleus s'étant fait
apporter le registre communal, fit l'appel des habitants et ordonna à chacun de se présenter quand
il entendrait son nom. Parmi les personnes renfermées dans l'église se trouvait M. Dumagny, vendéen caché depuis quelque temps dans le pays.
Il se crut perdu, et il fit un mouvement pour essayer de sortir lorsque Joseph Dumoutiers, le fils

aîné de la fermière de Dréneuf, le retint. Quelques minutes après, le chef républicain ayant prononcé le nom d'un habitant absent, Joseph Dumoustiers poussa M. Dumagny en lui disant : « Es-tu sourd? on t'appelle ». Le chef républicain surprenant un mouvement d'embarras chez M. Dumgany, demanda à toute la municipalité, puis à tous les habitants : Est-ce bien le même qui est inscrit? Tous répondirent affirmativement. Une dénégation, une simple hésitation de la part d'un seul habitant, M. Dumagny était perdu. Personne n'hésita. Telle était la paroisse, telle était la famille dans le sein de laquelle Mme de Lescure et sa mère avaient trouvé un asile. On comprend avec quel empressement et quel bonheur elles y furent reçues.

Mme Dumoustiers qui avait toutes les prévoyances comme toutes les délicatesses du cœur, en comblant de soins et d'attentions les deux nobles personnes qui étaient venues s'asseoir à son foyer, chercha à leur cacher des nouvelles bien tristes pour elles, celle surtout de la mort de M. de Donnissan qui, après avoir été pris par les Bleus, avait été fusillé. Elle dérobait avec soin aux regards de ses hôtesses le journal qu'elle recevait : elle ne voulait point attrister les premiers moments de repos dont elle les faisait jouir. Cependant il arriva qu'un jour un numéro de ce journal, tomba sous les yeux de Mme de Lescure et de sa mère. On était dans les plus mauvais temps de la terreur, dans ceux qui précédèrent de très-près la mort de

Robespierre. L'échafaud était en ce moment à Paris en permanence et le bras du bourreau ne se reposait plus. Les deux vendéennes abritées dans le pauvre manoir de Dréneuf, lurent avec un serrement de cœur inexprimable, une liste de soixante-dix personnes suppliciées parmi lesquelles presque toutes leur étaient connues, plusieurs avaient eu part à leur amitié à l'époque de ces nobles et belles réunions qui se tenaient chez Madame Victoire, au milieu des pompes du château de Versailles. Depuis plus d'un an, Mme de Donnissan et Mme de Lescure ne voyaient que la Vendée ; il semblait que le voile qui leur cachait le reste de la France se levât tout-à-coup. Les maux, les souffrances, les misères, les crimes qu'elles croyaient concentrés dans leur province, elles les voyaient s'étendre à la France entière. Partout la révolution maîtresse, la vertu opprimée, le crime triomphant.

Peu de temps après, elles apprirent la mort de Robespierre qui avait fait cesser la terreur à Paris. Mais le mécanisme révolutionnaire, depuis si longtemps monté, continuait à fonctionner dans les départements, et il fallait un peu de temps pour que l'apaisement qui s'était produit au centre, se fît sentir sur les divers points de la circonférence. D'ailleurs, il faut s'en souvenir, ceux qui abattirent Robespierre ne valaient guère mieux que lui. Ils le tuaient pour qu'il ne les tuât pas, et chose triste à dire, la terreur aurait pu durer encore, sans cette guerre civile qui éclata entre les scélérats qui gouvernaient et décimaient la France. Mme de Lescure et sa mère coururent le plus grand péril qui les eût menacées depuis leur arrivée en Bretagne, après cette journée du 9 thermidor dont on fait ordinairement dater l'ère de la délivrance de la France. Une lettre, car dans les temps de révolutions il est dangereux d'écrire, faillit compromettre la vie de Mme de Lescure et de sa mère. Un jeune homme qui avait pris part en 1793 à une insurrection tentée dans les environs de Nantes, M. Barbier du Fonteny, vivait caché depuis ce temps, dans les environs de Dréneuf. Il rencontra Mme de Lescure avec Marie-Louise et une autre jeune personne, dans le jardin du petit château du Broussay où elles étaient allées cueillir des prunes. Quinze jours après, les révolutionnaires le surprirent chez sa mère et l'égorgèrent sous ses yeux. Ils trouvèrent dans sa poche une lettre de sa sœur, dans laquelle on lisait le passage suivant : « La personne que tu as vue au château du Broussay avec Mlle Dumoustiers et que tu as prise pour une paysanne est Mme de Lescure ; elle est blonde, âgée de vingt-et-un ans, elle est cachée avec sa mère dans la commune de Feygréac. »

Aussitôt des ordres sont donnés pour cerner le manoir du Broussay et celui de Dréneuf. Mme Dumoustiers garda toute sa présence d'esprit ; elle nomma, sur l'injonction des Bleus, toutes les personnes qui habitaient sa maison : d'abord ses enfants, puis Mlle des Ressources, connue dans le pays, deux nièces et trois servantes. Les républicains voulurent visiter les chambres; les personnes qui les habitaient, et qui ne savaient pas qu'elles avaient été dénoncées involontairement par la lettre surprise, crurent que c'était seulement une de ces fouilles périodiques auxquelles elles étaient habituées; elles ne furent donc pas très-émues. La marquise de Donnissan, pour se donner une contenance, se mit à peigner Marie-Louise, qui se plaignait de la maladresse de cette servante mal apprise. Mme de Lescure resta couchée avec Mlle Félicité, et sa main, couverte de sueur, serrait convulsivement celle de sa compagne de lit. Les Bleus sortirent en jurant, et en répétant qu'il y avait bien des femmes dans cette maison. Ce qui contribua à sauver Mme de Donnissan, Mme de Lescure et leur hôtesse, c'est que l'imagination des révolutionnaires était toute remplie des souterrains et des trappes qui devaient exister dans le repaire des brigands, comme on disait alors. Ne trouvant rien de pareil, ils ne purent se résoudre à admettre que la veuve et la belle-mère du brigand Lescure couchassent dans un lit ordinaire, et habitassent une chambre dont la porte s'ouvrît à la première réquisition. Comme il arrive souvent dans les temps de révolutions, on était d'autant mieux caché qu'on se laissait voir. Les Bleus bouleversèrent le château du Broussay comme celui de Dréneuf, sans être plus heureux dans leurs recherches. De colère

ils emmenèrent toute la municipalité de Feygréac, et, après un interrogatoire minutieux, la
mirent en prison. Ces braves gens apprirent par
leur interrogatoire que les deux femmes royalistes, cachées au Dréneuf, étaient la marquise
de Donnissan et la marquise de Lescure. Ils
n'en gardèrent pas moins un inviolable secret,
quoique leurs têtes pussent tomber à cause de cette
discrétion. On mit le lendemain en liberté la municipalité de Feygréac, et un de ses membres vint
avertir Mme Dumoustiers du péril qu'elle avait couru,
ainsi que ses hôtes. La seule précaution que l'on
prit fut de ne plus laisser Mme de Donnissan et sa
fille ensemble pendant la nuit, parce que les dé-
nonciations les avaient signalées comme ne se quittant jamais. Tous les soirs, Mme de Lescure allait
coucher dans une petite métairie. Le matin, elle
prenait une vache par la corne, et la conduisait au
Dréneuf, où elle entrait par une fenêtre du rez-
de-chaussée.

Quelque pénible que fût cette vie, les proscrites
avaient fini par s'y habituer. Une lueur de gaieté,
la jeunesse est ainsi faite, venait quelquefois dis-
traire les plus jeunes d'entre elles de leurs préoc-
cupations, comme un rayon de soleil vient à luire
au milieu des nuages. On a vu que Mme de Lescure
allait cueillir des prunes avec Marie-Louise et une
de ses jeunes cousines dans le jardin du château
du Broussay. Elle s'amusa quelquefois des petits
ridicules d'un aimable vieillard, M. de la Bréjolière,

qui, mis hors la loi, s'était déguisé en paysan, mais qui, dans la crainte de passer pour ce qu'il n'était pas, portait sous ce costume de village des manchettes et des parfums, comme s'il avait encore été à la cour. Il faisait des vers de société, et il avait une faiblesse paternelle pour les enfants de sa muse, si bien qu'un jour les Bleus étant arrivés pendant qu'il récitait une pièce à Mme de Donnissan, on eut beaucoup de peine à le décider à s'en aller avant d'avoir fini, tant il craignait de priver ses auditeurs de la fin de la pièce! Il arriva aussi à Mme de Lescure, qui passait pour une jeune paysanne vendéenne, d'inspirer de l'amour à des paysans bretons qui la recherchèrent en mariage. Le garde-moulin qui l'avait reçue au moment de la bataille de Savenay, Renaud Lanoë, avait éprouvé du penchant pour elle; mais il avait bientôt appris qui elle était, et alors il s'était éloigné d'elle sans lui dire qu'il était maître de son secret, de peur qu'elle n'éprouvât quelque inquiétude. Plus tard, un riche paysan, caché dans les environs de Dréneuf, songea à l'épouser. Dans son idée, il voulait faire la fortune et le bonheur de la pauvre proscrite, qu'il croyait d'une condition inférieure à la sienne. Mais moins respectueux que Renaud, il ne se contenta pas de lui parler de son amour, et voulut un jour l'embrasser. Mme de Lescure, oubliant ce qu'elle semblait être pour se rappeler seulement ce qu'elle était, lui dit du ton qu'elle aurait pu prendre dans son salon à Versailles :

« Jacques, vous êtes ivre. » Jacques demeura consterné, et se le tint pour dit.

Les jours en se succèdant commençaient à faire pénétrer dans les provinces la réaction contre la terreur qui avait commencé à Paris, après la journée du 9 thermidor. On sentait ce changement sans bien savoir à quoi il tenait, car on avait peu de nouvelles. Ce qui contribuait à rassurer Mme de Lescure, c'est qu'elle savait qu'on la croyait morte. Mme Dumoustiers avait été obligée de laisser engager son fils aîné dans les chasseurs, qui portaient, sous l'ancien régime, le nom de chasseurs de Lescure. Il amenait quelquefois ses camarades au Dréneuf. Mme de Lescure les entendit discuter sur la mort qu'avait subie la belle-fille de leur ancien colonel. Quelques-uns voulaient qu'elle eût été sabrée, d'autres noyée, tous la croyaient morte. C'était pour elle une sécurité que de les entendre ainsi parler de sa mort. Cependant, plus on allait, plus les temps s'adoucissaient. On avait épuisé, on peut le dire, la cruauté et la terreur, et l'on revenait à la pitié et à la clémence par un mouvement naturel, comme le flot qui a touché une rive, et qui ne peut aller plus loin, reflue invinciblement vers l'autre rive. Cette sécurité renaissante fut bien troublée par quelqu'alerte. Ainsi on apprit qu'un homme venu de Nantes, s'étant informé de l'endroit où il pourrait trouver Mme de Donnissan et Mme de Lescure, avait été arrêté. Elles espérèrent un moment que c'était un émissaire de M. de Donnissan qui

était venu les chercher de sa part. Mme Dumoustiers fut alors obligée de raconter à Mme de Lescure, pour lui ôter cette illusion, la triste fin de
son père arrêté à Ancenis après une lutte héroïque
soutenue par une poignée d'hommes, et fusillé à
Angers. On cacha cette désolante nouvelle à la marquise de Donnissan qui, pressentant un malheur
sans oser interroger ceux qui auraient pu le lui apprendre, ne connut d'une manière certaine que trois
ans après, la perte qu'elle avait faite.

Ces alertes n'étaient que des incidents qui ne
pouvaient arrêter ni même ralentir le grand courant d'opinion qui refoulant les passions révolutionnaires, poussait les esprits vers la réconciliation
et la paix. On avait d'abord fait des amnisties
partielles, on arriva bientôt à une amnistie générale. Au commencement, ces mesures trouvèrent
les Vendéens remplis de défiance. Ils avaient été
si souvent trompés par des promesses de clémence,
amorce perfide destinée à remplir les prisons de
Nantes, à mesure que les sanglants sicaires de Carrier les vidaient, qu'ils virent d'abord un piége de
plus dans ce mot d'amnistie qui circulait de bouches en bouches. Puis, quelques-uns plus hardis se
risquaient, et comme des hommes qui ont franchi
un passage dangereux, ils appelaient leurs amis de
l'autre rive. Les deux femmes de chambre de la
marquise de Donnissan, Mlles Carria et Mamet que
Mme Dumoustiers avait fait placer à Nantes, leur
firent dire que l'amnistie était une chose réelle.

Mme de Donnissan insista dès lors fortement auprès de sa fille, pour qu'elle consentît à profiter de l'amnistie. Mme de Lescure éprouvait une vive répugnance pour ce parti. Il lui semblait que la veuve de Lescure avait des devoirs particuliers, et que tant qu'il y avait une drapeau levé en Vendée, c'était là sa place. Elle se disait qu'au moment où sa mère lui parlait de profiter de l'amnistie républicaine, le fils aîné de son hôtesse, songeait à déserter, au péril de sa vie, pour aller rejoindre les royalistes de l'autre côté de la Loire : quand de pareils exemples partaient d'en bas, ne devait-on pas avoir au moins le courage de les suivre dans les sphères élevées de la société? Ce parallèle qu'elle faisait continuellement dans le fond de son cœur, la remplissait à la fois de douleur et de honte. Elle craignait de manquer à la grande mémoire de l'homme dont elle portait le nom, et fidèle à l'austère religion du devoir, elle se demandait si elle ne s'en écarterait pas en marchant dans la voie où sa mère voulait la faire entrer. Mme de Donnissan lui rappelait l'inévitable force des choses, tant de souffrances endurées, et l'impuissance de faibles femmes, quand il s'agissait de lutter contre un torrent qui emportait les hommes eux-mêmes.

Mme de Lescure ne cédait point encore. Elle avait vu tant de crimes, tant de perfidies, elle était tellement ulcérée contre les républicains qui avaient tué ce qu'elle avait de plus cher au monde, son

mari, son père, ses parents, ses amis, que, malgré
tout ce qu'on pouvait lui dire, elle ne voulait point
croire à l'amnistie. Quoique malade d'un dépôt de
lait, elle déclara qu'elle irait à Nantes, et qu'avant
de prendre un parti, elle verrait les choses par
ses yeux. Prenant un paysan pour guide, elle fit
douze lieues en un jour à cheval, entra à Nantes
vêtue en paysanne, un bissac sur le dos et des pou-
lets à la main ; descendue chez une amie de
Mme Dumoustiers, elle y trouva Mlles Carria et
Agathe récemment sorties de prison. Elle voulut
voir Mme de Bonchamp qu'on allait mettre en liberté. Celle-ci l'engagea à profiter de l'amnistie
comme elle le faisait elle-même et à s'adresser à
M. Haudaudine, le *Régulus Nantais*, comme on l'appelait à cause de sa belle action, quand, envoyé
par Charette, dont il était prisonnier, pour traiter
d'un échange, il vint se remettre dans ses mains
après avoir échoué dans sa négociation. Plus humains que les Carthaginois, les royalistes admirè-
rent sa courageuse loyauté et respectèrent sa vie,
et Haudaudine, par une émulation de générosité
que les républicains ne ressentirent pas assez souvent, s'était fait le protecteur de tous les Vendéens
captifs, et payait ainsi noblement sa dette.

Au reste, au mois de février 1794, où Mme de
Lescure fit son voyage à Nantes, cette ville où la
terreur avait si longtemps régné, présentait un
nouvel et étrange aspect. Les victimes de la révolution y jouissaient d'une sorte de faveur, presque

de popularité. Charette qui traitait dans ce moment
de la paix, préparée par les soins de sa sœur, envoyait à Nantes des officiers qui y entrèrent armés
et portant la cocarde blanche à leur chapeau. La
Vendée traitait avec la Révolution de puissance à
puissance. On approchait du jour où Charette devait
faire son entrée solennelle à Nantes, au bruit des
salves d'artillerie tirées sur le pont de Pirmil pour
annoncer son approche. Il avait stipulé dans le traité,
négocié à la Jaulnais par ses ordres, que les royalistes prisonniers seraient mis en liberté, et que ceux
qui avaient été spoliés, seraient rétablis dans la
jouissance de leurs biens. Les représentants avaient
interdit sous peine de prison, de leur appliquer
cette qualification de brigands qui leur avait été si
longtemps jetée. Il était enjoint de leur donner un
nom conforme aux tendances de la langue empha-
tique du temps, celui de *frères égarés*. Mme de Lescure s'émerveillait de ce changement. Elle ne pouvait se lasser d'entendre de la bouche de Mme de
Bonchamp, le récit de ses épreuves, et celle-ci ne
se lassait pas d'écouter le récit de malheurs aussi
grands que les siens. Ces deux illustres veuves qui
représentaient deux des gloires les plus pures de
la Vendée, mettaient en commun leurs souvenirs et
leurs larmes.

Mme de Lescure partit de Nantes, convaincue
qu'il fallait soumettre son opinion particulière à
l'opinion générale, quoiqu'elle éprouvât une vive
souffrance morale d'être réduite à accepter l'am-

nistie. Elle retourna dès le lendemain à Nantes
ainsi que sa mère; celle-ci s'y rendit en voiture
avec Mme Dumoustiers. Mme de Lescure, qui craignait de faire voyager son enfant à cause du froid,
qui était très-rigoureux dans ce moment, voulut
lui dire adieu, et se rendit à cheval à Prinquiau,
pour le recommander aux soins de sa nourrice.
Elle éprouva une vive satisfaction maternelle en
trouvant sa petite fille, qu'elle n'avait pas vue depuis sept mois, grandie et embellie. Elle quitta
avec une émotion facile à concevoir cette enfant,
qui n'avait pas connu son père, dernier et précieux
gage de la tendresse de M. de Lescure! Lorsqu'elle
eut rejoint sa mère à Nantes, il ne leur fut pas
difficile de faire signer leur amnistie. On allait au-
devant des vœux des proscrits, et on leur délivrait,
sur leur demande, un acte ainsi conçu : « Liberté,
égalité, paix aux bons, guerre aux méchants, justice
à tous. Les représentants ont admis à l'amnistie
telle personne, qui a déclaré s'être cachée pour sa
sûreté personnelle. »

Mme de Lescure resta quelques jours à Nantes
avec sa mère. Elle éprouvait une douloureuse jouissance à revoir les personnes qui avaient échappé
aux périls qui l'avaient si longtemps menacée elle-
même. Ces naufragés de la révolution se racontaient mutuellement leurs cruelles épreuves, et la
manière providentielle dont ils avaient été préser-
vés au milieu de tant d'amis moins heureux qui
avaient péri. Puis ces parents, ces amis si chers

qu'ils avaient perdus devenaient le sujet d'entretiens qui ne se terminaient que lorsque la voix de ceux qui racontaient ces scènes de désolation et de deuil éternel s'éteignait dans leurs sanglots. Nantes était dans ce moment le rendez-vous d'un grand nombre de personnes qui, depuis plusieurs mois, se dérobaient aux fureurs de la révolution en se cachant dans des retraites profondes. Cette réapparition de tant de femmes distinguées, d'hommes appartenant aux premières classes de la société, qui s'étaient comme ensevelis dans les rangs les plus humbles des classes populaires, et avaient accepté des fonctions serviles pour échapper à la mort, dans des circonstances où la noblesse était un crime, ressemblait à une résurrection. Des paysans républicains s'étonnèrent d'avoir eu pour vachères, pour journalières travaillant à la terre ou pour moissonneuses des femmes qui portaient les plus beaux noms de France, et leur reprochèrent de leur avoir laissé ignorer leur secret, en les exposant à traiter comme des servantes des personnes qu'ils auraient entourées de leur respect s'ils les avaient connues. Dieu voulait sans doute, par un conseil secret de sa providence, que les heureux du monde fissent l'apprentissage des misères et des labeurs des classes populaires, pour leur apprendre à les regarder d'un œil plus compatissant, et que les humbles et les petits devinssent à leur tour les protecteurs des grands du monde, pour leur enseigner ces vertus de générosité et de bienfaisance qu'ils ont rarement l'occasion d'exercer. C'est ainsi que Mme d'Autichamp avait gardé pendant un an les vaches de l'administrateur du district, qui l'avait admise à cet humble emploi par charité, et qu'une demoiselle de la Voyerie, qui se louait pour faire la moisson, se coupa un doigt avec sa faucille. Mme de Bonchamps avait été peut-être plus malheureuse encore que Mme de Lescure. Après être tombée dans la Loire avec ses enfants, en face d'Ancenis, sauvée à grand'peine par des paysans, elle avait gagné la paroisse de Saint-Herblon en marchant péniblement toute une nuit d'hiver, obligée en outre de porter sur son dos son fils, le petit Herménée. Puis, pour que rien ne manquât à son malheur, son fils et sa fille avaient été atteints de la petite vérole dans une grange où ils couchaient avec elle sur la paille. Herménée était mort dans les bras de sa mère, et personne n'avait fait, à l'héritier de Bonchamps, qui d'un seul mot avait sauvé cinq mille vies républicaines, l'aumône d'un linceul. On n'avait point, dans ces terribles circonstances, le temps de pleurer ses enfants morts : il fallait songer à ceux qui restaient. Après avoir couvert son fils d'un mouchoir, seul linceul qu'elle put jeter sur ses tristes restes, Mme de Bonchamps avait dû aller se cacher avec sa fille dans le tronc d'un arbre creux, où l'on parvenait à l'aide d'une échelle. Malade, accablée de douleur, souffrant d'un abcès au genou, elle avait dû rester là trois jours et trois nuits, en tenant sur elle sa fille pour l'empêcher de mourir de froid. Quelques morceaux de pain noir, de l'eau et des pommes, voilà quels avaient été leurs seuls aliments. Et tout affreuse que fût cette vie, elle craignait de mourir, effrayée qu'elle était de laisser sa fille seule, sans secours dans cette horrible situation... Et puis elle avait été arrêtée, condamnée à mort, et sans la généreuse intervention de M. Haudaudine, elle aurait été exécutée.

Quelle douloureuse histoire ! comme cette légende de souffrance, de misère, de douleur allait au cœur de la veuve de Lescure qui, elle-même avait tant souffert, tant pleuré et qui avait perdu deux de ses enfants ! La veuve comprenait les douleurs de la veuve, et la mère les douleurs de la mère. Mme de Lescure écoutait aussi les récits de tant de martyres qui reportaient sa pensée aux jours du christianisme héroïque et elle les recueillait dans son cœur pour les redire un jour : Angélique Des Meliers, Mme de Chavagne, Mlle de la Metayrie, Mlles de Biliais, Mlle de Jourdain qui, tombant sur des cadavres à côté de sa mère qu'on venait de précipiter dans la Loire, s'écriait : « Poussez-moi, vous voyez bien que je n'ai pas assez d'eau ! » Mme de Lescure retrouva à Nantes sa fidèle Agathe, qui avait donné les derniers soins à M. de Lescure. Cette courageuse fille avait échappé aux plus grands périls, grâce à la protection du général Lamberty qui l'avait fait sortir de l'entrepôt où l'on enfermait les prisonniers destinés à être engloutis dans la Loire, car la république employait à la fois le fer, le feu et l'eau pour venir plus vite à bout des vies qu'elle voulait détruire.

Après deux jours passés à Nantes, à cause de la santé de Mme de Donnissan, Mme de Lescure partit avec elle pour le Médoc. Des passeports facilement obtenus, leur avaient été donnés sous les noms de Victoire Salgues, c'était l'ancien nom que portait avant le quinzième siècle la seconde maison de Lescure; et de Marie Citran, c'était le nom du château que la famille de Donnissan possédait de temps presque immémorial dans le Médoc. Mme de Lescure alla chercher ses passeports à la mairie. Le titre d'amnistié était devenu une recommandation, les politesses étaient pour ceux que peu de temps auparavant, on envoyait à l'échafaud. Mme de Lescure, le cœur des mères est ainsi fait, avait conservé un dernier rayon d'espérance au sujet de sa fille aînée qu'elle avait laissée à Ancenis. N'aurait-on pas supposé sa mort pour la cacher aux républicains? Elle s'efforçait de le croire, et avant de partir elle se rendit chez René Trémoreau à qui elle l'avait confiée, et lui offrit une forte somme d'argent s'il voulait lui rendre sa fille. Cet honnête paysan lui répondit en pleurant que malheureusement l'enfant était mort. Il fallut renoncer à cette illusion et partir avec la certitude qu'on laissait derrière soi un tombeau de plus. Les autorités républicaines poussèrent la précaution jusqu'à vouloir donner une escorte à la veuve de Lescure, pour la défendre contre les attaques possibles des chouans, qui se montraient souvent en force sur la route d'Angers. Elle n'osa pas refuser, en avouant que ses craintes n'étaient pas éveillées de ce côté ; cependant il était probable que sa présence protégerait plutôt son escorte composée de seize hussards, que son escorte ne la protégerait contre les chouans de Georges Cadoudal, qui auraient présenté les armes à la veuve de Lescure.

CHAPITRE NEUVIÈME

RETOUR A CITRAN ET SECOND MARIAGE

La partie active et pour ainsi dire militante de la vie de Mme de Lescure, se termine à son départ de Nantes. Elle va désormais avoir à déployer des qualités et des vertus plus conformes à son caractère, car, il faut le rappeler, elle eut d'autant plus de mérite à partager les périls de M. de Lescure et à mener avec lui une vie de hasards et d'aventures que, par nature, elle n'était pas intrépide, et qu'elle n'arrivait point à l'héroisme sans effort. Le sentiment du devoir avait seul pu l'élever au niveau de cette vie de dévouement et de sacrifice. La société de Nantes qui avait cru trouver en elle une amazone capable de manier le sabre et de faire le coup de pistolet, avait été étonnée de voir une femme timide, et même un peu craintive, et elle était la

première à décliner cette renommée de bravoure et
d'audace virile, que les imaginations lui avaient si
libéralement octroyée.

Le 8 février 1794, les deux voyageuses arrivèrent à Bordeaux avec Mlle de Concise qui, ayant
perdu sa mère, mise à mort comme tant d'autres à
Nantes, avait été heureuse de trouver aide et protection auprès de Mme de Lescure. Citran n'avait
pas été vendu. Mme de Donnissan se hâta d'y conduire
sa fille. C'était dans ce château, on s'en souvient,
que s'était accompli trois années seulement auparavant, son mariage avec M. de Lescure. Que d'évènements, de malheurs, de larmes et de sang versé,
que de tombes ouvertes dans ce petit nombre d'années! A peine Mme de Lescure était-elle établie au
château de Citran, qu'elle eut une nouvelle mort à
pleurer, celle de sa petite fille qu'on venait de sevrer à seize mois et qu'elle espérait bientôt revoir.
Ainsi se brisait le dernier lien qui, la rattachant au
passé, lui rappelait les beaux temps de son union
avec M. de Lescure. Elle eut la consolation de recevoir au Citran, Mme Dumoustiers, son hôtesse du
Dréneuf qui, après avoir vu massacrer deux de ses
fils sous ses yeux, dans sa ferme, surprise pendant
que plusieurs chefs de chouans y soupaient, vint
avec sa fille, la belle et courageuse Marie-Louise, et
bientôt le dernier de ses fils, Élié, lui demander l'hospitalité qu'elle lui avait naguère donnée, et fut reçue avec cet empressement cordial, cette gratitude
affectueuse qui adoucissent les blessures du cœur

qui ne peuvent être guéries. Mme Dumoustiers, dont
la santé, naturellement faible, avait été ébranlée
encore par tant d'épreuves, ne put résister à la
dernière secousse qu'elle éprouva, quand les persécutions contre les royalistes recommencèrent après
le 18 fructidor, et qu'on mit le séquestre sur le château de Citran. La belle et intéressante Marie-Louise,
envoyée en Bretagne dans la famille de ses parents, fit un excellent mariage; elle épousa M. de
Coué qui habitait les environs de Vannes; mais elle
vécut peu d'années. Il semble que tant d'émotions
avaient usé ses forces avant le temps.

La tranquillité dont on jouissait au Citran, ne
dura donc que jusqu'au coup d'état du 18 Fructidor. A cette époque il y eut une recrudescence
de persécutions contre les royalistes. Mme de Lescure avait été contre toute raison inscrite sur la
liste des émigrés, puisqu'elle n'avait jamais quitté
la France. Elle dut en sortir sous peine de mort
comme les émigrés non rayés. Elle alla passer huit
mois sur les frontières d'Espagne. Mme de Donnissan obtint une première fois qu'on reviendrait sur
cet ordre arbitraire qui violait l'amnistie et le traité
de paix signé avec les Vendéens. Mme de Lescure
retourna donc à Citran. Le département de la Gironde l'avait rayée de la liste des émigrés. Cette
décision ne fut pas confirmée à Paris et Mme de
Lescure dut retourner en Espagne, où elle passa
encore dix mois. Ce fut là qu'elle commença à
écrire ses Mémoires.

Elle revint en France après le 18 brumaire, qui avait rendu les lois plus douces pour les amnistiés et pour les émigrés. Ceux de ses biens qui n'avaient pas été vendus, pendant les guerres de la Vendée, lui furent conservés par des amis zélés. Le nom si pur et si respecté de Lescure planait sur elle, et lui faisait trouver partout sympathie et concours. La mort de sa fille l'avait rendue héritière des biens de son mari, qui n'avait que des collatéraux très-éloignés. Elle voulait conserver ce beau nom, et les regrets du passé tenaient tant de place dans son âme, qu'il lui semblait que les espérances d'un nouvel avenir ne pourraient jamais y trouver accès. C'était le seul sujet de dissentiment entre elle et sa mère qui, la trouvant trop jeune pour perpétuer son veuvage, la pressait de se remarier. Plus d'une fois elle ouvrit son esprit à la pensée de fonder avec sa fortune un hospice pour les Vendéens malades ou blessés, dont elle avait partagé les périls et la misère. Il lui semblait que ce serait un bon emploi de la fortune de Lescure que de créer ce qu'on aurait pu appeler « les invalides de la Vendée. » On traita autour d'elle, comme une chimère de l'imagination cette noble inspiration du cœur. Elle finit par écouter les conseils de sa mère.

Huit années se sont écoulées. Tous les chefs des grandes guerres sont tombés sur les champs de bataille, ou dans les supplices : Henri de La Rochejacquelein, Marigny, d'Elbée, Donnissan, Charette,

Stofflet, ont suivi Cathelineau, Bonchamp et Lescure. Talmont, a fait, jusqu'au bout, son devoir
et les juges leur métier. Le jeune Mondyon, ce
héros de quatorze ans, Desessarts, Mlle Desessarts
compagne de Mme de Lescure, Beauvolliers, le
vieux chevalier d'Auzon, tous sont morts. La veuve
de l'illustre Lescure, après avoir connu toutes les
douleurs, toutes les angoisses, tous les deuils,
avoir perdu son mari, son père, ses parents, ses
amis, ses enfants en bas âge, avoir erré d'asile en
asile, souffert la faim, la soif, reçu l'aumône, elle
qui l'avait si souvent donnée, qui devait la rendre
un jour au centuple, a connu de meilleurs jours.
L'ordre matériel s'est peu à peu rétabli en France
par lassitude du désordre, un mieux relatif s'est
produit par l'épuisement même du mal. Après bien
des années données aux larmes, Mme de Lescure a
rencontré le frère de M. Henri comme l'appelaient
les Vendéens, Louis de La Rochejacquelein, et ces
deux illustres débris de la Vendée se sont tendus
la main au-dessus de ses ruines pour s'entraider à
les réparer. — « Ma mère me pressait toujours de
me remarier, dit-elle, avec une pudeur pleine de
gravité, je ne pus songer à lui obéir que lorsque
j'eus vu en Poitou M. Louis de La Rochejacquelein, frère de Henri. Il me sembla qu'en l'épou-
sant, c'était m'attacher encore plus à la Vendée,
unir deux noms qui ne devaient point se séparer. J'épousai M. Louis de La Rochejacquelein le
1er mars 1802. »

Les années les plus heureuses dans la vie privée sont celles qui fournissent le moins de pages à l'histoire. Quoique Mme de La Rochejacquelein éprouvât, de temps en temps, des ennuis et des vexations, la vie qu'elle mena après son mariage, soit à Citran, dans le Médoc, soit à Clisson, dans le Poitou, n'avait rien de comparable à celle qu'elle avait menée pendant les années orageuses de la révolution. La police de Fouché la surveillait de près; on introduisait de temps à autre un espion dans sa maison. Mais ces surveillants n'y restaient pas longtemps; ils se retiraient bientôt en disant qu'il n'y avait aucun secret à surprendre dans une maison où tout le monde s'avouait tout haut royaliste. Le gouvernement fit aussi plusieurs ouvertures à M. de La Rochejacquelein pour le faire entrer au service. On lui répétait qu'il était de race militaire, et qu'il devait aimer le noble métier des armes dans lequel son frère Henri avait acquis une si grande gloire. M. de La Rochejacquelein, qui voulait conserver la liberté de ses sentiments et l'indépendance de sa position, répondait que sa santé, et les soins qu'il avait à donner à sa jeune et nombreuse famille, ne lui permettaient pas d'accepter les propositions qu'on lui faisait. Vers 1808, il avait, en effet, déjà cinq enfants. Quelquefois on agissait par insinuation, d'autres fois par des communications directes qui ressemblaient à des injonctions. Ainsi M. de Pradt, alors évêque de Poitiers, faisant une visite pastorale dans son diocèse,

vint coucher à Clisson. Le lendemain, il eut un
entretien particulier avec M. de La Rochejacquelein, et lui dit qu'il fallait qu'il s'attachât au gouvernement, et qu'il prît une place quelconque.
Comme M. de La Rochejacquelein ne paraissait
pas convaincu de cette nécessité, M. de Pradt
ajouta : « Choisissez la place qui vous conviendra ;
mettez-vous à prix, Monsieur. » M. de Pradt, cet
homme à qui le sens moral manquait, ne savait
point qu'il n'y a pas de prix qui vaille l'honneur,
qui vaut plus que la vie. Il insista beaucoup, mais
il insista en vain. Comme M. de La Rochejacquelein prétextait ses affaires, sa santé, les soins
à donner à sa famille, M. de Pradt, qui voyait que
les motifs de ses refus descendaient d'une sphère
plus haute, s'écria, en élevant tellement la voix
que Mme de La Rochejacquelein l'entendit de la
chambre voisine : « Vous voulez résister à l'empereur, Monsieur. Tombez à ses pieds comme toute
l'Europe ; vos princes ne sont qu'une vile ma-
tière. » M. de La Rochejacquelein resta debout.
On lui demandait plus qu'on ne lui offrait ; car la
liberté des sentiments, la fidélité au devoir, la conscience, c'est tout l'homme. Il n'accepta pas le
marché. Sa conduite fut un généreux commentaire
de cette fière parole de Joseph de Maistre : « Le
monde est à lui, mais nous avons nos cœurs. » Il
demeura incorruptible devant toutes les séductions,
non-seulement devant la séduction de la puissance
qu'une honnêteté vulgaire suffit pour repousser ;

mais devant la plus dangereuse des séductions, celle de la gloire et du génie. On s'en vengea en obligeant, en 1810, son jeune frère Auguste de La Rochejacquelein qui, n'étant pas marié, n'avait ni les mêmes excuses ni les mêmes prétextes, à accepter l'épaulette de sous-lieutenant. Il ne la prit, avec MM. de Talmont et de Castries, que lorsque le ministre qui l'avait fait mettre en prison, irrité de son obstination, lui eut formellement déclaré que sa captivité ne cesserait que le jour où il entrerait au service. Alors le chevaleresque jeune homme s'étant ainsi mis en règle avec ses devoirs envers ses sentiments politiques, alla montrer sur les champs de bataille de l'empire, que le sang des frères de Henri de La Rochejacquelein ne s'était pas refroidi dans leurs veines, et rapporta de la bataille de la Moskowa le beau nom de La Rochejacquelein le Balafré.

Quant à Louis de La Rochejacquelein, quelques personnes s'entremirent pour diminuer les empressements du gouvernement à son égard, en lui faisant observer qu'un homme qui ne lui créait aucun embarras et ne lui suscitait aucun obstacle, pouvait être sans inconvénient admis à conserver, dans l'obscurité de la vie privée, la dignité de son caractère et la liberté de ses sentiments qu'il préférait aux honneurs. Parmi les hommes qui intervinrent près du gouvernement dans ce sens, il faut citer en première ligne : M. de Monbadon, cousin germain de Mme de Donnissan qui, ayant épousé en 1800 Mlle de Terrefort, très-proche parente de l'impératrice Joséphine, avait été nommé par son influence, sénateur et maire de Bordeaux. Napoléon étant venu à Bordeaux avec Joséphine, M. de La Rochejacquelein partit pour Clisson où il résidait quand il n'était pas dans le Médoc. Mme de Donnissan et sa fille demeurèrent à Citran, bien déterminées à ne point paraître à la nouvelle cour, mais assez inquiètes des conséquences possibles de leur détermination. Elles reçurent bientôt après un message de leur parent qui les rassurait. Il leur racontait qu'ayant accompagné l'Empereur dans une promenade sur l'eau, il avait eu avec lui la conversation suivante : — Vous avez la famille de La Rochejacquelein dans ce pays-ci. — Mme de Donnissan est ma proche parente ; sa fille, veuve de M. de Lescure, est avec elle en Médoc ; elle a beaucoup de petits enfants, et est près d'accoucher, son mari est en Poitou. L'Empereur reprit : « C'est un jeune homme sage. J'aimais beaucoup Lescure, c'était un brave homme. » Duroc ajouta : « Sa veuve ne pouvait épouser qu'un La Rochejacquelein. »

La seconde personne qui prit un vif intérêt à M. et Mme de La Rochejacquelein, fut M. de Barante, d'abord sous-préfet de Bressuire, puis préfet de la Vendée. M. de Barante dont l'esprit élevé et délicat était capable de comprendre les nobles choses, s'était épris d'une admiration sincère pour les mâles et simples vertus de la Vendée. Il concevait et il s'efforçait de faire concevoir au gouvernement, qu'on ne pouvait demander à un homme qui voulait porter avec honneur le nom de La Rochejacquelein, que la soumission au gouvernement établi, quand le gouvernement pour lequel la Vendée avait combattu et souffert, était dans l'exil. Il y a toujours deux choses qui échappent au contrôle des pouvoirs humains, quelque forts qu'ils soient, les regrets et les espérances qui, les uns comme les autres, ont des ailes : ceux-là pour s'envoler vers le passé, celles-ci pour s'envoler vers l'avenir.

Mme de La Rochejacquelein s'occupait surtout du passé. Pendant les loisirs de son second exil en Espagne, elle avait commencé à écrire les souvenirs de l'époque encore récente où elle avait vu et éprouvé tant de malheurs. Les années qu'elle avait laissées derrière elle, évoquées par sa mémoire, se levaient à sa voix avec un bruit de sanglots. Elle retrouvait sa trace sur cette route douloureuse où les étapes de sa vie étaient marquées par des tombeaux et des ruines. Elle a raconté elle-même que, souvent vaincue par l'amertume de ses souvenirs, elle fut plus d'une fois obligée d'abandonner sa tâche commencée. Sa plume qui d'abord courait rapidement, s'arrêtait d'elle-même, et pendant des semaines entières, elle ne pouvait se décider à relire ce qu'elle avait écrit. Les blessures de son cœur s'étaient rouvertes au contact de ses souvenirs, et au lieu de raconter les désastres de la Vendée et de sa famille, elle les pleurait. Elle avait cependant conduit son récit jusqu'au passage de la Loire. Plusieurs années après son mariage, sur les instances de M. de La Rochejacquelein, elle continua ses Mémoires et en fit une copie qu'elle communiqua en secret à trois ou quatre Vendéens, ses amis intimes, qui avaient eu part aux évènements qu'elle racontait. Ils lui remirent quelques notes à l'aide desquelles elle contrôla son récit. Sur ces entrefaites, M. de La Rochejacquelein fit connaissance avec M. de Barante, sous-préfet de Bressuire, et bientôt, à ces premiers rapports, succédèrent une entière confiance et une étroite amitié. Le manuscrit des Mémoires fut confié à M. de Barante qui le lut avec un vif intérêt, et proposa de le revoir et de lui donner la correction et l'arrangement qui leur manquaient. M. de La Rochejacquelein accepta avec empressement cette proposition, et lorsque les Mémoires eurent reçu cette nouvelle forme, il pria sa femme d'autoriser M. de Barante à les lire à quelques amis communs. C'est ainsi qu'il les lut à Genève chez son père, devant Mme de Staël et quelques autres personnes. Ils furent un peu plus tard communiqués à Paris, avec l'autorisation de M. de La Rochejacquelein, à MM. Matthieu de Montmorency et Adrien de Laval. Le bruit courut que M. de Talleyrand ayant eu le manuscrit à sa disposition pendant vingt-quatre heures, l'avait fait copier et même avait porté cette copie à Napoléon. Ce fut le sujet d'une grande inquiétude pour Mme de

La Rochejacquelein. Elle appréhendait que la police ne fît imprimer ses Mémoires, en y introduisant des interpolations, comme cela était arrivé à quelques personnes, et par précaution elle fit faire une démarche à la direction de la librairie, pour protester contre toute publication.

Ces Mémoires feront vivre éternellement l'époque et le pays qui y sont peints avec des couleurs si vives et des traits si naturels qu'on croit voir respirer les personnages, les mœurs, la Vendée tout entière. On voit, on sent la vérité, on la touche. On a connu ces hommes, on a vécu avec eux; on les a aimés, on les pleure. On s'est incliné devant Cathelineau, le saint de l'Anjou, et Lescure le saint du Poitou, devant Bonchamps, demandant grâce pour les prisonniers; on s'est élancé avec Henri de La Rochejacquelein lorsqu'il a pris « cet air fier et martial et ce regard d'aigle que depuis il ne quitta plus. » On a vécu de la vie du Bocage, au milieu de cette vaillante et religieuse armée, où les officiers paysans sont les égaux des officiers gentilshommes. C'est la nature prise sur le fait, c'est la vérité dite sans réticence, sans ambages, sans ornement; une peinture simple, vraie, complète, relevée par quelques-uns de ces coups de pinceau, cherchés par les grands maîtres, mais qu'un témoin de ces grandes luttes, mêlé à leurs périls et à leurs émotions, a seul pu trouver dans ses souvenirs ou plutôt, dans les inspirations de son cœur. Ces Mémoires, à la différence des ouvrages de ce genre publiés de nos jours, n'ont rien de personnel. Ce n'est pas un auteur qui pose, c'est un des naufragés de la Vendée qui, échappé au désastre commun, raconte ce qu'il a vu, et sans essayer de se mettre sur le premier plan, ne demande d'autre place dans le tableau général que celle qu'y occupent ses malheurs. Noble livre composé non par un écrivain pour exciter l'admiration de ses lecteurs, mais par une fille, par une sœur, par une veuve, par une mère, par une Vendéenne qui, « s'est fait un triste plaisir de raconter à ses enfants les détails glorieux de la vie et de la mort de leurs parents, et qui a pensé qu'un récit simple écrit de sa main maternelle leur inspirerait un sentiment plus tendre et plus filial pour leur honorable mémoire. »

Tandis que Mᵐᵉ de La Rochejacquelein vivait ainsi dans le passé, sa mère tournait les yeux vers l'avenir.

Mᵐᵉ de Donnissan avait été par une circonstance particulière investie sous le Directoire, d'une espèce de mandat de confiance de *Monsieur,* comte d'Artois, pour rallier les royalistes de Bordeaux. Elle était donc entrée dans les projets et les combinaisons de ce temps, plus avant que sa fille qui n'avait jamais cru à leur succès. Ces projets s'étaient évanouis et les liens des organisations royalistes qui avaient subsisté dans le midi, comme dans l'ouest, s'étaient relâchés dans les jours de puissante jeunesse du consulat et de forte virilité de l'empire. Puis, quand on avait vu les guerres succéder aux guerres, et la puissance impériale faire de chaque succès un point de départ pour une entreprise nouvelle, on avait commencé à prévoir que la fortune du gouvernement finirait par s'épuiser, et qu'à force de braver toutes les chances, il finirait par en trouver une mauvaise. Vers la fin de 1811, Mme de La Rochejacquelein se rendit à Paris avec sa mère pour revoir sa tante de Chastellux, qui revenait d'Italie après une longue absence, et aussi pour consulter les médecins sur sa santé qui était mauvaise; son mari vint l'y rejoindre.

C'était le moment où Napoléon venait de décider l'expédition de Russie. Plus que jamais, les esprits clairvoyants pressentaient que la durée de son empire n'égalerait pas sa grandeur. Cette expansion sans mesure de la puissance napoléonnienne, les dangers de cette expédition gigantesque qui allait mettre un espace immense entre l'empereur et le centre de sa domination, inquiétaient les amis les plus sensés de Napoléon. Ses adversaires commençaient à lire sa chute dans l'avenir. C'est à cette époque que M. de Chateaubriand disait : « C'est Crassus chez les Parthes. » Mme de La Rochejacquelein n'était point revenue à Paris depuis 1792. On comprend combien elle trouva cette ville changée. Son mari rechercha naturellement ceux qui partageaient ses opinions et ses regrets, comme ses espérances. Il parvint à voir MM. de Rivière et de Polignac, quoiqu'ils fussent alors retenus en prison. Après avoir passé quelque temps à Paris, Mme de La Rochejacquelein revint en Poitou, puis alla passer, en Médoc, l'hiver de 1813. L'évènement avait justifié les prévisions de ceux qui voyaient dans la campagne de Russie l'écueil des longues prospérités de Napoléon. Sa désastreuse retraite, l'anéantissement de l'armée, les sacrifices immenses qu'il fallut demander à la France pour créer une armée nouvelle, les mécontentements qu'on excitait par ces levées continuelles d'hommes et d'impôts, l'épuisement de la population, le désir de la paix qui s'exaltait jusqu'à devenir une passion, tout présageait la fin de l'empire.

Ceux qui n'étaient point favorables à cette cause se préparèrent dès lors à une éventualité qu'ils regardaient comme prochaine. Les organisations royalistes commencèrent à réunir leurs anciens éléments. Vers le mois de mars 1813, un émissaire du roi Louis XVIII, M. Latour, arriva à Bordeaux et invita, au nom de ce prince, M. Taffard de Saint-Germain à rallier le parti royaliste, dans la prévision des éventualités de l'avenir. M. Latour était également chargé par Louis XVIII de voir M. de La Rochejacquelein, et de lui dire qu'il comptait sur lui pour la Vendée. M. de La Rochejacquelein, pour obéir à cet ordre, quitta Bordeaux et parcourut le Poitou, l'Anjou, la Touraine, vit M. de la Laville de Baugé et tous ceux des anciens soldats de la grande guerre avec lesquels il put se mettre en relation. A Nantes, il resta quinze jours chez M. de Barante, préfet du département, qui était devenu son ami. Il vit dans cette ville MM. Adrien de Laval, de Suzannet, de Sesmaisons, accourus avec des intentions analogues aux siennes. Il avait rencontré à Tours Ludovic de Charette, jeune homme digne de son nom. Dès que celui-ci avait appris l'arrivée de M. de La Rochejacquelein à Tours, il était venu se jeter dans ses bras, en lui criant : « Je suis Charette, vous êtes La Rochejacquelein ; nous devons être amis. » Alors M. de La Rochejacquelein lui avait ouvert son cœur, et l'avait initié à tous ses projets. Ce n'était point encore de l'action, mais déjà l'agitation commençait.

Dans l'automne de 1813, M. de La Rochejacquelein revint en Médoc, où l'appelait l'état de sa femme, qui accoucha le 30 octobre. Le 6 novembre, M. Lynch, maire de Bordeaux et ami particulier de Mme de Donnissan, qui l'avait beaucoup connu quand il était président au parlement de cette ville, envoya à M. de La Rochejacquelein un exprès, pour l'avertir qu'on partait de Bordeaux afin de l'arrêter. M. de La Rochejacquelein se rendit à Bordeaux, sans prévenir sa femme, de crainte de l'alarmer. Il rencontra sur la route des gendarmes qui venaient pour le prendre. Les liens du dévouement commençaient à se relâcher ; les gouvernements qui approchent de leur chute obtiennent peu de zèle ; leurs instruments songent à se réserver une porte ouverte sur les éventualités de l'avenir. L'officier qui commandait les gendarmes reconnut parfaitement M. de La Rochejacquelein ; mais comme il n'était pas porteur du mandat d'arrestation, et qu'il devait seulement assister le commissaire de police, il laissa passer M. de La Rochejacquelein. La voiture du commissaire de police s'embourba, et il n'arriva à Citran qu'assez avant dans la nuit. Dès le point du jour, le château fut investi. Les domestiques, qui ignoraient le départ de leur maître, avaient affirmé qu'il se trouvait dans le château. Les paysans qui arrivaient pour la messe, montraient une vive indignation, et se disposaient à délivrer à force ouverte M. de La Rochejacquelein s'il était arrêté. Pendant que ces symptômes de résistance éclataient au dehors, le commissaire de police poursuivait dans le château sa visite minutieuse, vexatoire, brutale même. Il alla jusqu'à faire lever les couvertures du lit où était couchée Mme de La Rochejacquelein, pour voir si son mari n'y était pas caché. Il semblait furieux d'avoir manqué sa proie, et de n'avoir pu mettre à exécution l'ordre ministériel ainsi conçu : « On prendra M. de La Rochejacquelein mort ou vif, on le conduira en poste, jour et nuit, et on l'amènera à quelque heure que ce soit, au ministre. » C'est ainsi que les derniers temps de l'empire reportaient Mme de La Rochejacquelein aux émotions de sa première jeunesse, lorsque, aux plus mauvais jours de la révolution, la force armée

cernait Clisson, et venait la chercher avec M. de
Lescure pour l'emmener à Bressuire.

M. de La Rochejacquelein se cacha à Bordeaux
et devint, en raison même de la persécution dirigée contre lui, le centre des diverses organisations
royalistes qui se réunirent autour de lui. Dans le
mois de janvier 1814, il vint passer quelques jours
à Citran avec sa femme, et après avoir parcouru
le Bas-Médoc, avec M. Luetkens, gentilhomme
d'origine suédoise et propriétaire du château de
Carnet, il revint s'y fixer. M. Luetkens était un
homme dont le calme et imperturbable courage
était toujours aux ordres de la cause royale que
sa race avait servie dans sa patrie d'origine, la
Suéde, comme dans sa patrie d'adoption la France.
Tous les habitants gardèrent un si inviolable secret, ainsi que les nombreuses personnes qui vinrent
conférer avec le château de Citran, que le gouvernement ne fut pas averti de sa présence. L'idée fixe de
M. de La Rochejacquelein était de se jeter dans la
Vendée ; il semblait que le souvenir héroïque de
son frère Henri l'appelait sur cette terre arrosée de
son sang. Mme de La Rochejacquelein et sa mère,
et avec elles, l'abbé Jagault, l'un des rares survivants des premières guerres, luttaient contre cette
détermination. Comment se rendre en Vendée où
la surveillance était plus vigilante et plus rigou-
reuse que dans le Médoc? Par les grandes routes?
M. de La Rochejacquelein serait infailliblement reconnu et arrêté. Par les chemins de traverse? Ils

étaient inondés et impraticables. Enfin il fut décidé dans ce conseil intime que l'abbé Jagault, qui
n'était point compromis, ferait une tournée dans
l'ouest pour s'assurer de la situation exacte des
choses et préparer les voies à M. de La Rochejacquelein. Parti le 26 janvier, il écrivit dès le 5 février de Thouars, qu'il y avait des symptômes
d'agitation, quelques centaines de réfractaires dans
les bois, mais rien de général, et que les choses
n'étaient pas assez mûres pour que M. de La Rochejacquelein put venir utilement en Vendée.

Ce fut sur ces entrefaites qu'on annonça la présence de M. le duc d'Angoulème en Espagne, au
quartier-général du duc de Wellington. On était
à la mi-février 1814. M. de La Rochejacquelein,
dont on enchaînait l'ardeur royaliste du côté de
la Vendée, se tourna vivement vers cette occasion
qui venait s'offrir à lui. Dans la nuit du 17 février, il
s'embarqua à Pauillac, après avoir tout préparé pour
faire éclater un mouvement royaliste à Bordeaux,
dès que le duc d'Angoulême dont il allait prendre
les ordres à Saint-Jean-de-Luz, en donnerait le
signal. Mme de La Rochejacquelein ne s'opposa
point au projet de son mari. « Je n'eus de force,
dit-elle, que pour demander à Dieu de recevoir le
dernier sacrifice que nous pouvions faire au Roi. »
Fidèle à ses habitudes vendéennes, elle ne séparait point ces deux noms, Dieu et le Roi, et
elle priait pendant que son mari s'exposait aux
plus grands périls de mer pour se rendre, au

milieu d'une affreuse tempête, auprès du premier
prince de la maison de Bourbon qui se présentait,
après vingt-cinq ans d'absence, sur cette terre de
France qu'avaient si longtemps gouvernée ses aïeux.
M. de La Rochejacquelein précéda le Prince à
Bordeaux et présida à toutes les dispositions qui
furent faites pour préparer la journée du 12 mars.
Ainsi Mme de La Rochejacquelein eut le bonheur
ineffable de voir son mari prendre l'initiative du
rétablissement des Bourbons en France, en donnant l'impulsion au mouvement du 12 mars. Elle
n'avait pas eu la satisfaction d'assister à cette
journée. Quoiqu'elle fût encore peu avancée dans
la vie, elle n'avait encore que quarante-deux ans,
les dates de deuil se heurtaient dans sa mémoire
avec les dates de joie. Pouvait-elle oublier que
vingt-et-un ans plus tôt, en 1793, dans cette même
journée du 12 mars, où l'on relevait le drapeau
blanc à Bordeaux, il avait été levé en Vendée, en
donnant ainsi le signal de cette guerre terrible qui
avait moissonné tant de vies qui lui étaient chères,
et ouvert dans son cœur des blessures que le
temps n'avait pu cicatriser? Les souvenirs du passé,
les perspectives de l'avenir, l'émotion de ses regrets, celle de ses craintes et de ses espérances,
la plongèrent pendant trente heures dans un état
de stupeur d'où elle eut peine à sortir.

Bientôt après, M. de La Rochejacquelein qui
n'avait reculé devant aucune fatigue, aucun péril
pour généraliser le mouvement de Bordeaux, et

pour se mettre en communication avec l'Ouest où
tout se préparait pour une prise d'armes, fut envoyé par M. le duc d'Angoulême au Roi, afin de lui
rendre compte de ce qui s'était passé dans le midi.
Les évènements de Paris avaient, en effet, résolu
le problême dont on cherchait la solution dans les
départements. La fortune de la France, ou pour
parler un plus juste et plus religieux langage, la
Providence qui protége la France, ne voulait pas
que le fléau de la guerre civile vint s'ajouter au
fléau de la guerre étrangère. Quand le Roi Louis XVIII
entendit prononcer à Calais le nom de La Rochejacquelein qui y était arrivé quelques instants avant
lui, il prononça ces paroles conservées par Mme de
la Rochejacquelein, comme une des récompenses
qui payent toute une vie de sacrifices : « C'est à
lui que je dois le mouvement de ma bonne ville de
Bordeaux; qu'il entre. »

CHAPITRE DIXIÈME

DERNIÈRE ÉPOQUE DE LA VIE DE Mme DE LA ROCHEJACQUELEIN

Mme de La Rochejacquelein avait salué la première Restauration, comme les Israélites saluèrent la terre promise dont l'horizon fuyant avait reculé si longtemps devant eux pendant leur marche à travers le désert. Toutes les perspectives de la vie semblaient lui sourire. Les princes qu'elle aimait, pour lesquels la Vendée avait tant souffert, étaient sur le trône. Son mari traité avec tant de bonté par les Bourbons, était honoré et estimé par leurs adversaires eux-mêmes. Il avait été nommé maréchal de camp et commandant de la compagnie de grenadiers à cheval de la maison du Roi. Chargé de former lui-même sa compagnie, il l'avait recrutée parmi les vieux soldats de l'empire, tous décorés ou désignés à son choix par quelqu'action d'éclat. Parmi eux, il y en avait quelques-uns dont les campagnes remontaient aux guerres de la Vendée. M. de La Rochejacquelein les traitait avec une bonté particulière, pour bien leur prouver que ces mots d'union et d'oubli que Louis XVIII avait prononcés en rentrant en France, n'étaient point un vain leurre, et qu'il n'y avait que des Français en France, sans distinction de cocardes ni de partis. Cette conduite attirait à M. de La Rochejacquelein une estime et une considération dont jouissait avec bonheur celle qui avait voulu porter son nom.

Tandis qu'elle ouvrait ainsi son cœur à la joie et à l'espérance, l'homme de la guerre a reparu; la Restauration succombe en quelques jours, la paix, à peine rétablie, s'évanouit de nouveau. L'Europe en armes s'ébranle pour venir saisir le fugitif de l'île d'Elbe sur le trône de France où il s'est réfugié. M. de La Rochejacquelein après avoir suivi le duc de Berry, avec sa compagnie de grenadiers à cheval jusqu'à Gand, croit qu'il appartient à la Vendée de prouver qu'on meurt encore en France pour la monarchie. Avec une prévoyante sollicitude, il a éloigné du théâtre où la lutte va s'engager, sa femme et ses enfants.

Ce fut donc en Espagne où elle avait déjà deux fois trouvé un asile, que Mme de La Rochejacquelein attendit avec sa jeune famille le résultat des efforts que son mari allait tenter. Elle savait qu'il avait obtenu de l'Angleterre des armes et des munitions, et que tout se préparait dans l'Ouest pour une prise d'armes générale. Il est facile d'imaginer avec quelle anxiété mêlée d'espérance, avec quelle impatience fièvreuse Mme de La Rochejacquelein attendait des nouvelles de France. Elle avait cependant plus d'espérances que de craintes. A force de désirer le succès de son mari, elle avait fini par y compter. La noble ambition de M. de La Rochejacquelein, elle le savait, et sur ce point comme sur tous les autres, elle partageait ses sentiments, c'était d'arriver à Paris avec une armée vendéenne, avant que l'Europe eût déclaré la guerre à Napoléon, et de rétablir ainsi le trône des Bourbons par les armes de la Vendée, sans aucun recours à l'intervention étrangère (1). Hélas! c'était aussi la pensée du généreux Lescure, et l'on se souvient des belles paroles qu'il adressait au général républicain Quetineau, lorsque celui-ci lui disait que les étrangers allaient envahir la France et morceler le territoire national.

On venait d'entrer dans la seconde quinzaine du mois de juin 1815; on savait vaguement en Espagne qu'il y avait eu des mouvements insurrectionnels dans l'Ouest, sans savoir quel avait été le résultat de ces mouvements. Mme de La Rochejacquelein

---

(1) Quatre jours avant sa mort, Louis de La Rochejacquelein écrivait une lettre où l'on trouve la phrase suivante : « Mon but est d'éviter à la France une seconde invasion ; j'espère que nous pourrons être à Paris avant les étrangers. »

attendait de jour en jour des nouvelles ; elle n'éprouvait aucun de ces pressentiments sinistres qui dé-
vancent quelquefois les malheurs ; le succès qu'avait
eu son mari à Bordeaux en 1814, lui semblait le
présage du succès qui l'attendait en 1815 dans
l'Ouest, et elle le voyait par la pensée, marchant
vers Paris à la tête d'une armée vendéenne et rou-
vrant au roi Louis XVIII les portes de sa capitale.
Pendant qu'elle avait la tête pleine de ces pensées,
le général Espelleta qui commandait la place de
Saint-Sébastien, où elle s'était réfugiée au commencement des cent jours, demanda à être intro-
duit chez elle. Plusieurs Français s'étaient présen-
tés sur la frontière pour entrer en Espagne. Comme
ceux qui venaient de France à cette époque, étaient
naturellement suspects, le général Espelleta avait
demandé la liste de leurs noms et venait la soumettre à Mme de La Rochejacquelein, afin de savoir
si quelques-uns de ces Français n'étaient pas connus
d'elle. Mme de La Rochejacquelein parcourut des
yeux la liste et reconnut le nom de M. de Menou,
son parent. Elle voulut le voir. M. de Menou connaissait le triste dénouement de l'insurrection de
l'Ouest ; il savait que M. de La Rochejacquelein,
après être débarqué le 16 mai 1815 en Vendée, et
avoir déployé dans plusieurs affaires de détail, une
valeur qui rappelait aux Vendéens celle de son frère
Henri, était tombé le 4 juin sous les balles des Im-
périaux, au moment où du haut d'un tertre, près
de Mathes dans le Marais, il reconnaissait la position

des ennemis. C'était ainsi que bien des années auparavant était mort Lescure.

On comprend quel était le douloureux embarras de M. de Menou en abordant Mme de La Rochejacquelein. Il craignait de lui apprendre le fatal secret qu'elle ne connaissait pas ; le général Espelletta auquel il avait annoncé la mort de M. de La Rochejacquelein, l'avait averti que cette affreuse nouvelle n'était point arrivée jusqu'à sa veuve. Cependant, il n'aurait pas voulu contribuer à entretenir dans son âme des illusions qui devaient être bientôt cruellement dissipées. Ce qui ajoutait à son embarras, c'est qu'il la trouva pleine d'enthousiasme et d'assurance. Elle ne lui parlait que de succès, de victoires, du bonheur qu'aurait son mari à ramener le Roi à Paris, sans le secours des coalisés, de la gloire immortelle qu'acquerrait la Vendée, en accomplissant cette grande entreprise. Elle voyait son mari vivant, heureux, triomphant, et depuis plus de dix jours son mari était mort !

Cette situation avait quelque chose de navrant et de terrible, et celui qui vit Mme de La Rochejacquelein se livrer à ses illusions en face de cette fosse à peine refermée que, d'abord la distance, puis maintenant la pitié sympathique de son parent dérobait à sa vue, en conserva jusque dans une vieillesse avancée le douloureux souvenir. (1) Sans

---

(1) Nous avons récemment encore (en 1857) entendu M. le comte de Menou, raconter cette scène de la manière la plus touchante.

oser lui dire la cruelle vérité, il cherchait à la ramener au sentiment de sa situation réelle. Il lui parlait des vicissitudes de la guerre, de l'incertitude de l'avenir. Qui pouvait prévoir les épreuves qu'il aurait à supporter? Le mieux était de se résigner d'avance aux décrets impénétrables de la divine Providence. Mme de La Rochejacquelein répondait avec sa piété ordinaire, que les arrêts de la Providence la trouveraient toujours soumise, mais la confiance et l'espoir prenaient bientôt le dessus; elle en revenait toujours aux pensées de succès et de victoires. Après une heure de conversation, M. de Menou la quitta sans oser lui dire la fatale nouvelle. Il pria le général Espelleta d'empêcher les journaux d'arriver jusque à elle, et alla prévenir un évêque français qu'elle connaissait et qui se trouvait à Saint-Sébastien, Mgr de Coucy, pour qu'il se chargeât de préparer Mme de La Rochejacquelein au malheur affreux qui venait de la frapper. C'était pour la seconde fois qu'un prêtre allait remplir auprès de Mme de La Rochejacquelein ce triste ministère. On s'adresse volontiers aux ministres de la religion pour annoncer les nouvelles de mort, parce qu'elle a les paroles des consolations et des espérances éternelles.

Peu de jours après celui où Mme de La Rochejacquelein reçut la nouvelle de cet immense malheur, la Restauration s'accomplit. Il n'y avait plus pour cette noble veuve de joie sur la terre; mais elle avait encore des devoirs à remplir. Il fallait qu'elle s'occupât de l'éducation de ses nombreux enfants et des secours à donner, à faire donner à cette famille, plus nombreuse encore, pour laquelle elle avait un cœur de mère, la Vendée. Le gouvernement royal, qui ne pouvait lui rendre ce qu'elle avait perdu, fit pour elle tout ce que peut faire un gouvernement : il transféra à son fils aîné le prix du sang versé par son glorieux père et par son glorieux oncle, et voulut que le nom de La Rochejacquelein devînt un des noms héréditaires de la pairie française.

La Vendée, qui n'avait point de titre, point d'honneurs à donner, voulut aussi payer sa dette de reconnaissance à cette race héroïque. Par une froide journée du mois de février 1816, Cathelineau, le digne fils du généralissime des armées catholiques et royales, et M. de Clabat, tous deux accrédités par l'illustre veuve, arrivaient à Chollet. Ils étaient chargés par elle d'opérer la translation des froides dépouilles de Louis de La Rochejacquelein du pays du Marais, où il était tombé, jusqu'au village de Saint-Aubin de Baubigné, où est le caveau funéraire de la famille. Un long trajet sépare le Périer (c'était l'endroit où le chef vendéen avait été inhumé) de la paroisse de Saint-Aubin. Il ne fallut pas moins de cinq jours pour franchir cet espace. Pendant ce long parcours, le cortége trouva, partout sur son passage, la Vendée militaire en prières et en armes. Partout le bruit des cloches, les détonations de

l'artillerie, le chant des prêtres, les gémissements
des femmes et des enfants, saluèrent le cercueil.
Les divisions du territoire que l'on traversait accou-
raient, armées de leurs vieux mousquets, pour faire
la haie; et l'on eût dit que ce cercueil héroïque
passait, avant d'aller reposer sous la croix, une
dernière revue des armées catholiques et royales.
C'étaient des funérailles à la fois religieuses et militaires. Les soldats inclinaient leurs chapeaux et leurs
armes; les prêtres sortaient de la maison de Dieu,
et, avec cette admirable puissance de souvenir de
l'Église catholique, cette gardienne éternelle des
grandes mémoires, qui rappelle les dévouements
antiques pour louer les dévouements nouveaux, ils
mêlaient au nom de La Rochejacquelein le nom des
Machabées. Plus d'une fois il arriva que le prêtre qui
prononçait le discours funèbre avait lui-même combattu pour Dieu et pour le roi, avant d'avoir reçu
les ordres sacrés. A Bourbon-Vendée, un vénérable prêtre de quatre-vingts ans, le comte Duchaf-
faud, vieux soldat de l'armée de Condé, portant la
croix de Saint-Louis sur sa poitrine, émut tous les
cœurs lorsqu'en pleurant sur Louis de La Rochejacquelein, il ne put s'empêcher de pleurer sur ses
trois propres fils, qui avaient péri dans les luttes de
la Vendée. Ce fut ainsi qu'on traversa la Croix-de-
Vic, Saint-Gilles, Lamothe-Achard, Bourbon-Vendée, les Essarts, Saint-Florent, les Herbiers, noms
de la grande guerre. Enfin, le 13 février, le corps
fut descendu dans le caveau funéraire au milieu

d'une immense affluence d'hommes, de femmes, d'enfants, qui poussaient des cris de douleur en intervenant comme le chœur antique dans cette funèbre tragédie; le 13 février, date de deuil, que devait encore rencontrer la mauvaise fortune de la monarchie! La douleur des Vendéens, accourus de tous les points du pays, fut profonde autant que sincère. Ils disaient dans leur naïf et simple langage, et ces paroles sont la plus éloquente de toutes les oraisons funèbres consacrées, vers cette époque, à la mémoire de Louis de La Rochejacquelein : « Nous avons perdu notre appui, notre meilleur ami, notre père. »

Si la Vendée n'avait point eu le cœur de Mme de La Rochejacquelein tout entier, ces hommages rendus à la mémoire de son mari auraient suffi pour le lui donner. La guerre, qui avait laissé des traces cruelles dans sa famille, avait aussi marqué son passage dans la Vendée par des meurtres et des incendies. Que de veuves! que d'orphelins! que de vieillards privés de leurs enfants! Que de métairies incendiées et dévastées! que de ruines sanglantes! que de misères! Dans les temps de révolution, les hommes qui, nés dans les hautes classes de la société, souffrent pendant un temps pour la cause de la vérité et de la justice, et combattent avec dévouement pour le droit vaincu et malheureux, trouvent, quand ce droit vient à triompher, la récompense de leurs sacrifices et de leurs épreuves. Mais ces simples paysans, qui avaient quitté leurs

femmes, leurs enfants, leurs charrues, pour défendre
Dieu et le Roi, comme ils disaient dans leur simple et sublime langage, ils ne pouvaient trouver,
dans les emplois, dans les dignités, l'équivalent de
leurs sacrifices passés. Soldats désintéressés d'une
noble et sainte cause, la guerre étant terminée, ils
ne pouvaient que retourner à leurs charrues. Le
Roi était impuissant à les récompenser ; ils ne pouvaient attendre leur récompense que de Dieu.
Mme de La Rochejacquelein comprit qu'elle avait
de grands devoirs à remplir envers tous ceux qui
souffraient en Vendée. Elle devint la patronne, la
mère de cette province. Sa bourse, son temps, son
crédit, furent au service de toutes les familles vendéennes qui en avaient besoin. Elle éclaira la reconnaissance royale ; elle suppléa quelquefois à de
tristes oublis. Elle appelait l'aîné des enfants de
Cathelineau son fils aîné, et elle le traitait comme
une tendre mère. Cette illustre solliciteuse eut,
pendant toute la Restauration, la main ouverte ou
tendue pour secourir les innombrables misères de
ce grand et malheureux pays. Pendant quinze ans,
le trône des princes qu'elle aimait resta debout ;
pendant quinze ans, elle ne cessa de demander, et
cependant elle ne demandait pour la Vendée que
lorsqu'elle ne pouvait plus donner.

Comme l'a dit éloquemment Mgr l'évêque de Poitiers (1) : « Ce n'est pas assez pour elle d'envoyer à

(2) Eloge funèbre de Mme la marquise de La Rochejacquelein

des multitudes de métayers indigents tout l'argent dont elle pouvait disposer, après avoir satisfait aux besoins de sa nombreuse famille; non, l'argent, il n'y a qu'un mérite vulgaire à le donner quand on l'a. Elle fera plus, elle se condamnera elle-même au travail, à un travail incessant. Elle s'est armée de l'aiguille et du fuseau avec une énergie que j'appellerai martiale. Depuis la première aube du matin jusqu'à l'heure la plus avancée du soir, durant plus de cinquante ans, on l'a vue occupée à préparer de ses mains des habits de laine, des vêtements de toutes les tailles, pour les vieillards, les femmes, les nouveau-nés; elle connaissait par cœur toutes les familles, elle savait l'histoire des nouvelles générations, le nom et l'âge des enfants. Chacun de ces ouvrages avait donc sa destination marquée, qui le rendait encore plus précieux pour celui auquel il parvenait et dont il excitait toujours l'attendrissement. Elle s'encourageait elle-même dans son labeur, par la pensée du bonheur qu'elle procurait à celui qu'elle avait en vue; elle y mettait une sorte d'enthousiasme. Aussi malgré la cruelle cécité dont elle ne tarda pas à être frappée, rien ne pouvait la détourner de son œuvre. Tandis qu'elle dictait ces longues et charmantes lettres dont la Vendée était presque toujours l'objet, ses doigts travaillaient encore. Durant ces délicieux récits qui

prononcé dans l'église de Saint-Aubin-de-Baubigné, le 28 février 1857.

tenaient autour d'elle toute la famille attentive, qui suspendaient toute l'assistance à ses lèvres, elle n'abandonnait point son tissu de laine ; tout au plus dans le feu de la narration, quittait-elle un instant l'aiguille qu'elle enfonçait alors dans la blanche et abondante chevelure qui couvrait son vénérable front ; mais un moment après, elle reprenait son cher instrument et poursuivait sa trame avec son discours. Noble mercenaire, le matin elle s'était imposée sa tâche, et elle n'était pas satisfaite d'elle-même, quand le soir elle ne l'avait pas achevée. »

Nous nous sommes laissé aller au cours de ces belles et graves paroles qui peignent si bien Mme de La Rochejacquelein, et nous sommes ainsi entrés de plain-pied et sans transition dans une époque qui apporte de nouveaux malheurs à cette vie qui comptait déjà tant de malheurs. En 1830, une nouvelle révolution éclate, le trône des Bourbons est encore une fois renversé. Le drapeau blanc sous lequel la Vendée avait combattu et souffert, est abattu, le drapeau tricolore le remplace. Cette nouvelle révolution se présente avec un caractère anti-monarchique, anti-religieux. Elle abat les croix, elle démolit l'archevêché, elle profane Saint-Germain-l'Auxerrois, elle renverse le calvaire du Mont-Valérien, elle abolit l'anniversaire du 21 janvier, elle proscrit les princes et persécute les prêtres. La Vendée surtout, cette immortelle suspecte, a le privilége d'exciter ses défiances et ses colères. La révolution, sa vieille ennemie, la soumet à un régime d'exception, et l'abreuve d'outrages. L'espionnage et la délation, les exactions qui les suivent obligent un grand nombre d'habitants à quitter leur domicile. Alors on envoie des détachements fouiller les bois, des garnissaires s'établissent dans les villages. « Les plus saintes lois de l'équité ont été violées, s'écriait deux ans plus tard devant les assises, M. Janvier, dont le témoignage n'est pas suspect (1). On a torturé des parents pour les fautes de leurs fils ; on a prescrit à des femmes sous peine d'amende, de dénoncer leurs époux cachés. Que vous dirai-je ? On a tenté d'organiser la délation au sein de tous les rapports de famille. Pour satisfaire à d'odieuses concussions décrétées par la loi du sabre, on a vendu, j'allais dire volé la vache et les quelques gerbes du pauvre. »

Comme si ce n'était pas assez encore, on insulte la Vendée dans le culte de ses plus chers souvenirs. Dans le désarmement général des provinces de l'Ouest, on enlève à la cheminée de chaque métairie, le fusil d'honneur, trophée de famille. Le monument de Stofflet à Maulévrier, est en butte à des actes de vendalisme de la part de quelques soldats sortis de l'insurrection de juillet 1830. Quelque chose de plus grave ! l'autorité ordonne que la

---

(1) Il venait du barreau libéral et il a servi avec fidélité pendant toute la durée du gouvernement de Juillet, la nouvelle dynastie comme Député et comme Conseiller d'État. Il est mort en décembre 1851.

statue de Cathelineau soit abattue. « A toute religion, » s'écriait une voix dévouée cependant aux idées libérales et favorable au nouveau gouvernement (1), à celle des héros, comme à celle des dieux, il faut des symboles. Malheur au peuple chez lequel l'image de ses grands hommes n'est pas l'objet d'une sainte idolâtrie! Jugez donc quels prestiges devaient s'attacher à la statue du saint de l'Anjou, élevée aux lieux qui l'avaient vu naître. Eh bien! elle a été ignominieusement abattue, mutilée. Le jour où cet acte d'iconoclastie révolutionnaire fut consommé, a été marqué par un deuil plus expressif et plus majestueux que s'il se fut manifesté par des clameurs et des violences. Les habitants des alentours ont déserté leurs maisons, et les démolisseurs ont accompli leur œuvre dans la solitude et le silence. »

Atteinte au cœur par les coups qui frappaient la statue de son Cathelineau, insultée, opprimée, ruinée, soumise au régime des pays conquis, la Vendée commençait à s'agiter sur sa couche douloureuse. Ce fut alors que Mme la duchesse de Berry, cette princesse d'un si grand cœur, songea à reposer dans l'Ouest la question perdue à Paris. Prévenir la guerre étrangère qu'elle croyait imminente, arriver à Paris par les seules forces des royalistes français, telle était la magnanime pensée de cette princesse; comme c'était, on s'en souvient,

_____

(1) Celle de M. Janvier.

celle de Louis de La Rochejacquelein en 1815. « Cette femme, cette mère, » s'écriait M. Salvandy dans un écrit contemporain de cette époque (1), a entendu les mécontentements de la France royaliste, de la France religieuse, de la France propriétaire, comme sur le rocher de l'île d'Elbe, Napoléon entendait les soupirs de ses vétérans. Elle a compté les intérêts blessés, les principes méconnus, les alarmes excitées jusqu'au sein même de l'opinion constitutionnelle. Elle a vu tous les mécomptes de cette foule de serviteurs et d'amis de la monarchie antique, qui ont été frappés les uns après les autres. Dans l'exil, l'oreille est frappée de toutes les plaintes, l'âme est saisie de tous les griefs, l'espérance s'éveille à tous les désespoirs. Un autre spectacle la frappe en même temps. Elle voit pendant deux années consécutives, la sédition, les désordres, l'anarchie sous tous les prétextes et sous toutes les formes, épouvanter de leur audace toutes les cités de la France, ces fléaux renaître sans cesse deux-mêmes, braver le pouvoir et les lois, désoler le commerce et l'industrie, insulter enfin de toutes parts à la raison, à la paix, à la fortune, à la gloire d'un grand peuple et, comme elle porte dans son giron un principe d'ordre, elle se croit dès-lors armée de l'ordre tout entier. Si elle juge le moment venu d'offrir la panacée réparatrice à la France fatiguée, qui accuserons-nous le plus haut avec

(1) Paris, Nantes et la session.

justice, sa méprise et sa confiance, ou bien nos misères et le parti qui les a faites? »

A l'appel de la mère de Henri de Bourbon, quelques hommes de cœur croient pouvoir relever la monarchie des fleurs de lis à la pointe de leurs épées, et ils arborent, dans l'Ouest, le drapeau blanc abattu à Paris, au moment où il vient d'être planté sur les murs d'Alger. Le digne fils de la noble veuve, Louis de La Rochejacquelein, est au nombre de ces hommes de cœur. Tant qu'on se bat en Vendée, il est où l'on tire des coups de fusil. Quand la courte et incomplète prise d'armes de 1832 échoue, blessé d'un coup de feu près des ruines du château de Clisson, il s'expatrie pour échapper aux poursuites judiciaires, et va chercher des périls et un trépas militaire au service d'une cause malheureuse en Portugal. Il est tué le 5 septembre 1833, à l'attaque d'une redoute devant Lisbonne, en chargeant une batterie à la tête de soixante cavaliers. Ainsi il semble qu'une révolution ne puisse éclater sans être marquée du sang d'un La Rochejacquelein.

Cette nouvelle blessure rouvre au cœur de la veuve de Lescure et de Louis de La Rochejacquelein toutes les plaies qui ont si longtemps saigné. Fille, femme, sœur, mère, elle a vu tomber autour d'elle ceux qu'à ces divers titres elle a si tendrement aimés. Son cœur est triste jusqu'à la mort. On veut frapper une médaille en l'honneur du fils bien-aimé qu'elle vient de perdre : mère inconsolable, humble chrétienne, elle refuse cet honneur stérile, et ne veut pour lui qu'une croix de pierre sur cette terre de Vendée où reposent son oncle et son père, Henri et Louis de La Rochejacquelein, et quarante de leurs proches, victimes des luttes civiles.

A cette époque, l'illustre veuve n'habite plus la Vendée. Deux ans s'étaient à peine écoulés depuis la chute de la Restauration, lorsqu'elle vint s'établir dans la ville d'Orléans, où l'appelait un doux voisinage; deux de ses filles, Mme de Chauvelin et Mme de Mallet, habitaient dans les environs. Il semblait qu'elle eût pressenti la mission qui l'attendait dans cette ville.

Les révolutions, outre les désordres matériels qu'elles entraînent, ont, au point de vue moral, une conséquence désastreuse pour la société. Elles altèrent dans le cœur des peuples la notion du juste et de l'injuste. Pendant longtemps, on ne sait plus où est le droit, où est le devoir. Le succès, armant de la loi ceux qui l'ont violée la veille, fait de la justice, qui doit s'élever au-dessus de la région des passions humaines, un instrument de la politique. C'est ce qui arriva en 1833. On vit commencer une campagne judiciaire, qui suivit de près la campagne militaire de l'Ouest. Il semblait qu'on voulût achever avec le glaive de la loi ceux qu'on avait blessés avec l'épée de la guerre civile. Les prisons d'Orléans se remplirent de prévenus honorables, appartenant les uns aux premières classes de la société, les autres à ces populations honnêtes

et religieuses des campagnes, qui s'étaient levées, à la voix de Mme la duchesse de Berry reven-
diquant les droits de son fils, pour défendre la
monarchie qu'avaient défendue leurs pères.

Un des plus notables habitants de la ville d'Orléans, un des aides-de-camp de Mme de La Rochejacquelein dans la lutte d'un nouveau genre qui
allait s'ouvrir, M. Boucher de Molandon, a redit
avec la vivacité d'émotion et d'accent d'un témoin
oculaire, la conduite de cette noble dame dans ces
circonstances nouvelles. « Ce sera pour notre ville
un éternel honneur, dit-il, d'avoir recueilli dans
ses murs cette veuve héroïque, et sa jeune et noble famille déjà décimée par la mort, et sa mère
octogénaire, modèle accompli de la dignité naturelle et bienveillante, de la grâce incomparable, de
l'esprit solide et délicat, qui distinguaient les femmes éminentes de l'ancienne cour. Deux ans ne
s'étaient pas écoulés, qu'un arrêt de la cour suprême renvoyait devant les jurys d'Orléans les
nombreuses légions de paysans vendéens qui, vaincus dans le nouvel effort de leur inébranlable courage, avaient déposé les armes, sur la foi des amnisties promises. Il semblait qu'il y eût quelque
chose de providentiel dans ce rapprochement imprévu des enfants de la Vendée et de la veuve de
leurs héroïques chefs, se retrouvant une fois encore
pour traverser une nouvelle et cruelle épreuve.
Pour tous ces bons métayers du Bocage, dont quelques-uns portaient encore les glorieuses cicatrices

des grandes guerres, Mme de La Rochejacquelein
était plus qu'une protectrice : c'était une mère.
Son incessante sollicitude les attendait à leur arrivée, les consolait à la prison, les soutenait à l'audience. Son hôtel était comme le foyer permanent
où s'élaborait la défense, et d'où rayonnaient,
sous toutes les formes, l'appui moral et les secours
matériels que d'ingénieux dévouements ne se las-
saient pas de recueillir. Et lorsque la ferme indépendance de nos jurés renvoyait à leurs travaux
champêtres ces coupables d'un nouveau genre, il
était touchant de les voir tous accourir auprès de
leur bienfaitrice, plus heureux de lui presser les
mains en pleurant que des dons qu'ils devaient à
son inépuisable munificence. »

Mme de La Rochejacquelein avait pressenti l'impression que produirait sur ces métayers de l'ouest
qu'elle connaissait si bien, l'appareil de la justice,
la morne solitude de la geole, et surtout cette ré-
probation morale qu'on cherchait à étendre aux
prévenus politiques, en assimilant à des malfaiteurs
des hommes religieux et honnêtes, qui s'étaient dévoués à la défense de leur opinion. Ils avaient besoin d'être soutenus dans cette épreuve par des
personnes honorables et honorées, dont la sympathie publiquement exprimée les défendît contre ce
mépris qu'ils ne pouvaient supporter. Dans les prisons où ils avaient été jetés avant d'arriver à Orléans, on les avait traités comme des voleurs et des
assassins. Ce fut pour eux une joie inexprimable

et comme une réhabilitation anticipée, quand ils virent Mme de La Rochejacquelein déjà âgée et presque aveugle, entrer dans leur prison en soutenant la marquise de Donnissan alors octogénaire et tout-à-fait privée de l'usage de la vue, qui avait voulu cependant assister sa fille dans ce pieux devoir, et rendre avec elle ce dernier hommage à la Vendée dont elle avait vu les premiers combats. Mme de La Rochejacquelein soutenait sa mère et était guidée par ses filles, de sorte que trois générations de La Rochejacquelein venaient panser les plaies morales de la Vendée souffrante et humiliée, comme la mère et la fille avaient pansé jadis, sur d'autres champs de batailles, les plaies des compagnons d'armes de Lescure, de Donnissan, et de Cathelineau.

En même temps, une légion d'avocats, les uns qui, nobles déserteurs des fonctions publiques, avaient préféré leurs opinions à leur carrière comme MM. Ephrem de la Taille, Boscheron-Desportes, Nibelle, Boucher de Molandon, Dubois de Saint-Vincent, Louis Asselin, Baron, Arthur de Fougères; les autres appartenant au barreau royaliste, comme l'illustre Hennequin, Amédée Vallon, Fontaine, Flayolles, Du Fougerais, Du Teil et Belleval ; les autres au barreau libéral, comme Janvier, qui conquit noblement dans cette campagne judiciaire sa renommée, et avec lui, MM. Gaudry, Legier, Dupuis, Geffrier et Foucher, vinrent réchauffer leur éloquence et leur zèle à ce foyer sympathique et portèrent à l'audience les inspirations qu'ils avaient puisées dans ce milieu où toutes les pensées élevées, tous les sentiments généreux se trouvaient réunis. Berryer, prévenu lui-même et prisonnier, était condamné à se défendre, lui dont la voix a défendu tant de prévenus ! Le barreau français fut à la hauteur de sa tâche. C'est à cette époque qu'on vit Hennequin se multiplier pour être présent à la fois partout où il y avait une tête à sauver, une liberté à défendre, un malheur à protéger. Lui aussi fit sa campagne de Vendée; mais il fut plus heureux par la parole que d'autres ne l'avaient été par l'épée. La fortune des armes s'étant tournée contre eux, ils n'avaient pu que mourir, ou du moins exposer leur vie, leur liberté, leurs biens. Pour lui, il triompha à Nantes, à Rennes, à Chartres, à Blois, à Montbrison, à Paris. Quelle existence pleine de religieuses terreurs, mais pleine aussi de joies! Se dire chaque matin qu'on porte dans sa parole la vie d'un de ces hommes dont le parquet a pu incriminer les actes, mais dont le caractère est environné de l'estime générale et du respect de ceux-là mêmes qui les accusent : un vicomte de Saint-Priest, un des plus nobles représentants de la diplomatie française; l'austère Kergorlay, caractère taillé dans le granit; des officiers pleins de cœur, de Chievrès, qui avait sauvé Carrel, et à qui Carrel rendit son bon office; de la Serrie, de l'Aubépin, de Caqueray, de Kersabiec; Sala, Payra, sortant tous deux de la garde royale; Mlle de Kersabiec, Mlle Duguigny, dignes hôtesses de la duchesse de Berry; Charlotte Moreau et Marie Boissy, leurs nobles servantes, dont l'incorruptible pauvreté résista à toutes les promesses. On vit alors les avocats français, soutenant la renommée de leur ordre, monter partout sur la brèche et, suivant un mot célèbre, la toge étendue, comme un puissant bouclier, fit reculer l'épée. A Montbrison, à Nantes, à Blois, à Chartres, à Rennes, à Paris, partout l'opinion publique les aida de son souffle puissant. La société entière d'Orléans suivant l'exemple de Mme de Donnissan et de Mme de La Rochejacquelein appuyait les défenseurs de sa présence et soutenait les prévenus par son intérêt hautement avoué. Il était de bon goût de commencer sa journée à l'audience et de la terminer à la prison. Il s'établissait ainsi dans la ville un courant d'opinion qui emportait tout et qui agissait sur les magistrats eux-mêmes.

Il faut le dire, les choses ne pouvaient se passer ainsi que dans une époque de grande liberté. Les mœurs de la France étaient trop libérales, dans ce temps, pour que l'arbitraire put tenir devant le mouvement des idées. Une presse indépendante et fière qui avait ses écarts sans doute, mais qui exaltait le sentiment de la dignité humaine, et qui était toujours au service des malheureux et des opprimés, plaidait avec une généreuse audace, la cause de l'humanité.

Il y avait eu bien des abus de pouvoir, bien des

actes d'arbitraire et de violence, il y avait eu même des crimes commis dans l'Ouest. Le fils de Cathelineau au moment où il sortait de sa cache, à la Chaperonnière, en disant : « Je suis sans armes, je me rends, » avait été froidement assassiné. On avait vu, d'après les aveux mêmes des magistrats du parquet, des gendarmes faire feu sur des hommes désarmés et inoffensifs qui prenaient la fuite à leur approche. Des blessés avaient été impitoyablement achevés, et la triste fin de M. de Bonnechose et celle de M. de Bonrecueil, officier au 65ᵉ de ligne, avant la révolution de 1830 et accouru en Vendée en 1832 pour relever le drapeau blanc, sont restées deux des plus touchantes légendes de ces temps malheureux. Il y a toujours dans les époques de révolution des âmes cruelles qui, trouvant une occasion de donner cours à leurs penchants malfaisants, compromettent la cause au service de laquelle elles sont engagées. Mais il faut ajouter en même temps qu'il y avait à cette époque dans la généralité des esprits, un tel respect des lois tutélaires qui protégent les personnes, et des garanties de la liberté publique et individuelle, et dans une grande partie de la magistrature, un sentiment si élevé des devoirs de la justice, que les pouvoirs politiques se trouvèrent arrêtés sur la pente où ils auraient pu glisser.

Un arrêt de la cour de cassation, rendu le 5 juillet 1833, par la chambre criminelle, sous la présidence de M. de Bastard, dans l'affaire de Papin de la

Thibaudière, reconnut que la proclamation du général Solignac, constituait une véritable amnistie, et devint pour un grand nombre d'accusés, un motif d'acquittement. Le jury d'Orléans surtout, appréciant les circonstances morales au milieu desquelles l'insurrection s'était produite, déclara la plupart des prévenus non coupables. Il pensa qu'assez de sang, trop de sang avait été versé dans les luttes civiles, et qu'au lieu de rouvrir les veines de la Vendée, il fallait les fermer. Quand M. de Civrac, l'ami de Cathelineau, mis en cause pour avoir été trouvé dans la même cache, raconta le meurtre du fils du saint de l'Anjou, quand on vit les vêtements encore ensanglantés de la victime, que chaque Vendéen voulait toucher comme des reliques; quand M. Janvier, défenseur de M. de Civrac, raconta la vie si simple, si modeste et si humble du fils de Cathelineau qui, trop pauvre pour conserver dans son étroite demeure, le portrait de son illustre père que lui avait donné le Roi Charles X, avait été obligé de le placer à la sous-préfecture de Beaupréau, lorsque son éloquente parole montra cet homme généreux se rendant pour empêcher le métayer Guinehut, ce type de la probité vendéenne, qui refusait de livrer ses hôtes, d'être torturé par les gendarmes et, après avoir dit par deux fois : « ne tirez pas, nous ne sommes pas armés, » mourant de la main d'un officier français, il y eut, dans l'assistance, dans la ville entière, dans tous les cœurs généreux du pays, dans tous les partis politiques sur les bancs du jury même, un mouvement d'indignation et de pitié, qui protégea les prévenus des troubles de l'Ouest.

Mme de La Rochejacquelein qui aimait Catheli-neau comme son fils, qui l'appelait, on l'a dit, son fils aîné, eut alors la consolation de voir une souscription s'ouvrir sous ses auspices et ceux de M. de Civrac, pour payer du moins en partie, à cette noble famille de Cathelineau, cinq enfants et une veuve, la dette que la Restauration avait eu le malheur de ne pas acquitter.

Ce fut, qu'on nous passe cette expression, la dernière campagne de Mme de La Rochejacquelein. Elle retourna ensuite paisiblement à ses travaux ordinaires, à ses vertus accoutumées. Elle reprit son cher fuseau, comme l'a dit, dans son beau langage, l'évêque qui l'a si dignement louée. La prise d'armes de 1832 avait aggravé les misères de la Vendée; la sollicitude de l'illustre servante des misères de la Vendée devint encore plus active, sa main plus ouverte encore que par le passé pour donner, plus laborieuse pour achever ces vêtements qui allaient couvrir les vieillards, les veuves, les orphelins. Elle interrompait à peine ce continuel labeur pour dicter des lettres où respiraient la rectitude et la vivacité de son esprit, la fermeté de sa raison, la loyale droiture et l'éternelle fidélité de son cœur. C'était la mère de famille des temps antiques, la véritable femme forte de l'Écriture, bonne pour le conseil comme pour l'action. Dans les années qui suivirent, elle perdit sa vénérable mère, la marquise de Donnissan et, bientôt aveugle elle-même, elle garda cette clairvoyance d'esprit qui la suivit presque jusqu'aux derniers jours de sa vie.

En 1848, lorsque cette révolution, que Mgr l'évêque de Poitiers appelle avec tant de raison « la plus inévitable et la plus logique des révolutions (1), » sortit de la révolution de 1830, comme la conclusion sort des principes, on craignit un moment que l'ébranlement que cet évènement produisit dans l'organisme affaibli de Mme de La Rochejacquelein n'atteignît son intelligence. Ce nom de république, qui contenait pour elle tant de souvenirs néfastes, tant de sang et tant de larmes, lui faisait naturellement horreur. Son extrême vieillesse était-elle donc destinée à revoir les crimes et les malheurs dont elle avait été, dans sa jeunesse, à la fois témoin et victime ? Elle le craignit au premier abord ; mais sa ferme intelligence prit bientôt le dessus, et elle prévit que la différence des temps et des situations prévaudrait contre la similitude des noms.

Au milieu de ces révolutions successives qui la laissaient comme indifférente, car son cœur, fidèle en politique comme en religion, était demeuré attaché aux opinions comme aux croyances de la

_____

(1) Discours et instructions pastorales de Mgr l'évêque de Poitiers, tome II, page 448. *Instruction synodale sur les principales erreurs du temps présent.*

Vendée qui, comme l'a dit un pieux évêque, « aimait sa patrie et aimait son roi, » elle arriva jusqu'au dernier jour. Elle avait « une voix plus autorisée que la nôtre l'a dit, la foi des temps antiques, la simplicité des premiers âges, un esprit de prière et des habitudes de piété qui se montrèrent dans ses dernières paroles et jusque dans ses derniers mouvements. Son cœur, ouvert à tous par la charité, était pour ses enfants et pour tous les siens un trésor inépuisable de tendresse et de dévouement. Son âme était affectueuse autant que pure, et tous ceux qui l'approchaient ont pu connaître que la chaleur et la vivacité de ses sentiments égalaient l'exquise délicatesse de sa conscience (1). »

Nous fermerons le récit de la vie de Mme de La Rochejacquelein sur ces belles paroles descendues de la chaire de vérité. Dans le cours de l'année 1856, Mme de La Rochejacquelein s'était affaiblie sensiblement. Le 15 février 1857, le coup, depuis quelque temps prévu et redouté, la frappa. Née le 25 octobre 1772 à Versailles, au milieu des pompes suprêmes de l'ancienne monarchie, elle avait traversé les derniers jours de l'ancien Régime, la Monarchie constitutionnelle de 1789, la République de 1792, le Directoire, le Consulat, le premier Empire, la Restauration de 1814, les Cent-Jours, la seconde Restauration, le Gouvernement de juillet, la République de 1848, et, toujours constante dans

(1) Éloge funèbre de Mme la marquise de La Rochejacquelein.

l'inflexible unité de ses convictions et de ses sentiments, elle terminait sa longue vie, sous le second Empire, le 15 février 1857, dans sa quatre-vingt-cinquième année, inviolablement attachée à tout ce qu'elle avait cru, à tout ce qu'elle avait aimé. Elle fut entourée, dans ces derniers moments, de tous les secours de cette religion qui avait été sa consolation et son espoir dans les douloureuses vicissitudes de sa vie.

Quand ses enfants éplorés ouvrirent le testament de leur illustre mère, ils trouvèrent qu'à l'exemple des anciens patriarches, — c'est Mgr l'évêque de Poitiers qui a rapproché ainsi Mme de La Rochejacquelein, mourant pleine de jours, de Jacob demandant à ses enfants à être réuni à son peuple et enseveli avec ses pères dans la grotte d'Ephron, près de Mambré, — la veuve de Lescure et de La Rochejacquelein prescrivait aussi à sa famille de la ramener au milieu du peuple qu'elle avait aimé. Elle voulait être réunie avec les siens dans une même tombe et sous un même monument dont l'érection avait occupé toutes ses pensées dans les dernières années de sa vie. Peut-être, la veuve de Louis de La Rochejacquelein ne fut-elle pas insensible à la pensée, qu'après tant d'années écoulées dans ce même mois de février qui avait vu en 1816 les funérailles triomphales de Louis de La Rochejacquelein traverser la Vendée, elle irait rejoindre ces chères dépouilles au rendez-vous funèbre qu'elle leur avait donné dans le caveau de Saint-Aubin-de-Baubigné.

Quand on apprit en Vendée les dernières volontés de Mme de La Rochejacquelein il se fit un mouvement immense dans ce pays de religion et d'honneur, où le culte de la vertu, de la gloire, des grands souvenirs et de la mort, n'a pas été éteint par l'âpre soif de la jouissance et l'idolâtrie de l'or. Tout le pays du Bocage se leva pour aller recevoir le cercueil qui rapportait ses restes vénérés.

Quelles funérailles! et comment ne pas se sentir ému à l'aspect de cette grande scène! C'est l'illustre morte qui l'a voulu, le cercueil traverse les mêmes contrées que la femme, la veuve, la fille, la mère des héros Vendéens, des soldats, des martyrs, traversa jadis avec la Vendée victorieuse, puis avec la Vendée vaincue et agonisante. Ces stations funéraires, comme Mgr de Poitiers les a si bien nommées, ont été jadis des haltes militaires. Les fils de ceux qui ont été aux combats veulent tous être à ce grand deuil. Il semble que la poussière héroïque des morts tressaille sous le char qui porte cette froide dépouille, et que de tant de tombes vendéennes ouvertes par la guerre et par l'échafaud dans tous les champs, dans toutes les villes de la Vendée, sortent un salut et un adieu. Venez tous, vous dont les pères ont cru ce que croyaient Lescure et La Rochejacquelein, aimé ce qu'ils aimaient, venez payer un dernier tribut d'hommages à leur illustre veuve! Qu'au milieu de l'abâtardissement des âmes inclinées vers les jouissances matérielles et de l'abaissement des caractères, ce noble pays du Bocage nous montre encore des multitudes s'ébranlant pour aller au-devant d'un cercueil qui ne rappelle que sacrifice, dévouement, abnégation, fidélité à Dieu, mépris des séductions de la prospérité, inflexible soumission à la loi austère du devoir et culte persévérant du malheur. Ils viennent tous, priant et songeant au passé, le front chargé de souvenirs, tandis que les grains de leurs chapelets se succèdent entre leurs doigts, et attentifs à la parole du saint prélat qui, en déroulant devant eux cette grande vie, déroule en même temps devant la Vendée les pages héroïques de son histoire. « Évêque de cette religieuse contrée, a-t-il dit, il a compris qu'il serait un mauvais économe de l'héritage qui lui est échu, un administrateur négligent du dépôt qui lui a été confié, s'il demeurait muet à l'instant où la tombe se referme sur le plus auguste débris d'une époque à jamais mémorable dans les fastes de son Église. La conscience lui a donc dit qu'il avait ici une dette à acquitter, un devoir à remplir et que sa voix devait animer tout ce lugubre appareil en montrant comment à l'exemple de la femme forte des livres saints, celle-ci a mis durant plusieurs années sa main aux grandes entreprises, et s'est appliquée ensuite à toutes les industries de la charité. »

Tandis que l'évêque de Poitiers attend le cercueil à Saint-Aubin-de-Baubigné, toutes les paroisses qui bordent la route vont au-devant du cortége funèbre, conduites par leurs recteurs. Voici les hommes des paroisses des Aubiers, de Nueil, des Cerqueux, d'Ivernay, qui se levèrent les premiers à la voix de Henri de La Rochejacquelein, ceux de Saint-Aubin qui gardera le précieux cercueil. Voici aussi les hommes de cette glorieuse paroisse des Echaubroignes aux pères desquels Lescure cria, au moment où la bataille de Torfou semblait perdue : « Y a-t-il quatre cents hommes assez braves pour venir mourir avec moi? » et qui présents ce jour là sous les drapeaux au nombre de dix-sept cents, lui répondirent tous à grands cris : « Nous irons où vous irez, où vous voudrez, » et allèrent vaincre avec lui Kléber et les redoutables Mayençais. Voici ceux de Maulévrier, d'où vint Stofflet, ceux de Clisson, où s'élève le château des Lescure, ceux aussi de Chemillé et de Chanzeau qu'on appelait les grenadiers de la Vendée. Les villages se vident, les routes se couvrent de pélerins : hommes, femmes, enfants, vieillards accourent de vingt-cinq lieues à la ronde, tous veulent toucher, baiser, bénir le cercueil de la veuve des héros, de la mère des pauvres, donnons-lui en terminant ce titre qu'elle a mérité, titre plus précieux devant Dieu que celui de marquise de Lescure et marquise de La Rochejacquelein.

Ces hommages rendus à celle dont la vie sera le sujet d'un éternel entretien pour la Vendée, et d'un sympathique intérêt pour la France entière, couronnent dignement, ce nous semble, le récit de cette belle vie. Nous ajouterons que ces témoignages de respect honorent autant ceux qui les rendent que celle qui les a reçus. Ils sont pour les amis du pays une espérance et une consolation. L'amour du beau et du bien soutiennent les sociétés ébranlées par l'amour de l'utile. S'il n'y avait en France que des spéculateurs, des ambitieux et des épicuriens, nous regarderions notre bien-aimée patrie comme perdue. Quand viennent les jours mauvais ou difficiles, ce ne sont pas les vices des sociétés corrompues qui soutiennent les nations sur la pente où elles glissent, ce sont les mâles et fortes vertus restées debout au milieu du naufrage général des mœurs. Les sociétés où l'on sait mourir pour son Dieu, pour sa foi politique, pour la patrie, pour le devoir, et où l'on honore ceux qui meurent ainsi, sont immortelles.

FIN.

TABLE

CHAPITRE PREMIER.

NAISSANCE ET PREMIÈRES ANNÉES.

Premières années.—Versailles.—Éducation.—Projets de Mariage.   1

CHAPITRE DEUXIÈME.

PMEMIÈRES ÉPREUVES. — DÉBUT DE LA RÉVOLUTION.

Premières épreuves. — La Révolution à son début. — Journées des 5 et 6 octobre. — Départ pour la Gascogne.   23

CHAPITRE TROISIÈME.

SÉJOUR DANS LE MÉDOC.

Séjour dans le Médoc.— Arrivée de M. de Lescure. —Coalition du Poitou. — Mouvement d'émigration. — Mariage. — Mort de la douairière de Lescure. Départ pour Paris.   65

CHAPITRE QUATRIÈME.

M. ET Mme DE LESCURE A PARIS, EN 1792.

M. et Mme de Lescure à Paris. — Situation de Louis XVI.—Entrevue avec la Reine. — Résolution de M. de Lescure. — Journée du 20 juin. — Journée du 10 août. — Après le 10 août. — Départ pour le Poitou. 81

CHAPITRE CINQUIÈME.

CLISSON. — BRESSUIRE.

Clisson.— Bressuire.—Mme de Lescure à vingt ans.— Description du Bocage. — Persécutions révolutionnaires. — Premières résistances.—Soulèvement de 1793. — Conseil tenu au château. — Résolution de Mme de Lescure. —Départ de La Rochejacquelein. — Arrestation de M. et Mme de Lescure. — M. et Mme de Lescure prisonniers. — Premiers combats. —Premier combat de La Rochejacquelein.— Succés des Vendéens. — Anxiété de Mme de Lescure. Retour au château.—Résolution de M. de Lescure. Retour de La Rochejacquelein. — Joie des Royalistes. — Alerte au château. — Mme de Lescure à La Boulaye. 119

CHAPITRE SIXIÈME.

PREMIÈRE PHASE DE LA LUTTE.

Première phase de la lutte. — Les femmes pendant la guerre. — Succès de Lescure. — Prise de Thouars. — Victoire de Fontenay. — Lescure blessé. — Prise de Saumur. — Cathelineau Généralissime. — Anxiété de Mme de Lescure. — Attaque de Nantes. — Mort de Cathelineau. — Nantes

pendant l'attaque. — Lescure retourne à l'armée.
— Incendies révolutionnaires. — Incendie de Clisson. — Victoire de Châtillon. — Générosité de Lescure. — Bataille de Torfou. — Belle action de Lescure. — Victoire de Torfou. — Affaiblissement des Vendéens. — Nouveaux combats. — Bataille de Cholet. — Pressentiments de Mme de Lescure. Triste rencontre à Chaudron.   173

CHAPITRE SEPTIÈME.

M. ET Mme DE LESCURE DANS LA CAMPAGNE D'OUTRE-LOIRE.

Campagne d'outre-Loire. — Cinq mille prisonniers sauvés. — Mort de Bonchamps. — Mme de Lescure passe le fleuve. — Varades. — La Rochejacquelein Généralissime. — Marche sur Laval. — Château-Gontier. — Laval. — Combat de la Croix-Bataille. Victoire de Laval. — Dernières journées de Lescure. — Adieux de Lescure à sa femme. — Mort de Lescure. — Funérailles de Lescure.   229

CHAPITRE HUITIÈME.

Mme DE LESCURE APRÈS LA MORT DE SON MARI.

Après la mort de Lescure. — De Pontorson au Mans. — Douleurs, souffrances et périls. — Angoisses maternelles. — Fuite du Mans à Laval. — Arrivée à Ancenis. — Situation désespérée. — D'Ancenis à Niort. — Adieux de Marigny à Mme de Lescure. — Adieux de M. de Donnissan à sa fille. — Fuite de Mme de Lescure et de sa mère. — Mme de Lescure chez les Paysans bretons. — L'hiver de 93 à 94 en Bretagne. — Les Bretons et les pauvres brigands. — Mme de Lescure revoit Marigny. — Vie d'angoisses et de périls. — Mme de Lescure devient mère. — Départ pour Dréneuf. — La bague de Pierre Rialleau. — La famille Dumoustiers. — Nouvelles de Paris. — Alerte à Dréneuf. — Nouvelle douleur. — Perplexités de Mme de Lescure.

Mme de Lescure à Nantes. — Mme de Lescure accepte l'amnistie. — Épanchements mutuels entre les proscrits. — Départ pour le Médoc. 267

CHAPITRE NEUVIÈME.

RETOUR A CITRAN ET SECOND MARIAGE.

A Citran et à Clisson. — Encore un deuil. — Retour en France. — Louis de La Rochejacquelein. — Rédaction des Mémoires. — Voyage à Paris. — Vers la fin de l'empire. — Louis de La Rochejacquelein à Bordeaux. — Journée du 12 mars à Bordeaux. 329

CHAPITRE DIXIÈME.

DERNIÈRE ÉPOQUE DE LA VIE DE Mme DE LA ROCHEJACQUELEIN.

Dernière période. — Pendant les Cent Jours. — Mort de Louis de La Rochejacquelein. — Restauration de 1815. — La Mère de la Vendée. — Sous le gouvernement de 1830. — Prise d'armes dans l'Ouest. Les Vendéens en cour d'assises. — Mme de La Rochejacquelein à Orléans. — Travail, Charités, 1833. — 1848. — Maladie et mort. — Funérailles. — Conclusion. 351

FIN DE LA TABLE.

Le Mans. — Imp. ÉTIEMBRE et BEAUVAIS.

www.ingramcontent.com/pod-product-compliance
Lightning Source LLC
Chambersburg PA
CBHW071617270326
41928CB00010B/1668